ओमा शर्मा

जन्म 11 जनवरी 1963 को उत्तर प्रदेश के बुलंदशहर जिले में।

समकालीन हिन्दी साहित्य के सुपरिचित कथाकार। तंत्र के तहखाने में आर्थिक शक्तियों और भूमंडलीय यथार्थ की भूमिका को चिह्नित करने में विशेष कथा-उपस्थिति।

दो कहानी-संग्रह 'भविष्यदृष्टा' और 'कारोबार' प्रकाशित-पुरस्कृत।

कई कहानियाँ अनेक भाषाओं में अनूदित।

महान ऑस्ट्रियाई लेखक स्टीफन स्वाइग की विश्वप्रसिद्ध आत्मकथा 'द वर्ल्ड ऑफ यस्टर्डे' का 'वो गुजारा जमाना' नाम से हिन्दी अनुवाद और प्रस्तुति।

जीवनीपरक और संवादपरक साहित्य में गहरी दिलचस्पी।

'साहित्य का समकोण' (विविध गद्य)।

अन्तर-प्रवास (यात्रा-डायरी)।

कथा-साहित्य के लिए रमाकान्त स्मृति सम्मान, स्पंदन कृति एवं विजय वर्मा कथा सम्मान।

स्थायी सम्पर्क : 96, कला विहार अपार्टमेंट्स, मयूर विहार फेज-1, दिल्ली 110091

ई-मेल : omasharma40@gmail.com

अदब से मुठभेड़

पाँच अग्रणी रचनाकारों से साक्षात्कार

ओमा शर्मा

सरस्वती विहार

इस पुस्तक में संकलित साक्षात्कारों में व्यक्त किए गए विचार संबंधित रचनाकारों या साक्षात्कारकर्ता के हैं, जिनके लिए वे स्वयं उत्तरदायी हैं।
प्रकाशक का उनसे सहमत होना अनिवार्य नहीं है।

अदब से मुठभेड़ (साक्षात्कार)

प्रकाशक : सरस्वती विहार
ई-14, सेक्टर-11, नोएडा-201301
फ़ोन : 0120-4162707, 4163707
E-mail : sales@hindpocketbooks.in
टाइपसेटिंग : स्कैनसेट, नई दिल्ली - 110003
मुद्रक अमर उजाला, नोएडा (यू.पी.)

ADAB SE MUTHBHED (Interviews)
By Oma Sharma

ISBN 978-81-216-1998-1

14/14/09/01/06/SCANSET/SRK/AX/AX/NP350/NP350

अनुक्रम

भूमिका

— **ओमा शर्मा** 7

'यह अंत मेरा ही नहीं, हमारी पूरी पीढ़ी की नियति है'

— **राजेन्द्र यादव** 14

'पतन इतिहास की अनिवार्यता है'

— **प्रियंवद** 66

'न लिख पाने की तकलीफ बहुत सताती है'

— **मन्नू भंडारी** 124

'मैं अपना जीवन दोबारा जीना चाहूँगा...इसी तरह'

— **मक़बूल फ़िदा हुसेन** 180

'लेखन एक मैराथन दौड़ है'

— **शिवमूर्ति** 214

योगेन्द्र आहूजा,

पीयूष जैन,

अजय राणा

और

विजय कुमार जी

को

भूमिका

पसंदीदा लेखकों-कलाकारों की रचनाओं के साथ-साथ उनके सृजन की प्रक्रिया और उसे संचालित-प्रभावित करने वाले जीवन में मेरी दिलचस्पी रही है। ग़ालिब, प्रेमचन्द, गांधी, सार्त्र, लिंकन, चेखव, गेटे, स्वाइग और बाल्जाक जैसे महानों के आत्मकथात्मक/जीवनीपरक अध्ययन बार-बार पढ़े जाने को लालायित करते रहे हैं। इधर हिन्दी में 'आवारा मसीहा', 'कलम का सिपाही' या 'निराला की साहित्य साधना' के अलावा, हमारे लेखकों के जीवनीपरक अध्ययनों का नितान्त अभाव ही है। अकादमिक/संस्थागत संरक्षण के तहत जो कुछ प्रयास किए गए हैं, उनमें न तो गहन आलोचनात्मक आज़माइश दिखती है और न उस सर्जक के कृतित्व और व्यक्तित्व को आवश्यक तौर पर जोड़ने-मरोड़ने वाले जीवन को उसकी निजी, सामाजिक एवं समकालीन स्थितियों के बरक्स समझने, परखने और प्रश्नांकित करने की कोशिश। मोनोग्राफ्स रूपी ये कवायदें साहित्य और कला के विद्यार्थी को न तो उस कलाकार के रचना-जगत में जाने को उकसाती हैं और न उन कृतियों से जुड़े उसके अन्तर-जगत में झांकने को प्रेरित करती हैं।

लेखकों-कलाकारों के साक्षात्कारों के जरिए, जैसा पश्चिम के 'पेरिस रिव्यू' की सुदीर्घ परम्परा से जाहिर है, इस कमी की प्रकारान्तर से भरपाई सम्भव की जा सकती है। बल्कि, आलोचना से कहीं परे जाकर उसमें रचना के भीतरी अर्थों, परतों और मंतव्यों को ही नहीं, उसकी बुनियादी प्रेरणाओं, प्रक्रिया और परिवेश को भी जाना-समझा जा सकता है जिससे उसकी रचनाओं को समझने में सहूलियत रहे। हिन्दी साहित्य में दिग्गज लेखकों के साक्षात्कार प्रचुरता में मिलते ज़रूर हैं, लेकिन वहाँ साक्षात्कार-कर्ता और साक्षात्कार-दाता के बीच आदर या स्तुतिभाव इतना ज्यादा हावी रहता है कि रचना से परे लेखकीय मंशाओं की निशान-देही नहीं हो पाती। शायद वह उसका उद्देश्य भी नहीं होता।

यहाँ संकलित संवाद-साक्षात्कारों में उस परम्परा की लगभग अवहेलना से ज्यादा, एक विद्यार्थीनुमा सहजता और स्वच्छंदता से इन उस्तादों की कला, लेखकी, वैचारिकी, रचना-प्रक्रिया और इन सबके आसवन को अनजाम देते सृजन को उनके तमाम अंतर्विरोधों और आवेगों के साथ छूने की नीयत रही है। बारहा 'प्रोवोक' करने को 'प्रोब' करने की प्रविधि की तरह इस्तेमाल में लिया गया है। सभी लेखकों-कलाकारों के चयन के पीछे इनकी रचनात्मकता और विशिष्टता के प्रति मेरा सम्मान और लगाव रहा है। यह अलग बात है कि कमोबेश सभी से आत्मीयता भी रही है जिसकी बिना पर उनके अनछुए या असहज करने वाले कोनों की तरफ कुछ हद तक उन्हें एकाग्र कर सका। वैसे कहना होगा कि मेरे कुछ-कुछ दुस्साहसी और निजता को कुरेदते प्रश्नों को सभी ने सही परिप्रेक्ष्य में लिया।

इस क्रम की शुरुआत एक मुराद की तरह शिखर कथाकार राजेन्द्र यादव से हुई। राजेन्द्रजी मेरे प्रिय लेखकों में रहे हैं। बीती सदी के उत्तरार्द्ध में हिन्दी साहित्य में उनकी जीवन्त उपस्थिति रही है। एक लेखक के साथ-साथ, संपादक के तौर पर युवा प्रतिभाओं के प्रोत्साहन तथा स्त्री एवं दलित विमर्श को केन्द्रीयता प्रदान कराने में उन्होंने संस्था की-सी विराट भूमिका निभाई। वे अपने दौर के सबसे विवादास्पद लेखक-चरित्र तो थे ही, साथ ही बेहद अध्ययनशील, लोकतांत्रिक, जीवन्त और समभाव रखने वाले भी थे। लेकिन उनके यहाँ परतें और बारीकियाँ भी थीं। प्रकाशन के समय यहाँ कही उनकी कई बातों, स्थापनाओं और स्वीकारोक्तियों पर लेखक-पाठक समुदाय में महीनों चर्चा चलती रही, जिसे देखकर वे अपनी तरह संतुष्ट होते। "...ये मेरा इन्टरव्यू है ही नहीं, ये तो इन्टैरोगेशन है..." वे तंज कसते और "...देखो, हमेशा सवाल शाश्वत होते हैं, जवाब नहीं...." जैसे फलसफे के साथ बातों को अलग फलक पर तान देते। उनके प्रति मेरी कई जिज्ञासाएँ अधूरी ही रह गई थीं, मगर फिर भी इस साक्षात्कार को कई संकलनों और भाषाओं ने अपनाया।

प्रिय कथाकार मन्नू भंडारी का साक्षात्कार उन पर निकाले जाने वाले विशेषांक के उपलक्ष्य में किया गया था। 'नई कहानी' आन्दोलन की चर्चित तिकड़ी के बीच उठने-बैठने वाली मन्नूजी ने जिस सहजता, शालीनता और दो-टूक ढंग से अपने समय और आस-पास की हलचलों, प्रवृत्तियों, अन्तरधाराओं

और पीड़ाओं को अपने लेखन में पठनीयता की कसौटियों पर कसते हुए सृजित किया है, वह उन्हें विशिष्ट कर देता है। यह अकारण नहीं है कि अस्वस्थता के चलते अरसे से कथा-लेखन से विमुख रहने के बावजूद वे आज भी व्यापक पाठक-समुदाय की पसंद बनी हुई हैं।

मन्नू भंडारी का व्यक्तित्व और लेखन राजेन्द्रजी से सर्वथा भिन्न ही रहा है। लेखन की तरह उनके आचरण की सादगी उनकी पहचान सरीखी है। साहित्य और कलाओं का अन्ततः उद्देश्य मनुष्य के आचरण और सोच की जिस बेहतरी और परिष्करण के लिए इंगित होता है, वे मानो उसी का सार-स्वरूप हैं। लालच, प्रलोभन और महत्त्वाकांक्षाओं से कोसों दूर, वे एक विशुद्ध लेखक की नीयत और यकीन से जीती हैं। राजेन्द्रजी और मन्नू भंडारी के बीच कुछ स्थितियों और घटनाओं की साझेदारी के कारण दोनों को एक-साथ पढ़कर सिक्के के दोनों पहलुओं से वाकिफ हुआ जा सकता है।

प्रियंवद और शिवमूर्ति सन् अस्सी के बाद उभरे ऐसे लेखक हैं जिन्होंने अपनी पीढ़ी में खास पहचान अर्जित की है। दोनों ने कथा-साहित्य में पठनीयता की वापसी कराई है और अपनी-अपनी तरह से अगली कथा-पीढ़ियों को प्रभावित किया है। प्रियंवद जहाँ प्रेम, प्रकृति, रोमांस, अतिरेक और बाजार की आँधी से आगाह करने वाले लेखक हैं, तो शिवमूर्ति अपने सृजन और ठाट-बाट में पूरी तरह देशज जीवन से जुड़े हुए। शिवमूर्ति को भट्ठे, सरपंच, चुनाव, किसानी, जाति समीकरण, अकिंचन और शोषण उलझाए रहते हैं, तो प्रियंवद को नदी, चाँदनी, कोठे, कचहरियाँ, उमस, अमलतास, बार, संगीत, अकेलापन और इनके बीच पिघलता जीवन लुभाता है। एक के यहाँ महमूद की बेबसी है तो दूसरे के यहाँ अनवर की। प्रियंवद के यहाँ अधेड़ औरत की गूढ़ वेदना और बूढ़े का उत्सव-वैचित्र्य है, तो शिवमूर्ति के पास केशर-सुरजी की जिजीविषा और बिसराम-लीडरजी की धारावाहिक कुटिल तिकड़में। एक प्रेमचन्द-रेणु की परम्परा से सम्बद्ध है, तो दूसरा सम्भवतः कहीं निर्मल वर्मा से। लेकिन अपने-अपने कथा-क्षेत्रों में दोनों ही एकनिष्ठा और दक्षता से तीन दशकों से सक्रीय हैं। दोनों की सोहबत अलहदा मिज़ाज की होते हुए भी जीवन्त और समृद्ध करती है। यह भी ध्यातव्य है कि ये दोनों हिन्दी की उजाड़ होती उस परम्परा के उन चुनिन्दा वारिसों में होंगे जो अपनी सीमाओं की स्वीकारोक्ति के साथ-साथ

बदलते यथार्थ को नालबद्ध करने के लिए स्वयं को नए सिरे से संपादित किए जाने को तत्पर दिखते हैं।

इस कड़ी में मक़बूल फ़िदा हुसेन का शामिल होना सुखद संयोग था। अरसे से ही हुसेन का जिक्र उनकी कला-कृतियों से अधिक उन विवादों के कारण होता रहा है, जो उनसे पैदा हुए। मुद्दत पहले बनाए उनके सीता-सरस्वती के तथाकथित नग्न चित्रों में राष्ट्रवादी-अतिवादी जब-तब हिन्दू धर्म की रक्षा के लिए हुसेन पर हल्ला बोलने का मौका ईजाद करते रहे।

कुछ प्रगतिशील किस्म के उद्यमी लेखकों-कलाकारों और चिन्तकों ने हुसेन की कला और उनकी कलागत स्वतंत्रता को लेकर निरन्तर ही इसका प्रतिवाद किया, लेकिन हुसेन की तरफ से उनके सवालों पर शायद ही कोई मंतव्य पेश हुआ हो। इतिहास गवाह है कि धर्मांधों और कठमुल्लों से आप बहस नहीं कर सकते। लेकिन फिर भी कृति के सर्जक के मंतव्य की अपनी पवित्रता और वैधता होती है, जो तार्किकता की हदें छलाँगने की क़ूवत रखती है। हुसेन ने यकीनन एक लम्बा और पुरजोर जीवन जीया। उनके साथ हुई बातचीत के आरम्भ में ही यदि वे बिदके-भड़के नहीं होते और अपनी कला और उसके आसपास के बिन्दुओं पर साफदिली से अपना मन साँझा करते, तो कला-जगत को उनके पक्ष को जानने-समझने का एक नायाब अवसर सुलभ हो जाता। यह मुझे बाद में एहसास हुआ कि बाजार के तन्त्र और उसके मनमाने दोहन के हुसेन इस कदर लाभार्थी हो चुके थे कि कला उनकी आराधना कम, अरण्य में पसरी ऐसी आरामगाह ज्यादा बन गई थी जहाँ उन्हें अठखेलियों की निर्द्वन्द्व छूट हासिल थी। उनसे संवाद की सम्भावना केवल उनकी सफलता और उपलब्धियों के दायरे में ही सिमट गई थी, जिस पर वे विनम्रता से इतराकर साक्षात्कार-कर्ता को उपकृत करने के अभ्यस्त हो चुके थे... कुछ जिक्र पिकासो का, कुछ चर्चा बॉम्बे आर्ट ग्रुप की, नंगे पैर चलने का राज, श्वेताम्बरी, माकूल शे'र-ओ-शायरी का तड़का, हिन्दी फिल्मों से जुड़ाव, माधुरी दीक्षित... और लो, किसी भी पत्र-पत्रिका की हिट कवर स्टोरी का मसाला तैयार!

मैं इसी सब से बचते हुए उन्हें कला-जगत के यकीनन कम लुभावने मगर रचनात्मक जनपद पर उन्हें एकाग्र करना चाहता था, जो दुर्भाग्य से उनके एकतरफ़ा आक्रामक रूख के कारण सम्भव नहीं हो सका। मैंने सोचा था कि

उनकी कला—जो मोहक पहचान रखती है – और शख्सियत – जो दिलचस्प और चुनौतीपूर्ण थी—को मिलाकर, उनके बीच कुछ आपसी तारतम्य बैठाते हुए कुछ लिखूँगा, जिसमें उनके साथ अलग-अलग मसलों पर टेप की गई उनकी बातें इस्तेमाल की जा सकेंगी। लेकिन कोई पाँच बरस निकल गए और वह हो न सका...कि एक सुबह 'कथादेश'-संपादक हरिनारायणजी ने अचानक उनकी मौत की ब्रेकिंग न्यूज साझा करते हुए इस बातचीत को उन्हें भेजने को कहा। मुझे हैरानी हुई, जब पाठकों ने इसे भी हाथों-हाथ लिया। शायद इसलिए भी कि अब वे जा चुके थे और जैसा उन्होंने मुझे स्वयं बतलाया था, इतनी देर कभी किसी के साथ नहीं बतियाए थे।

ये संवाद-साक्षात्कार दरअसल इन चयनित लेखकों-कलाकारों के साथ अदब से की गई मुठभेड़ें हैं... उनकी कृतियों और निजता के तत्त्वों को समेटते हुए उनकी वैचारिकी और रचनात्मकता की जड़ें टटोलते हुए उनकी वैकल्पिक जीवनी प्रस्तुत करने की ख्वाहिश और कोशिश-सा कुछ... (काश, इस चयन में निर्मल वर्मा भी रहे होते!)। यह कितना हो सका है, इसे तो पाठक ही तय करेंगे। शिवमूर्ति के सिवाय ये सभी प्रमुख समकालीन कथा-मासिक, 'कथादेश' में पहली बार प्रकाशित हुए थे। 'कथादेश'-संपादक भाई हरिनारायणजी ने इन्हें करने की मुझे जो रचनात्मक स्वायत्तता दी और ज़रूरी मुद्दे मुहैया कराए, उसके लिए मैं उनका विशेष आभारी हूँ। शेखर मल्होत्राजी और हिन्द पॉकेट बुक्स की पहल का आभार, जो इस प्रयास को निश्चय ही व्यापक मंच प्रदान करेगी।

जनवरी, 2014
ओमा शर्मा
मुम्बई

राजेन्द्र यादव

राजेन्द्र यादव

जन्म 28 अगस्त 1929 को आगरा में।

प्रेमचन्द के बाद बीसवीं सदी के पुरोधा हिन्दी कथाकार और संपादक।

कमलेश्वर और मोहन राकेश के साथ 'नई कहानी' आंदोलन के सिरमौर।

'हंस' के पुनर्संस्थापक और सन् 1986 से 2013 तक संपादक।

'सारा आकाश', 'उखड़े हुए लोग', 'शह और मात', 'एक इंच मुस्कान' (मन्नू भंडारी के साथ), 'कुलटा', 'अनदेखे अनजान पुल', 'मंत्र-विद्ध' जैसे उपन्यासों के रचयिता।

'देवताओं की मूर्तियाँ', 'खेल-खिलौने', 'जहां लक्ष्मी कैद है', 'छोटे-छोटे ताजमहल', 'किनारे से किनारे तक', 'टूटना', 'ढोल और अपने पार', 'वहाँ तक पहुँचने की दौड़' के अलावा 'यहाँ तक' (दो खंडों में समग्र) और अन्य संग्रहों में संकलित 125 से ज्यादा कहानियाँ।

आत्मकथा : मुड़-मुड़के देखता हूँ...। समीक्षा-निबंध : 'कहानी : अनुभव और अभिव्यक्ति', 'कहानी : स्वरूप और संवेदना', 'उपन्यास : स्वरूप और संवेदना'। चिंतनपरक लेखन की पुस्तक 'काँटे की बात' बारह खंडों में। चेखव, तुर्गनेव, कामू और लर्मेन्तोव जैसे लेखकों की कालजयी रचनाओं के अनुवाद। अलग-अलग कई कथा-संकलनों का संपादन। साक्षात्कारों की कई पुस्तकें। बासु चटर्जी द्वारा 'सारा आकाश' पर इसी नाम से बनी फिल्म को भारत की पहली कला-फिल्म का दर्जा प्राप्त। युवा, महिला और दलित लेखन की कई पीढ़ियों को मंच और वैचारिक नेतृत्व प्रदान किया। प्रयोगशील, मूर्तिभंजक और लोकतान्त्रिक। अनेक भाषाओं में रचनाएँ अनूदित।

28 अक्टूबर 2013 को दिल्ली में निधन।

'यह अंत मेरा ही नहीं, हमारी पूरी पीढ़ी की नियति है' : राजेन्द्र यादव

राजेन्द्र यादव ऐसा करंट है, जिसने प्रशंसकों और असन्तुष्टों के ढेर सारे ध्रुव बनाए हैं। शातिर और शराबी (जो फिलहाल डॉक्टरी सलाह के कारण वे नहीं हैं। अन्यथा भी, दो पैग से आगे वे शायद ही गए हों) से लेकर मौकापरस्त और व्यभिचारी—कोई ऐसा इल्ज़ाम नहीं है, जो इस साहित्यिक डॉन पर विरोधी नहीं लगाते हों। और उनके विरोधियों की तादाद भी कम नहीं कूती जा सकती। दूसरी तरफ इस बात से भी कोई इनकार नहीं कर पाता कि इस शख्स में भयंकर प्रतिभा है, गजब का अध्ययन है। बेजोड़ तर्क हैं, बारीक पड़ताल है, भाषा है, और सबसे खूबसूरत बात ये कि आला दर्जे की जीवन्तता है। जिन्दगी के एक-एक पल को साहित्य के सुपुर्द करके जीना उनकी पहचान है। पहचान का दूसरा पहलू यह भी है कि अगले को चर्चा में रहने का शगल है। इसके लिए जो हौसला-हिम्मत और जज्बा चाहिए, वह भी भरपूर है। वरना क्या वजह है कि जब वे कहानी, उपन्यास लिखते थे, तब भी चर्चा में रहते थे और आज जब आलोचनात्मक लेख या सम्पादकीय लिखते हैं, तब भी खूब चर्चा में रहते हैं। यही कारण है कि कोई नई शुरू होने वाली साहित्यिक पत्रिका हो या किसी स्थापित पत्रिका का विशेषांक, राजेन्द्रजी का कुछ नहीं तो 'साक्षात्कार' तो होगा ही। इस मामले में संभवतः नामवर सिंह ही उनके निकटतम हों। लेकिन हिंदी साहित्य में, अन्य बहुत सारी चीजों की तरह, वे एक पहेली-से भी हैं। 'किताबघर' से आई उनकी पुस्तक 'मेरे साक्षात्कार' में संकलित अनेक महत्त्वपूर्ण साक्षात्कारों के बावजूद मुझे बहुत दिनों से यह लग रहा था कि कुछ चीजें हैं, जैसे दलित साहित्य, जिन पर उनसे मुठभेड़ करनी चाहिए। कुछ और हैं। जैसे उनका निजी जीवन, जिसे कुरेदा जाना चाहिए तथा कुछ और प्रश्न,

जैसे आत्मकथा से बचते रहने के लिए उन्हें घेरा जाना चाहिए। इस बातचीत के केन्द्र में संभवतः यही मुद्दे रहे हैं, मगर रवानगी में दूसरी बातें भी उभरकर आई हैं, जो कम महत्त्वपूर्ण नहीं हैं। खैर, यह निर्णय पाठकों के विवेक पर है कि किन कम महत्त्वहीन सवालों के भी उन्होंने महत्त्वपूर्ण जवाब दिए हैं और किनसे महज कन्नी काटी है। मैं यह मानता हूँ कि साक्षात्कार करने वाले के प्रति एक न्यूनतम और वस्तुनिष्ठ सम्मान और रुचि के अभाव में कोई भी साक्षात्कार बहुत ऊँची सरहदें पार नहीं कर सकता। शायद यह शर्त लक्ष्य पाठकों की मानसिक बुनावट के लिए भी उतनी ही खरी हो।

साक्षात्कार दिए जाने की संख्या के आधार पर कहा जा सकता है कि राजेन्द्रजी लगभग व्यावसायिक चरित्र हैं; हर तरह के सवाल आसानी से फेस करने के आदी। अपनी व्यक्तिगत जिन्दगी में झाँकने का उन्होंने शायद ही किसी को मौका दिया हो। यहाँ मुझे लगा है, मैं उनका सुपात्र बना हूँ। जब वे मन्नूजी (मन्नू भंडारी) या अपने अकेलेपन पर स्वयं को खोल रहे थे, तब मुझे लग रहा था जैसे मैं किसी बियावा़न खोह में घुस रहा हूँ। मेरी तरफ से होने वाली जरा-सी फुसफुसाहट भी उस राग की रिदम को भंग कर देगी। बातचीत के अन्त में जब मैंने उनके घर में यूँ ही दाखिल हो जाने की हिमाकत पर 'सॉरी' कहा, तो शरारतन उसे नकारते हुए वे बोले, 'तुमने ज्यादा प्रोब किया ही नहीं'। लेकिन मुझे लगा, इससे ज्यादा प्रोब करना मेरी अपनी गरिमा और मर्यादा की परिधि के परे चला जाता।

पिछले कुछ दिनों से दलित साहित्य के राजेन्द्रजी बड़े प्रवक्ता रहे हैं। मगर अकसर उनकी चीजें एकालाप की तरह आई हैं, अतः यह वैचारिक दृष्टि से मतभेद और मुठभेड़ का बड़ा बिन्दु था। लेकिन मित्रो, विश्वास करें, यहाँ मेरा मकसद उनके सरोकारों के सारतत्त्वों को, उनके यथासंभव अन्तर्विरोधों के साथ पकड़ना था, न कि अपने किसी आग्रह को उनके माध्यम से स्पष्ट करना।

बातचीत को कागज पर उतारने के बाद मुझे यह बहुत शिद्दत से लगा है कि इसमें वह मांस-मज्जा और ध्वनि (जिसे सीधे शब्दों में कहा जाए, राजेन्द्रजी के ठहाके) नदारद हैं जिसको पकड़ने की अपेक्षा में यह बातचीत की गई थी। राजेन्द्रजी के ठहाकों का कोई क्रम या समय नहीं होता। वे गहन गम्भीर मुद्दे पर बोलते हुए भी किसी को हँसा सकते हैं। उस दिन शाम को अगले दिन के

लिए उनका समय माँगने मैं 'अक्षर' में बैठकर जब चाय पी रहा था, तभी एक सज्जन से परिचय कराते हुए गम्भीरता से बोले 'ये... फलाँ हैं... बहुत अच्छे लेखक और फिल्म निर्देशक हैं... तुमने इनका वो सीरियल देखा होगा'। मैं उन उम्रदराज सज्जन के प्रति मुखातिब हो ही रहा था, और वे सज्जन एक अजनबी से परिचय करने की सादगी ओढ़ ही रहे थे, कि राजेन्द्रजी ने बीच में एक पाइप का कश लेकर कुछ सहमति माँगने की मुद्रा में सायास शालीनता सहेजकर तुरन्त जोड़ा, 'लेकिन आजकल थोड़ा सनक गए हैं... उम्र के कारण' और हम तीनों ही ठहाकों के दरिया में कूद पड़े।

बातचीत के प्रारम्भ में वे थोड़े शंकित थे। जानना चाहते थे कि आखिर मैं उनसे क्या जानना चाहता हूँ। इसलिए टेप को 'ऑन' करने से रोका। मैंने समझाया कि मेरा मानना है कि हिंदी साहित्य अपने दिग्गज लेखकों के बारे में कुछ भी नहीं जानता, जबकि पश्चिम में ऐसे कितने उदाहरण नुमायाँ हैं जहाँ लेखक के रसोइए या ड्राइवर तक ने अपने पूर्व हाकिम की जिन्दगी के बारे में अपने निरीक्षण दर्ज किए हैं। मेरी मंशा शायद उन्हें कहीं जँच गई और मैंने वहीं कहीं बिना बताए टेप ऑन कर दिया। एक ही दिन में तीन किस्तों में बातें हुईं, जिसके बीच में 'अक्षर' का व्यवधान भी शामिल था। मुझे अभी भी लगता है कि अभी बहुत सारे मुद्दे विशेषकर उनकी रचना-प्रक्रिया और रचनाओं से संबंधित, बचे हुए हैं जिन पर बातें होनी चाहिए।

साक्षात्कार

ओमा शर्मा : हमारे यहाँ लेखकीय आत्मकथाओं या जीवनियों की कोई परम्परा नहीं है, तो उसे हमारे लेखक, विशेष तौर पर वरिष्ठ लेखक, क्यों नहीं तोड़ रहे हैं?

राजेन्द्र यादव : सही बात है। पहले तो लेखक अपने बारे में बिलकुल ही नहीं लिखते थे। बहुत जगह तो पता ही नहीं चलता था कि रचना का लेखक कौन है! अपने को लगभग स्थगित करके रचना की जाती थी और यह मानकर चला जाता था कि लेखक का जीवन इतना महत्त्वपूर्ण नहीं है कि उसे अलग से लिखा जा सके। जैसे बाणभट्ट ने 'हर्षचरित' लिखा, उसके आधार पर हजारीप्रसाद जी ने 'बाणभट्ट की आत्मकथा' लिखी, क्योंकि आत्मकथा के तत्त्व वहाँ काफी मिलते हैं। व्यास का हमें कुछ नहीं मालूम। तुलसीदास का जीवन किंवदंतियों के आधार पर बनाया गया। इसके पीछे शायद यही है कि मनुष्य-जीवन इतना महत्त्वपूर्ण नहीं है। मनुष्य-जीवन को, चूँकि अस्थायी माना गया, तो उस पर लिखना लगभग अहंकार का प्रदर्शन या धार्मिक आज्ञाओं का निषेध जैसा मान लिया गया। इसलिए नहीं लिखा गया। किसी रचनाकार या विचारक की पहली आत्मकथा मुझे बनारसीदासजी की 'अर्धकथानक' ही लगती है। उधर शायद हर मुगल बादशाह ने या तो आत्मकथा लिखी या अपने जीवन और समय पर लिखवाया।

ओमा शर्मा : मगर मेरा सवाल यह था कि उन चीजों पर बात नहीं हो रही है, जो लेखक को लेखक बनाती हैं। लेखक जिन परिस्थितियों में जीता है, वह क्या उसके लेखन के सापेक्ष महत्त्वहीन होती हैं?

राजेन्द्र यादव : बिलकुल नहीं होतीं, बल्कि यह बहुत जरूरी होता है कि यदि कोई रचना हमें पसंद आई है या साहित्य के लिए

महत्त्वपूर्ण उपलब्धि है, तो उस सर्जना में किन परिस्थितियों, किन व्यक्तियों, और घटनाओं का हाथ रहा है, यह भी जानें क्योंकि अकेला व्यक्ति तो कोई कटा-छँटा द्वीप होता नहीं है। बहुत-से तत्त्व उसके साथ काम करते हैं, उनकी तलाश करना, कहीं न कहीं उसकी रचना के स्रोतों को तलाश करना है। व्यक्ति या व्यक्तित्व की चेतना के बारे में लिखने की शुरुआत को मैं पश्चिम की ही देन मानता हूँ। वहाँ ऑगस्टीन से लेकर रूसो जैसों ने न जाने कितना अपने बारे में लिखा है।

ओमा शर्मा : लेकिन हमारे लेखकों ने इस व्यक्ति-चेतना के बारे में भी कहाँ और कितना लिखा है?

राजेन्द्र यादव : हमारे लेखकों ने प्रायः लिखा नहीं है। बल्कि यह माना जाता है कि वे अपनी जिन्दगी को जिस आदर्श ढंग से कहना या दिखाना चाहते हैं, वही लिखते हैं। अंग्रेजी में जिसे कहें कि 'कन्फेशनल' ढंग से लिखना, जैसे रूसो का पूरा का पूरा लेखन, आदमी की तमाम अच्छाइयों, बुराइयों, गलतियों और कमियों को लेकर है, वह बहुत कम हो पाया है। 'अर्धकथानक' के नाम से ही डॉ. नगेन्द्र ने लिखा, लेकिन उसमें उन्होंने व्यक्तित्व का वह सब नहीं लिखा, जिसे 'एंग्युलरिटीज' कहते हैं। उन्होंने अपने अच्छे और कटे-छँटे रूप को ही सामने लाने की कोशिश की। वहाँ कोई झोल या गड्ढे नहीं हैं। सब चीज़ हरी-भरी, मनोरम और समतल हैं। वे वही अपने बारे में दूसरों से सुनना चाहते रहे होंगे। हर आत्मकथा में एक 'सैल्फ जस्टीफिकेशन' होता है। कितनी भी ईमानदारी से आप लिखें, इससे बच नहीं पाते। अफसोस इस बात का है कि इस 'सैल्फ जस्टीफिकेशन' से लड़ने की कोशिश तक नहीं दिखती हमारे यहाँ।

ओमा शर्मा : हो सकता है। लेकिन आप तो आत्मकथा की विधा के ही खिलाफ दिखते हैं। अज्ञेय को उद्धृत करते हुए आपने एक जगह कहा था कि यदि मुझे सच लिखना होगा, तो कहानी-उपन्यास लिखूँगा और झूठ लिखना होगा, तो आत्मकथा।

राजेन्द्र यादव : नहीं, अब मैं उस रूप में तो वैसा नहीं सोचता हूँ। मगर दिक्कत यह है कि आप अपने बारे में तो कुछ भी लिखने को स्वतन्त्र हैं। लेकिन उस सच में दूसरे लोग इन्वॉल्व हों, उनकी सामाजिक, व्यावहारिक, व्यक्तिगत प्रतिष्ठा जुड़ी हो, उसे आप कैसे कहेंगे? मैं समझता हूँ, हर व्यक्ति की जिन्दगी में, विशेषकर रचनाकार की जिन्दगी में, सेक्स का बड़ा हाथ होता है। कई मनोविश्लेषक तो यह मानते हैं कि रचनात्मकता अभिव्यक्ति के स्तर पर जैसे कला के साथ जुड़ी है, वैसे स्रोत के रूप में सेक्स के साथ भी जुड़ी हुई है। अब सेक्स की बात भारतीय समाज में करना, खास तौर से किसी और व्यक्ति के बारे में करना, जो परिवार में बैठा है, मुश्किल में तो डालता ही है। मैं अपना सच लिख सकता हूँ, मुझसे जुड़े दूसरे का सच लिखने का मुझे अधिकार नहीं है।

ओमा शर्मा : वो ठीक है, लेकिन जब हम लेखक की आत्मकथा की बात करते हैं, तो उसकी एकदम निजी या व्यक्तिगत बातों के बारे में अपेक्षा नहीं रखते। हाँ, अपेक्षा उन परिस्थितियों की होती है जिनसे गुजरकर वह लिखता है।

राजेन्द्र यादव : नहीं, मैं इससे इसलिए सहमत नहीं हूँ कि सिर्फ परिस्थितियों का चित्रण कर देने से तो बात बनती नहीं है। आपको तो उन बातों को बताना होगा जिन्होंने आपकी रचनात्मकता या कला के सृजन में कहीं कोई महत्त्वपूर्ण भूमिका निभाई हो। और हो सकता है, वे बहुत अच्छी या सारगर्भी हों। यह भी हो सकता है कि वे कह सकने लायक भी नहीं हों, क्योंकि रचना कभी सैल्फ-प्रोजेक्शन से आती है, तो कभी-कभी गिल्ट से भी आती है। जैसे दोस्तोव्स्की की रचनाएँ देखें तो लगता है कि उसके पीछे कहीं भयंकर गिल्ट है जिनके प्रायश्चितस्वरूप वह जिन्दगी भर रचनाएँ करता रहा। टॉलस्टॉय के उपन्यास 'पुनर्जीवन' के पीछे जबरदस्त गिल्ट है... तो लेखन सिर्फ स्वयं का प्रस्तुतीकरण ही नहीं है। उसके पीछे बहुत से कहे-अनकहे

तत्त्व काम करते हैं जिन्हें कभी आप बता सकते हैं, कभी नहीं भी। कभी-कभी शायद खुद भी नहीं पहचान पाते। लेखन में अवचेतन का भी महत्त्वपूर्ण हाथ होता है।

ओमा शर्मा : ये तो ठीक है कि एक व्यक्ति के रूप में लेखक कई-कई दुनियाओं में जी रहा होता है और संभव है कि सेक्स से संबंधित उसकी दुनिया, और दुनियाओं की तरह, बहुत अहम हो। लेकिन जब वह लेखक होता है, यानी लिख रहा होता है, तो क्या सेक्स से संबंधित उसके अनुभव या संबंध उसकी रचनात्मकता को प्रभावित करते हैं?

राजेन्द्र यादव : मैंने कहा न कि यह तो अब मान्य बात है कि सेक्स और रचनात्मकता का बहुत गहरा संबंध है।

ओमा शर्मा : आप यह मानते हैं?

राजेन्द्र यादव : मुझे भी लगता है। और यह भी कि ये रचनात्मकता के ही दो रूप हैं। यदि सृजन को व्यापक अर्थों में देखा जाए तो यह दोनों रूपों में आता है, प्रोक्रिएशन के रूप में भी और प्रोडक्शन के रूप में भी।

ओमा शर्मा : लेकिन क्या यह बहुत व्यक्तिगत किस्म का आग्रह नहीं है?

राजेन्द्र यादव : नहीं, यह व्यक्तिगत किस्म का आग्रह नहीं है। इसका कारण यह है कि एक लेखक के रूप में आदमी कई दुनियाओं में रहता है और लेखक एक दुनिया से दूसरी दुनिया की यात्रा को ही रचनात्मक रूप से आर्टीक्यूलेट करता है। इसमें कुछ शुभ होता है, तो कुछ अशुभ। कुछ पाशविक होता है और कुछ हिंसक जो कभी सब्लिमेट हो सकता है। लेखक के अन्दर कई-कई दुनियाओं का एक तरह से नाटक चलता रहता है, जिसका वह दर्शक-भर होता है। तभी वह लिखता है। सबसे पहला गिनी-पिग एक रचनाकार के लिए वह खुद होता है। वह प्रयोगकर्ता, प्रयोगशाला और प्रयोग का केन्द्र, तीनों एक-साथ होता है।

ओमा शर्मा : लेकिन क्या ऐसा नहीं है कि सर्जना के समय लेखक की यह दर्शक की जो केंचुली है, पीछे छूट जाती है? सृजनात्मक अनुभूति क्या इतनी उग्र नहीं होती कि लेखक की जो भी व्यक्तिगत वृत्तियां हैं (जैसे सेक्स), निष्क्रिय हो जाती हैं। लेखक एक सर्जक के तौर पर जब कोई चरित्र या परिस्थिति गढ़ता है, तो अपने से तो निकलकर ही करता है।

राजेन्द्र यादव : इसे मैं इस रूप में कहूँ कि लेखक के जो भी व्यक्तिगत अनुभव या अनुभूतियाँ होती हैं, गेहूँ की तरह होती हैं। उसे उगाकर, पीसकर, पकाकर वह रोटी बनाता-खाता है। लेकिन अन्ततः तो वह होता गेहूँ ही है। उससे वह मुक्त कैसे हो सकेगा?

ओमा शर्मा : अंग्रेजी लेखक खुशवंत सिंह ने अपनी आत्मकथा में मेनका गांधी के बारे में कुछ ऐसा लिखा जिसके कारण कोर्ट-कचहरी का चक्कर हो गया था। आत्मकथा न लिखने के पीछे आपके कहीं ऐसे ही डर तो नहीं हैं?

राजेन्द्र यादव : खुशवंत सिंह की मैं कद्र करता हूँ। खास तौर पर इसलिए कि उसने बहुत ईमानदारी से लिखा है।

ओमा शर्मा : तो क्या ईमानदारी ही लेखन की सबसे बड़ी शर्त है?

राजेन्द्र यादव : सबसे बड़ी न सही, पर ईमानदारी लेखन की बहुत अहम जरूरत है। ईमानदारी से जुड़ा हुआ दूसरा तत्त्व है साहस। उस सबको कह सकने का साहस। लिखना उस रूप में अपनी ही शल्य-क्रिया है। आप कितने निर्मम हो सकते हैं स्वयं से, इसके लिए साहस तो चाहिए ही। न जाने कितने भय, संकोच और लिहाज हमारे लेखन को निर्धारित करने लगते हैं। ये सारी बातें हमारे आत्मकथा-लेखन को झूठा, अविश्वसनीय और आडम्बरी बना देती हैं।

ओमा शर्मा : यहाँ मैं साहस को खुशवंत सिंह के लेखन के संदर्भ में रखूँ, तो यह बताइए कि एकाध कहानी या 'ट्रेन टु पाकिस्तान' को छोड़कर खुशवंत सिंह के लेखन में उसका क्या योगदान है,

जिसकी बिना पर उसे बड़ा लेखक माना जाए? जैसे उसका अभी उपन्यास आया था, 'इन द कम्पनी ऑफ विमैन' जो हिंदी के 'मस्तराम' किस्म के लेखक से शायद ही उच्च श्रेणी का हो। आप इसे साहस और ईमानदारी के पैमाने पर खूब अच्छे नम्बर दे सकते हैं, तो दे दीजिए।

राजेन्द्र यादव : हम लोग प्रक्रिया की बात कर रहे थे, परिणति की नहीं। कभी-कभी इन्हीं बातों से अच्छी परिणति हो जाती है, कभी नहीं। उस पर आम निर्णय जाने दीजिए कि वह रचना अच्छी है या खराब। या रचना है भी या नहीं। आप साहस किसे कहते हैं, साहसहीनता किसे कहते हैं? जो आप कहना चाहें, उसे सामाजिक लिहाज और डर की वजह से नहीं कह पाते। मैं इसे यों कहूँ कि मैं सामाजिक अंकुशों को पार नहीं कर पाया। सामाजिक अनुभव आदमी को ढालते हैं, तराशते हैं, मोल्ड करते हैं, तो प्रतिबंधित भी करते हैं। और यह शायद समाज-सापेक्ष होता है। पश्चिम का समाज जितना खुला है, हमारा नहीं है। रूसो ने अपनी आत्मकथा में अपनी सौतेली माँ के साथ संबंधों को जिस तरह कह डाला है, वैसा शायद हमारा समाज आज भी नहीं सह पाए। समाज यदि मनुष्य की अभिव्यक्ति को निर्धारित करेगा तो उसकी कोई सीमा नहीं है। हमारे यहाँ किसी लड़की को 'किस' कर लेना साहस होता है, जबकि पश्चिम में यह बहुत ही सामान्य-सी बात है, कर्टिसी है।

ओमा शर्मा : लेकिन हमारे समाज में जिसे आप साहस कह रहे हैं, वह बहुत बड़ा लोभ हो सकता है, चर्चा या विवाद में बने रहने के लिए। यह बहुत सुलभ औजार होता है। कोई बुड्ढा खूसट चर्चित होने के लिए लड़की छेड़ने लगे...

राजेन्द्र यादव : लेकिन हर कोई अपनी सामाजिक प्रतिष्ठा दाँव पर नहीं लगा सकता। जो सामाजिक स्वीकृति मिली होती है, उसे कोई गँवाना

नहीं चाहता। चलिए, हरेक को वैसी स्थितियों से गुजरना नहीं पड़ा, मान लिया। लेकिन कल्पना तो की है। स्वप्न तो देखे हैं। फिर भी वह कहाँ आता है? जबकि अनुभव की सत्यता हर रचना की पहली शर्त होती है।

ओमा शर्मा : आप जिसे अनुभव की सत्यता कह रहे हैं, उससे तो हर व्यक्ति, चाहे वह स्त्री हो या पुरुष, हर रोज गुजरता ही है।

राजेन्द्र यादव : लेकिन हर व्यक्ति उसे लिख नहीं पाता, जो लिखता है वह लेखक होता है।

ओमा शर्मा : उसे सारे इसलिए नहीं लिखते क्योंकि उसमें लिखने जैसा कुछ होता ही नहीं है। जैसे हर रोज या सुबह-शाम चाय पीने में लिखने जैसा कुछ नहीं है, वैसे ही...

राजेन्द्र यादव : तुम बहुत अजीब बात कह रहे हो, जैसे मैं कहूँ कि प्रेम तो बहुत आदिम समय से होता रहा है फिर भी हर भाषा में हर रोज एक नई रचना उसी चीज पर बनती है। ऐसा क्यों?

ओमा शर्मा : हाँ, प्रेम के बारे में तो लिखा जाता है, सेक्स के बारे में नहीं।

राजेन्द्र यादव : अब तुम उस भारतीय भावना को छोड़ दो कि प्रेम अलग है, वासना अलग। 'चित्रलेखा' में पूरी बहस इस पर हुई थी कि कमर से नीचे वासना है और कमर के ऊपर प्रेम। जैसे एक डॉक्टर के लिए शरीर का कोई भी हिस्सा अपवित्र नहीं है, उसी तरह एक लेखक के लिए कोई भी अनुभव महत्त्वहीन नहीं है। उसमें मॉरल जजमेंट डालना अनुचित है। इसमें औचित्य की अवधारणा एक सामाजिक अंकुश है। आज का मनोविज्ञान सेक्स और वासना, हृदय और मस्तिष्क जैसे विभाजन मानने से इनकार करता है।

ओमा शर्मा : आपका कहना है कि सेक्स एक फिजिकल एक्टिविटी न होकर उससे कहीं अधिक व्यापक संवेदना है?

राजेन्द्र यादव : बिलकुल, रजनीश यदि 'सम्भोग से समाधि तक' कहते हैं तो

उनके अन्दर कहीं दोनों चीजें हैं, एक-साथ जिनमें आदमी सबलिमेट करता है। हठयोग या भैरवी चक्र साधना जो लोग करते रहे हैं, उसका आधार क्या है? सेक्स ही तो है। वरना क्यों होता है कि एक आदमी 'शृंगार शतक' भी लिख रहा है और दूसरी ओर 'वैराग्य शतक' भी लिख रहा है? ये अलग कहाँ से हैं? अभी मैंने डॉक्टर धर्मवीर का एक लेख देखा था, उसमें मीरा को, एक विधवा स्त्री को, पुरुष कृष्ण के प्रति आकर्षण के रूप में ही देखा गया है। अब चूँकि सामाजिक अंकुश थे, तो उसे भक्ति की आड़ में ही अपनी आकांक्षाओं को अभिव्यक्त करना पड़ा।

ओमा शर्मा : लेकिन क्या यह भावनात्मक या कलात्मक स्तर पर उन सारी चीजों का नकार नहीं है, जो मीरा ने सृजित किया?

राजेन्द्र यादव : नकार नहीं है, बल्कि उसकी समकालीन सेफो ने (प्लेटो के साथ की) ने तो खुलकर लिखा है। दरअसल शरीर की इच्छाएँ उतनी इकहरी नहीं हैं; इसमें से दर्शन निकलता है, इसी में से सेक्स निकलता है तो नैतिकता भी निकलती है। अध्यात्म का सबलिमेशन निकलता है। तो यह नकार नहीं है, भावनात्मक स्तर पर चैनेलाइज्ड करना है।

ओमा शर्मा : आपका मतलब है, जो भी रचनाकार होता है, उसके चेतन-अवचेतन में सेक्स होता ही है?

राजेन्द्र यादव : एकदम। और भी चीजें होंगी, लेकिन सेक्स मुख्य होता है। रचना का अर्थ ही सन्तान या कृति की रचना है। सेक्स को हटा देने के बाद तो न धर्म रहता है, न भक्ति।

ओमा शर्मा : लेकिन जो दूसरी तरह का लेखन है, जैसे संघर्ष का, गरीबी का, उसके पीछे भी सेक्स का ही हाथ है?

राजेन्द्र यादव : उसके पीछे या उन लोगों की आकांक्षा ऐसे जीवन की है, जहाँ जीवन के सुखों का उपभोग किया जा सके, जो नहीं मिल रहे हैं। इसी के लिए तो संघर्ष है। जीवन के यदि तीन

लक्षण मानें तो वे होंगे, अस्तित्व, संरक्षण और सर्जन। और इस सबके केन्द्र में कहीं न कहीं सृजनवृत्ति है।

ओमा शर्मा : लेकिन जो इन तीनों से निकल चुका है?

राजेन्द्र यादव : निकल कैसे चुका है..., कहीं न कहीं उन्हीं में अटका होता है।

ओमा शर्मा : चलिए, थोड़ा बाहर निकलते हैं यहाँ से। अभी कुछ दिनों पहले आपने एक बात कही थी, शायद मनमोहन ठाकौर के संदर्भ में, कि जो लोग घरों तक सिमटकर रह जाते हैं, साहित्य-सृजन से वंचित रह जाते हैं, जबकि सारी रचनाओं का अन्त ही इस घर और उससे जुड़े सुखों की प्राप्ति से होता है।

राजेन्द्र यादव : देखो, घर बड़ा अजीब शब्द है। तुम्हें याद हो तो इसे मैंने 'वहाँ तक पहुँचने की दौड़' में कहा भी है। जब हमें एक भौतिक घर मिल जाता है, तो मानसिक घर की तलाश में यात्राएँ करते हैं। स्वर्ग की कल्पना एक धार्मिक व्यक्ति के लिए मानसिक घर का रूप ही तो है।

ओमा शर्मा : लेकिन एक ईंट-पत्थरों के घर से, जिसमें पत्नी-बच्चे हैं, यदि कोई प्रसन्न है, तो आपको क्या आपत्ति है?

राजेन्द्र यादव : आपत्ति यही है कि वह मुझे यथास्थितिवाद का ही रूप लगता है। यदि परिवर्तन जीवन का नियम है, तो यह घर उसका सबसे बड़ा विरोधी है। घर का अर्थ इस रूप में जड़ता भी है, कि इसमें रहकर आप किसी भी तरह के नैतिक, आर्थिक या सामाजिक परिवर्तन की बात सोच भी नहीं पाएँगे। घर कोई भी हो, उसी तक सीमित रहना आपको जड़ बनाता है। इसीलिए हमारे यहाँ 'चरैवेति-चरैवेति' यानी चलते रहो, कहा भी गया है।

ओमा शर्मा : साहित्य के उद्देश्य को ध्यान में रखकर यदि मैं कहूँ, तो निरन्तर परिवर्तित होता समाज, जहाँ सामाजिक उठापटक है, हिंसा है, वैमनस्य हैं, कहाँ तक जस्टीफाइड है?

राजेन्द्र यादव : नहीं, ये दो अलग-अलग स्थितियाँ हैं। यह स्थिति और गति का शाश्वत द्वन्द्व है। परिवर्तन यदि गति है तो हिंसा वैमनस्य है, इसलिए जस्टीफाइड नहीं है, यह एक बात है। दूसरी यह है कि, चूँकि हमें परिवर्तन करना है और हिंसा उसके साथ इन्वॉल्व होती है, उसकी अनिवार्यता है। बहरहाल, परिवर्तन के विरोध में तो नहीं रहा जा सकता।

ओमा शर्मा : खैर, आप यह बताइए कि आप आत्मकथा लिखने के पक्ष में हैं या नहीं?

राजेन्द्र यादव : आत्मकथा लिखने के पक्ष में तो मैं हूँ। पर शायद लिखने का साहस नहीं है। दो चीजें मेरे लिए बाधाएँ हैं। एक तो मेरी याददाश्त अच्छी नहीं है। उपन्यास वगैरह पढ़ता हूँ, तो जहाँ दूसरे लोग एक-एक डायलॉग और एक-एक चरित्र वर्षों तक याद कर लेते हैं, मुझे बस मोटे तौर पर रूपरेखा जैसा ही याद रहता है। डिटेल्स याद नहीं रहतीं। अब बिना डिटेल्स के आत्मकथा लिखने में न्याय नहीं हो सकता। दूसरे, बहुत-सी ऐसी चीजें जिन्हें मैं न कहना चाहूँ। मारियो पूजो की बात कि हर सफल बिजनेस के पीछे अपराध होता है, कहीं न कहीं जीवन पर भी लागू होती है। जिसे हम अपराध कहते हैं, वह कहीं जाने-अनजाने गलत हो जाने का दूसरा नाम है। वह हम सबके साथ है। जो चीजें मुझसे गलत हो गई हैं, या दूसरों के प्रति जो गलतियाँ मैंने की हैं, उन सबको स्वीकार करने की या स्वयं अपने सामने देख सकने की मानसिकता मेरी नहीं है। सामाजिक प्रतिष्ठा या तथाकथित मर्यादाएँ ऐसी हैं, जो मुझे रोकती हैं। बहुत इनोसेंट-सी चीजें तो मैं बता दूँगा। लेकिन जो संगीन और निर्णायक हों, हो सकता है मैं न कह पाऊँ। जैसे किसी की मेरे हाथों हत्या हो गई हो, किसी लड़की को मैंने धोखा दिया हो, गर्भवती करके भाग लिया हूँ और बाद में उसने आत्महत्या कर ली हो... तो ऐसी तमाम बातों को लिखने का साहस मैं नहीं कर पाता। और फिर

इसमें मेरी ही नहीं, सामने वाले की भी तो प्रतिष्ठा शामिल है।

ओमा शर्मा : लेकिन लेखन और उम्र के इस मुकाम पर आपका यह डर अपने परिवारजनों से है या पूरी लेखक-बिरादरी से?

राजेन्द्र यादव : बहुत चीजें हैं। कुछ डर निराकार किस्म के हैं, और कुछ बहुत साकार किस्म के हैं। परिवार का डर साकार किस्म का डर है। निकट परिवार, खास तौर से पत्नी और बच्चे। एक डर अपनी सामाजिक प्रतिष्ठा का होता है, जिसे बताना थोड़ा मुश्किल है, लेकिन जो लगातार एक अंकुश लगाए रखता है...संस्कार जैसा बनकर।

ओमा शर्मा : लेकिन यह डर वाली बात...

राजेन्द्र यादव : डर ही है यह। मेरे पास जो औजार हैं, कमजोर पड़ गए हैं। मैं चीजों के साथ ईमानदारी न बरत पाऊँ तो...

ओमा शर्मा : लेकिन जो आपका लेखकीय अवदान है, हो सकता है उसे समझने में आपके उन अनुभवों और परिस्थितियों का रिविलेशन मदद करे... यह एक साहस या मोह भी तो हो सकता है?

राजेन्द्र यादव : फिर भी नहीं होता। वह अनुभव रचना को समझने में बहुत देर तक मदद नहीं करेगा। वह उन्हें एक्सप्लेन तो कर देगा, लेकिन समझ भी बनाएगा, ऐसा मुझे नहीं लगता।

ओमा शर्मा : लेकिन अपने डरों को यदि आप एक कनफैशन के रूप में रखें, तो हो सकता है, उन्हें माफ भी किया जा सके। यह रवैया तो रहता ही है कि चलो, अपनी गलती मान तो रहा है...

राजेन्द्र यादव : कुछ गलतियों को माफ किया जा सकता है, सभी को नहीं। छोटी-मोटी चोरी-चपाटी को माफ किया जा सकता है, लेकिन मैं किसी की हत्या करके, उसका माल चुराकर लाया हूँ, उसे कौन क्षमा करेगा?

ओमा शर्मा : तो आत्मकथा में कौन-सा सौ प्रतिशत सच लिखना होता है?

राजेन्द्र यादव : बल्कि मैं यों कहूँ कि उन बिन्दुओं का ही जिक्र आत्मकथाओं में होना चाहिए या तलाश होनी चाहिए जिन्होंने आपकी रचनात्मकता को छुआ या प्रभावित किया हो।

ओमा शर्मा : बिलकुल, बिलकुल।

राजेन्द्र यादव : लेकिन उसका एक दूसरा पक्ष भी है। जो जीवन्त हिस्से थे, अच्छे या बुरे, जो कभी मेरी संवेदना का हिस्सा बने, उन्हें तो मैं पहले ही अपनी रचनाओं में दे चुका हूँ। उनकी तलाश तो पहले ही हो चुकी है। आखिर लेखन होता ही क्या है? अनुभवों और घटनाओं की संवेदनात्मक अभिव्यक्ति। पात्रों या जगहों के नाम बदलने से कोई फर्क नहीं पड़ता। अब जैसे 'हासिल' कहानी है। उसमें मेरा स्वयं का और अनेकों के सम्मिलित अनुभव हैं। जो मुझे जानते हैं, वे इसे मुझसे जोड़ेंगे। जो नहीं जानते, वे स्वतन्त्र अनुभव के रूप में देख सकते हैं।

ओमा शर्मा : एक रूप में तो हर रचना ही एक आत्मकथा होती है, लेकिन उस रूप में भी कहूँ, तो भी आपने 20-25 वर्ष से कोई रचनात्मक चीज नहीं लिखी है।

राजेन्द्र यादव : यह एक दूसरी बात है। लिख रहा होता तो पता नहीं क्या लिखता। इसे यों भी देख सकते हैं कि जो भी महत्त्वपूर्ण अनुभव थे, आ गए। अब जो नहीं आए, महत्त्वपूर्ण नहीं थे। हाँ, अनुभवों की प्रक्रिया तो समाप्त नहीं होती। हो सकता है, उनमें सारगर्भी और स्वयं अनुभवों को छाँटने की दृष्टि स्थगित हो गई हो।

ओमा शर्मा : आपने लिखना काफी कम उम्र में प्रारंभ कर दिया था। बीस-बाईस की उम्र तक तो आप खूब जाने जा चुके थे। और तब से आप लेखन के क्षेत्र में हैं। निरीक्षण की जो प्रक्रिया है, वह तो लेखक के जीवन का हिस्सा ही बन जाती है। वह तो आज भी होगी। क्या आपको लगता है कि जीवन के तमाम अच्छे-बुरे अनुभवों का निरीक्षण तो आपके पास है, लेकिन

उन्हें रचना का रूप नहीं दे पाते? अब ऐसी क्या गाँठें या दिक्कतें हैं कि...

राजेन्द्र यादव : गाँठों से ज्यादा यह एक मानसिक फ़ुरसत की चीज है। अनुभव अपने आपमें पर्याप्त नहीं होता, बल्कि उसकी प्रकृति को समझने के लिए आपको बहुत देर तक और बार-बार उसके साथ रहना होता है। इस तरह रह सकना, या लैजर, फिलहाल मेरे जीवन का जो पैटर्न बन गया है, उसमें संभव नहीं है। अनुभव तो है लेकिन थोड़ा-सा छूकर या तैरकर पास से निकल जाता है। अगर मानसिक फ़ुरसत संभव होती तो ज़रूर लिखता। दूसरी जिम्मेदारियाँ ऐसी आ गई हैं कि अब हो नहीं पाता। पहले बस लिखना ही रहता था। तो कोई दबाव नहीं रहता था। अब तुमसे गप्प लड़ाना, बातें करना मुझे अच्छा लग रहा है। मगर अवचेतन में यह भी चल रहा है कि दफ्तर (अक्षर) पहुँचना है। फिर दूसरी बात यह भी है कि जब तक मेरे अनुभव सामाजिक सच्चाइयों से नहीं जुड़ पाते, तो मुझे उन्हें लेकर व्यर्थताबोध होता है। लिखना सिर्फ अपने मन की भड़ास निकालना भर नहीं होता। इट्स नॉट एन एक्सक्रीटा... कि दबाव हुआ और निकाल दिया। अनुभव मुझे समाज से मिले हैं और जो मैं दे रहा हूँ उसकी भी सामाजिक परिणतियाँ हैं। तो समाज के प्रति एक ऋण का एहसास भी है और कहीं न कहीं उसमें योगदान की इच्छा भी। हो सकता है कि मैं अपने अनुभवों की इस सामाजिक संगति को तलाश न कर पा रहा होऊँ। विशेषकर जो आज की स्थितियाँ हैं, उनमें अपने अनुभवों की सामाजिक संगति न पकड़ पाने के कारण मुझे अपने लेखन में एक संशय लगने लगा है। शायद इसीलिए मैं लेखों या संपादकीयों में ज्यादा संतोष तलाश करता हूँ। वहाँ मेरा समाज के साथ डायलॉग बहुत सीधा है। रचनात्मक लेखन में वह थोड़ा इनडायरेक्ट होता है।

ओमा शर्मा : इस संदर्भ में मैं यह सवाल आपकी ही एक कहानी को

लेकर कर रहा हूँ, कहानी है 'नए-नए आने वाले'। जाहिर है, आपके किसी अनुभव पर ही आधारित होगी। क्या वैसा कोई बेरोजगार युवक या अन्य महिला आपके पास आज आए, तो यह अनुभव प्रेरित करता है कि अरे, ये तो एक कहानी है, और इसे लिखा जाना ही चाहिए?

राजेन्द्र यादव : बिलकुल करता है।

ओमा शर्मा : तब आपको यह नहीं लगता कि इस पर बैठकर काम किया जाए। सामाजिकता का दबाव तो चलता ही रहना है। बैठकें कौन-सी भागी जा रही हैं। या शायद यह सब बहुत अहम नहीं रहा?

राजेन्द्र यादव : शायद उतनी तीव्रता से प्रेरित नहीं करता। लगता तो है कि यह एक कहानी है, लेकिन आज के संदर्भ में इसे किस तरह उठाया जाए, कहाँ से उठाया जाए, यह कोण तब मिल गया था, आज नहीं मिलता। वर्ग और उम्र की हैसियत की दो अलग-अलग स्थितियाँ होती हैं। एक स्थापित व्यक्ति और विस्थापित व्यक्ति के बीच डायलॉग न बन पाने की स्थिति का जो गैप हो जाता है, वहाँ मुझे कहानी की संभावना लगी थी। वहाँ बॉसनुमा व्यक्ति जो स्वयं संघर्ष करके आया है, अब उनसे इतनी दूर आ गया है कि एक संघर्षरत युवक की पीड़ा के प्रति तटस्थ बना रहता है।

ओमा शर्मा : नहीं, बात यहाँ मानसिकता के स्तर पर कहानी की तलाश करने की है। मोहन राकेश की आपके बारे में यह बात मुझे बहुत गुदगुदा गई कि ऐसा भी क्या आदमी, जो जीवन की हर स्थिति, हर क्षण या अनुभव को कहानी के नजरिए से ही देखता है! तो क्या वह तलाश या नजरिया बदल गया है?

राजेन्द्र यादव : यह बात सच है। पहले मैं वाकई हर चीज को कहानी के हिसाब से लेता-देखता था। जैसे एक जेबकतरे को हर आदमी एक जेबवाला दिखता है। एक फोटोग्राफर के दिमाग में कैमरा किसी दृश्य की तरह फिट हो जाता है। वही मैंटल कंडीशनिंग

एक कहानीकार की हो जाती है। अब मैं अपने अनुभवों या निरीक्षणों का विश्लेषण करने में ज्यादा सुकून महसूस करता हूँ।

ओमा शर्मा : कहीं ऐसा तो नहीं कि आपका अपना ही वजूद उसमें आड़े आता हो? आप बहुत सचेत-सम्मानित लेखक रहे हैं और आपके लेखन की यह खास पहचान भी है। क्या कहीं यह तो नहीं लगता कि एक खास स्तर की चीज नहीं आ पा रही, तो उसका न लिखना या छपना ही बेहतर।

राजेन्द्र यादव : यह भी है। एक छलनी भी काम तो करती है। क्या रखने लायक है, क्या नहीं, इसका विवेक भी होने लगता है। बहुत सारी चीजों को रिजेक्ट करने की प्रक्रिया भी चलती रहती है। पहले हर अनुभव को अपने तईं फिर से डिस्कवर करने का मन रहता था। अब वही चीज बहुत सामान्य लगती है। पहले चीजें रिवील होती थीं। अब रिपीट होती हैं। उस भाषा में कहूँ, तो पहले लगता था कि सत्य को पहली बार मैं ही जान रहा हूँ। अब ये लगता है कि ये जाना-पहचाना सत्य दोहराया जा रहा है।

ओमा शर्मा : अभी आपने कहा कि अब आपके निरीक्षण लेखों या विश्लेषणों में या एक खास तरह का संवाद स्थापित करने में सम्प्रेषित होते हैं। लेकिन यहाँ पर बहुत लोगों की राय यह है कि आप अपनी खास राजनीतिक-वैचारिक प्रवृत्ति की छाँव में ही चीजों को देखते-बुनते हैं, वस्तुनिष्ठ निरीक्षण शायद नहीं है।

राजेन्द्र यादव : पहले ये बताओ कि वस्तुनिष्ठता जैसी चीज क्या वाकई होती है?

ओमा शर्मा : नहीं होती, लेकिन काले-सफेद का भेद तो रहता ही है।

राजेन्द्र यादव : आप जहाँ खड़े होते हैं, वहीं से तो चीजों को देख सकते हैं।

ओमा शर्मा : मैं एक स्पष्ट उदाहरण देकर बात कहूँ, तो मंडल कमीशन का वह दौर, जब आप माह-दर-माह उस माहौल में तथाकथित पिछड़ों के साथ खड़े होने के एहसास से लबरेज होकर तथाकथित अगड़ों के खिलाफ थे और अब, उसका कहीं नामोनिशान ही नहीं है। कैसा मंडल, कहाँ का मंडल!

राजेन्द्र यादव : देखो, वर्गीय स्थिति में हमारे यहाँ घोर फर्क तो है ही। हम झूठ बोलेंगे, अगर हम कहें कि हजारों सालों से हमारा समाज वर्णों और जातियों में नहीं बँटा है। अगर ये सच है, तो दूसरा सच यह भी है कि हमारे यहाँ एक वर्ग ने, या ज्यादा स्पष्ट कहूँ तो वर्ण ने, शुचिता और श्रेष्ठता यानी सैंक्टिटी और एक्सिलेंस की आड़ में हर स्तर पर दूसरे वर्ग का शोषण किया है। तब मुझे लगता था कि इसके (मंडल के) माध्यम से जो यथास्थिति बनी हुई थी, उसे बहुत हद तक तोड़ा जा सकेगा।

ओमा शर्मा : लेकिन क्या वाकई ऐसा हुआ?

राजेन्द्र यादव : नहीं हुआ। बल्कि यह हुआ कि जो पिछड़े लोग थे, जब उनको अधिकार मिल गए तो वे भी अपने से नीचे वालों के प्रति उतने ही शोषक और अत्याचारी बन गए, उन्हीं हथियारों का इस्तेमाल करने लगे, जो अभी तक उनके खिलाफ इस्तेमाल हो रहे थे। उनका कुलीनीकरण हुआ।

ओमा शर्मा : वही तो बात है। यानी एक खास राजनीतिक आग्रह से यदि आप चीजों को परखते हैं, तो अंजाम बहुत प्रिडिक्टेबल होगा ही।

राजेन्द्र यादव : तो मैंने उसको रिवाइज किया है, हालाँकि मैं अभी भी मानता हूँ कि मंडल सही था। वह राजनीतिक और सामाजिक वर्चस्व को तोड़ता था। लेकिन बात उससे भी आगे जाती है। आज पिछड़ों में सवर्णों की मानसिकता की तरह अभिजात या कुलीन बनने की प्रवृत्ति के खिलाफ मैं गया हूँ, तो इसे रिवाइज करना ही कहेंगे।

ओमा शर्मा : यहाँ मैं दूसरे पहलू से भी चीजों को देखता हूँ। मुद्दा था आरक्षण का, जिसका हमारे संविधान में प्रावधान था। उसे बहुत कम समय के लिए रहना था। मगर अब वह एक स्थायी अंग बन गया है। उसी के चलते अब अलग-अलग वर्ग अपने राजनीतिक दंगे कराने की सामर्थ्य के अनुसार, आरक्षण माँग रहे हैं। यह बात पचास वर्ष पूर्व उठाई जाती तो कुछ औचित्य था क्योंकि पिछड़ों को प्रतिनिधित्व मिलना ही चाहिए। मगर सवाल उनके राजनीतिक इस्तेमाल का है। एक बड़े दायरे में देखें तो स्वतन्त्रता और समानता बहुत बड़े मूल्य होते हैं और इतने बड़े पैमाने पर आरक्षण कर देना किसी भी रूप में इस लक्ष्य को पूरा नहीं करता जिसकी प्राप्ति के लिए उसे लाया जाता है।

राजेन्द्र यादव : मुझे मालूम है। यह उस तरफ नहीं ले जा रहा जिसके लिए उसे लाया गया है। लेकिन फिर भी इससे वह यथास्थिति टूटती है। कुछ लोगों को जो यह लगता है कि सत्ता उनका जन्मसिद्ध अधिकार है, एकाधिकार है, वह टूटता है। किसे या कितने लोगों को इससे फायदा हो रहा है, उससे फर्क नहीं पड़ता। लेकिन यदि किसी भी तरह एक बदलाव की प्रक्रिया शुरू होती है, तो मैं इसका पक्षधर हूँ।

ओमा शर्मा : 'हंस' के कारण दलित लेखन को महत्त्वपूर्ण मंच मिला है। पिछले दिनों 'वर्तमान साहित्य' में तथा अन्य जगहों पर भी यह बहस चली है कि आखिर दलित लेखन क्या है? कुछ उभरकर आए कभी दलित रहे लेखकों का लेखन या जो भी मानसिक स्तर पर अन्याय और नृशंसता के खिलाफ लिखते हैं, वे सभी। यहाँ तक कि प्रेमचन्द को भी खारिज कर दिया जा रहा है।

राजेन्द्र यादव : आजादी से पहले भारतीय लेखन किसे कहते थे? भारतीय भाषाओं में वह लेखन, जिसमें स्वतन्त्रता की आकांक्षा हो। उस समय अम्बेडकर ने कहा था—और महिलाएँ अब कह रही

हैं – कि स्वतंत्रता सिर्फ एक वर्ग का सवाल नहीं है। यानी समाज के एक तबके को तो आजादी मिल गई, मगर उनका क्या होगा जो हजारों सालों से गुलाम थे? वे न आजादी के पहले स्वतन्त्र थे और न बाद में होंगे क्योंकि उन्हें तो फिर भी उसी वर्ग की गुलामी करनी है। अतः वह आजादी अधूरी थी। वह कुछ वर्गों तक ही सीमित थी। इसलिए अम्बेडकर की यह बात सही थी कि इस रूप में अधूरी आजादी का कोई मतलब नहीं होता है। अब सवाल है कि हमारी जो वर्ण-व्यवस्था है, उसकी हायरारकी में जो आखिरी आदमी है, उसकी हालत सुधारने के क्या तरीके हैं? यह सही है कि जहाँ भी अन्याय होता है वहाँ लेखक होता ही है। प्रेमचन्द दुःखी जनता के साथ थे। बल्कि सारा साहित्य चाहे रामायण हो या महाभारत, न्याय की पुकार का साहित्य है। यह हर साहित्य का सच है। लेखक अन्याय के विरुद्ध चाहे न हो लेकिन न्याय माँगने वालों के साथ ज़रूर होता है। इसलिए हमें दलित साहित्य की पीड़ा ज्यादा झकझोरती है। यही बात ब्लैक लिटरेचर के बारे में है। यानी जन्म के आधार पर ही जिन्हें अलग कर दिया गया उनके बारे में फैसले कोई और ही लेता रहा। यही औरत के संदर्भ में सच है। उसके बारे में सारे फैसले पुरुष लेता है, यहाँ तक कि उसके दुनिया में आगमन का भी स्वागत नहीं होता। सम्पत्ति के अधिकार से उसे वंचित रखा गया है। अपनी देह तक पर उसका अधिकार नहीं है।

इन पर यानी दलितों और महिलाओं पर, जिन्होंने भी लिखा सहानुभूति या करुणा से लिखा। वह पहली स्टेज थी। उनमें एक जागृति या चेतना पैदा करने का काम इस साहित्य से हुआ। लेकिन वहाँ सिर्फ करुणा थी। स्वर था कि भाई आखिर ये भी तो आदमी हैं। वहाँ समानता के आधार पर अधिकार या सम्मान देने की बात नहीं थी। सिर्फ रियायतें देने की सिफारिशें थीं। दलितों ने इसे अपने अधिकार के रूप में पेश

किया। आदमी कुछ भी करे, लेकिन जब दलित और औरत अपने फैसले अपने-आप करने लगें तो उससे बरदाश्त नहीं होगा। आदमी जो दे दे, औरत सिर-आँखों पर रख ले। गुलाम का मालिक से अधिकार माँगना कभी बरदाश्त नहीं होता है। दलितों की तरफ से आने वाला साहित्य एक अधिकार के रूप में आता है, इसलिए आज हमें असुविधा होती है।

ओमा शर्मा : राजेन्द्र जी, थोड़ा विचलन हो रहा है। यहाँ यह किसी राजनीतिक अधिकार या सुविधा के देने-लेने की बात नहीं है। यहाँ बात साहित्य की है।

राजेन्द्र यादव : एक ही बात है। दलित लेखन भी वही माँग रहा है। अधिकार, सम्मान और अभिव्यक्ति की स्वतन्त्रता की माँग।

ओमा शर्मा : यदि ऐसा है, तो दलित लेखकों को किस रूप में वंचित रखा गया?

राजेन्द्र यादव : उनकी भाषा को आपने यह स्वीकृति नहीं दी यानी आपने उन्हें बोलने नहीं दिया। सवर्णों की भाषा रही संस्कृत, तो दलितों की रही प्राकृत। और यह बात सिर्फ भाषा की ही नहीं है, सम्मान की भी है। उनके माध्यम से एक दूसरी भाषा में बोलने को ही कन्डैम कर दिया गया।

ओमा शर्मा : नहीं, यह बताइए कि जो दलित लेखक थे, जैसे वाल्मीकि या कबीर, उनको तथाकथित यथास्थितिवादियों ने कैसे आगे नहीं आने दिया?

राजेन्द्र यादव : हाँ, नहीं आने दिया, रामचन्द्र शुक्ल तक ने जो सम्मान तुलसी को दिया, वाल्मीकि को नहीं दिया, कबीर को नहीं दिया।

ओमा शर्मा : लेकिन उससे कबीर का कद कम हुआ?

राजेन्द्र यादव : कम नहीं हुआ, लेकिन सही मूल्यांकन में कितना समय लग गया! रामचन्द्र शुक्ल ने कबीर तक में पता नहीं क्या-क्या खामियाँ गिनाई हैं कि कवित्व ठीक नहीं है, सुना-सुनाया है। क्या तुमने धर्मवीर की कबीर पर लिखी पुस्तकें पढ़ी हैं? उनका

कहना है कि दलित लेखकों को स्वीकृति ही तब मिली, जब उनका ब्राह्मणीकरण हो गया।

ओमा शर्मा : और हजारीप्रसाद द्विवेदी ने?

राजेन्द्र यादव : वो तो अब किया है।

ओमा शर्मा : लेकिन कहा तो यह भी जा रहा है कि हजारीप्रसाद द्विवेदी ने भी कबीर को नहीं पहचाना या सम्मान दिया।

राजेन्द्र यादव : यह सम्मान दूसरी बात है। यह आपके-हमारे बीच का विमर्श है। क्या स्वयं कबीर के वर्ग के लोगों को इस पर कुछ भी बोलने का हक नहीं है? क्या उनसे हम सिर्फ अपने समर्थन की उम्मीद नहीं करते? इस पर मुझे मार्कण्डेय की कहानी 'बीच के लोग' याद आती है, जो अपना अस्तित्व बरकरार रखने के लिए मालिक और मजदूरों के बीच कभी स्थायी फैसले नहीं होने देते। और सच बात तो यह है कि भोक्ता जिस तरह चीजों को भोगता है और बोलता है, प्रतिनिधि चाहे जितना कुशल हो, नहीं बोल सकता। ये अन्तर तो तुम मानते हो?

ओमा शर्मा : हाँ, ये अन्तर तो मानता हूँ।

राजेन्द्र यादव : तो बस, वो यही कहते हैं कि ठीक है, तुमने हमारे प्रति करुणा बरती, सहानुभूति रखी। लेकिन ये सब हमारे काम का नहीं है। हो सकता है, आपकी करुणा अपने ही अपराधबोध को धोने के लिए उपजी हो।

जिस ढंग से वो नकारते हैं, उस तरह एकदम नकारने के पक्ष में तो मैं भी नहीं हूँ, लेकिन जैसे महिलाओं का लेखन है। हमारे यहाँ शरतचन्द्र से लेकर अनेक लेखकों ने खूब महिला चरित्र गढ़े। विश्व-साहित्य में जोला से लेकर टॉलस्टॉय तक में महिला चरित्रों की धूम है। लेकिन इस बात पर सिमन द बोउवा की 'द सेकेंड सेक्स' में एक चैप्टर है, मिथ ऑफ वुमन, जिसे ध्यान से पढ़ा जाना चाहिए। उसमें बड़े से बड़े लेखकों ने किस तरह औरत का मिथ बनाया, इसे बहुत जबरदस्त ढंग

से बताया गया है। ठीक है, पुरुषों ने पूरी ईमानदारी से लिखा हो, लेकिन वह उतना प्रामाणिक नहीं हो सकता जितना स्वयं स्त्री का लेखन। हमारे यहाँ 'सुनीता' से लेकर एक से एक अच्छे महिला चरित्रों को पुरुष लेखकों ने बनाया, लेकिन जब महिलाओं ने लिखना शुरू किया तो इन सबकी छुट्टी हो गई। जैसे पहले महिलाओं की एक्टिंग पुरुष करते थे। वे चाहे कितने ही अच्छे कलाकार हों, स्वाभाविक रूप से वह नहीं कर सकते थे जो महिलाएँ कर सकीं। और यही हुआ। जब महिलाओं ने स्टेज पर कदम रखा तो वो सारे पात्र गायब हो गए। क्यों? क्योंकि वे प्रामाणिक नहीं थे। वे सब उनको रिप्रजेन्ट करते थे। पुरुष मानसिकता उनका पीछा नहीं छोड़ती थी कि हम महिला बनकर यह करें तो पुरुषों को कैसा लगेगा, इसकी कल्पना करके वो काम करते थे। यही बात दलित लेखन के लिए सच है। कौन-कौन सी चीज उसे कहाँ-कहाँ कैसे चुभती है, यह कोई दूसरा, गैर-दलित नहीं महसूस कर सकता।

ओमा शर्मा : तो फिर लेखन क्या होता है?

राजेन्द्र यादव : ठीक है, एक ऐम्पैथी होती है?

ओमा शर्मा : ऐम्पैथी क्यों, अनुभूति नहीं?

राजेन्द्र यादव : ठीक है, परकाया-प्रवेश जैसा भी होता है, लेखन के बहाने। जैसे हत्यारे का चरित्र गढ़ने के लिए हत्या करना जरूरी नहीं होता, लेकिन हत्यारा यदि कहे कि साब, आपने मेरी बात ठीक नहीं रखी, मानसिकता के स्तर पर यह नहीं होता जो आपने लिखा है, तो यह उसका सत्य है। और उसे भी सम्मान के साथ सुना जाना चाहिए।

ओमा शर्मा : इस तरह से तो लेखक सिर्फ अपनी आत्मकथा ही लिख सकता है। रचना अपनी सार्वभौमिकता नहीं बनाती है क्या?

राजेन्द्र यादव : यह मुझे नहीं पता, लेकिन यह बताओ, 'अक्करमासी' को कोई सवर्ण लिख सकता था?

ओमा शर्मा : शायद नहीं। लेकिन आपकी तर्ज पर ही मैं एक-दो उदाहरण देना चाहता हूँ। पहला है—अमृतलाल नागर की 'नाच्यौ बहुत गोपाल' का या मदन दीक्षित की 'मोरी की ईंट', जो जाहिर है उस रूप में सवर्णों ने लिखे। मन्नूजी का 'महाभोज' क्या है? या फिर आपके ही 'शह और मात' को लीजिए, जो एक युवा लेखिका की डायरीनुमा फॉर्म में लिखी कहानी है। मुझे ऐसा नहीं लगता, और मेरे जैसे पाठकों की कमी नहीं होगी, कि यह उपन्यास एक पुरुष ने लिखा है।

राजेन्द्र यादव : क्योंकि एप्रीशिएट करने वाला भी तो पुरुष है।

ओमा शर्मा : नहीं, इसमें महिलाएँ भी होंगी।

राजेन्द्र यादव : हो सकता है। लेकिन यह मुझे लगता है एक सैकेंड लेवल का एप्रीसिएशन होगा। जैसे मालिक की गैर-मौजूदगी में कभी-कभी नौकर भी उन वैल्यूज को इन्टरनलाइज कर लेता है जो वह मालिक में देखता है। ये उसके अपने वैल्यूज नहीं होते, मगर सैकेंड नेचर बन जाती है।

ओमा शर्मा : मैं एक और उदाहरण देता हूँ। मैत्रेयी की 'गोमा' का। वह तो पुरूष चरित्र को ध्यान में रखकर लिखी कहानी है या नहीं?

राजेन्द्र यादव : मुझे तुम एक भी उदाहरण बताओ, जहाँ समान शिद्दत से एक औरत द्वारा दो पुरुषों को प्यार करते हुए दिखाया गया है। ऐसी कहानियाँ तो हैं, जहाँ एक पुरुष दो औरतों से समान रूप से प्यार करता है, लेकिन औरत की स्थिति को लेकर सिर्फ एक ही कहानी मुझे याद आती है, मन्नू की 'यही सच है' उसमें भी वह उस गहराई में नहीं गई है। सिर्फ शुरुआत की थी। दूसरी कहानी बताकर दिखाओ?

ओमा शर्मा : मैं इसे महिला-पुरुष से हटाकर एक दूसरे उदाहरण से रखना चाहता हूँ, क्योंकि बात अन्ततः वहीं आती है। मन्नूजी का उपन्यास 'आपका बंटी' को लें। वहाँ बच्चे की मानसिकता में एक वयस्क प्रवेश करता है। आपके हिसाब से तो एक बच्चा ही उसे लिख सकता था?

राजेन्द्र यादव : वह बच्चे की कहानी है ही नहीं। वह तो शकुन (उपन्यास में बंटी की माँ) की कहानी है, जिसमें बच्चे का इस्तेमाल किया जाता है। शकुन अपने संबंध तय कर रही है या अपने पति से स्कोर सैटल कर रही है। ठीक है, उसने कैमरा बच्चे के ऊपर रखा है। और बच्चे की मानसिकता, आकांक्षाओं और भावनाओं सबका निष्ठा से चित्रण किया है, मगर कहानी तो वह शकुन की है।

ओमा शर्मा : नहीं, यह तो उसे देखने का एक नजरिया हुआ।

राजेन्द्र यादव : नहीं, नजरिया नहीं, यही पूरी कहानी का स्वर है।

ओमा शर्मा : इसे मैं यूँ कहना चाहूँगा कि एक कृति के एक से ज्यादा पाठ किए जा सकते हैं।

राजेन्द्र यादव : यह तुमने सही कहा। आज के समय या समाज में कोई एक हीरो या विलेन नहीं होता। आज लड़ाई सही-गलत के बीच नहीं, अपनी तरह से सही कई व्यक्तियों के बीच है।

ओमा शर्मा : नई कहानी में अनुभूति की प्रामाणिकता के संदर्भ में आपने एक जगह कहा है कि हो सकता है, जो सपना मैं देखता हूँ, मेरा हो, मगर हो सकता है यह प्रामाणिक न हो।

राजेन्द्र यादव : हाँ, जब तक कि दूसरा उसे कन्फर्म न करे।

ओमा शर्मा : तो यही बात दलित लेखन के बारे में क्यों नहीं कही जा सकती?

राजेन्द्र यादव : इसे एक अतिरिक्त तत्व के रूप में देखा जाना चाहिए। बहुत-सा लेखन ऐसा होता है, जैसे दोस्तोव्स्की का 'नोट्स फ्रॉम अंडरग्राउंड' है। अंग्रेजी में इसे बिज़ार (विलक्षण) करेक्टर कहते हैं। यानी ऐसा हो सकता है कि एक आदमी के प्रामाणिक अनुभव के साथ दूसरा आदमी आइडेंटिफाइ न करे। यदि करता है तो रचना बनती है। मुझे यह लगता है कि इन लोगों के अनुभव प्रामाणिक तो हैं।

ओमा शर्मा : अनुभव प्रामाणिक हैं, इस पर तो कोई प्रश्न ही नहीं है। लेकिन

वो तो बहुत हद तक उनकी आत्मकथाओं में आ ही चुके हैं। फिर आत्मकथा के बाहर जो लेखन होगा, जैसे कहानी का, उसकी क्या भूमि होगी? हरदम तो आप आत्मकथा नहीं लिख सकते। जीवन के अनुभवों को रचनात्मक विस्तार की आवश्यकता तो होती ही है।

राजेन्द्र यादव : वे क्या उनकी वैसी ही निजी आत्मकथाएँ हैं, जैसी गांधी या बच्चन की? दलित आत्मकथा एक पूरे समाज की आत्मकथा होती है, व्यक्ति की नहीं। और मैं तो कहता हूँ कि अनुभव का उस रूप में होना भी जरूरी नहीं होता जिसके हम अभ्यस्त हैं। कहानी के संदर्भ में टामस मान की बात मैं अकसर याद करता हूँ कि... इट माइट हैव हैपन्ड विद यू, बट इट इज मी हू हैज रेज्ड इट टू द लेवल ऑफ आर्ट। क्योंकि वह ऑब्जैक्टिविटी आपके अन्दर है जो उन अनुभवों को एक कलाकृति बना देती है। अगर यह ऑब्जैक्टिविटी नहीं आती है तो यह एक नारेबाजी जैसी रचना बनकर रह जाती है।

ओमा शर्मा : लेकिन प्रामाणिकता या ऑब्जैक्टिविटी क्या होती है? एक ही चीज को हम दोनों देख रहे हैं। मैं इसकी वाहवाही करता हूँ चूँकि दलित हूँ, आप उसका नोटिस ही नहीं लेते क्योंकि गैरदलित हैं। जबकि हकीकत तो यह है कि कोई भी कृति, कृति बनने की प्रक्रिया में, प्रामाणिकता की हदों को तो कब का पार कर चुकी होती है।

राजेन्द्र यादव : यह ठीक है। लेकिन किसी चीज को मैं अपना अनुभव मानूँ या न मानूँ, यह स्वतन्त्रता तो मुझे है। इसके लिए यह सच है कि हमारा रवैया थोड़ा संरक्षणवादी है। वे अभी नए हैं, कोशिश कर रहे हैं। मगर जैन्यूइन हैं। हम उन्हें कुछ कन्सेसन्स के साथ भी स्वीकार कर रहे हैं। आज अगर श्योराज सिंह बेचैन कोई रचना लेकर आते हैं, तो मैं उनसे उस परफैक्शन की उम्मीद नहीं करता, जो तुम्हारी कहानी से करता हूँ। तुम्हारी किसी रचना को, जैसी भी मेरी समझ है, उसी से परखूँगा।

वहाँ कहीं कोई रियायत नहीं होगी। लेकिन वहाँ होगी। वे अभी चलना सीख रहे हैं, यह तो मानकर ही चलना होगा।

ओमा शर्मा : आप कन्सेसन्स की बात कर रहे हैं। मैं यहाँ किसी कृति की कलात्मक गुणवत्ता की बात कर रहा हूँ। और वहाँ जो संरक्षण देने की बात आप करते हैं, वहीं वे कहते हैं कि आप हमें क्या कन्सेसन्स दोगे, हमारा लेखन तो आपके लेखन से बेहतर है।

राजेन्द्र यादव : ठीक है। मैं उन्हें यह आजादी भी देता हूँ। यह भी हो सकता है कि उनके साहित्य को समझने के जो मापदंड हैं, मैं अपनी मेंटल कंडीशनिंग के कारण नहीं समझ पा रहा हूँ। इसे मैं कन्सेसन्स के रूप में भी दूँगा और डैमोक्रेटिक राइट के रूप में भी। लेकिन दिक्कत ये है कि सारा परिदृश्य हमीं लोगों से अटा पड़ा है और उनकी आकांक्षा भी हमीं से स्वीकृत होने की है, हमारे ही मानदंडों पर उतरकर। आखिर वे कोई द्वीपों पर तो पले नहीं। एक भद्रपुरुष होने की जो परिभाषा या मानदंड हमने बना लिए हैं, उन्होंने भी अपना लिए हैं। अब मेरे से कोई मिलने आएगा तो उस रूप में नहीं आएगा, जिस रूप में वह अपने गांव-देहात में रहता है। वह जानता है कि उस रूप में वह स्वीकृत नहीं होगा। और फिर यह मानिए कि बदलाव कोई सीधी रेखा में नहीं होतौ। दो कदम आगे, एक कदम पीछे। इस मानवीय कमजोरी को थोड़ा समझने की जरूरत है।

ओमा शर्मा : लेकिन वही बात महिला लेखन के लिए भी लागू है?

राजेन्द्र यादव : बिलकुल लागू है।

ओमा शर्मा : लेकिन महिला लेखन में तो इस तरह की कोई बात (कन्सेशन्स की) नहीं उठी।

राजेन्द्र यादव : अब नहीं है। आज से बीस साल पहले थी। कोई कमजोर रचना भी मिली तो कह दिया जाता था, कोई बात नहीं, आफ्टरऑल

शी इज ए वुमन! बेचारेपन का यह जो भाव... मगर उन्होंने अपने प्रयासों से प्रमाणित कर दिया कि अब यह कन्सेशन उन्हें नहीं चाहिए। इधर का महिला लेखन तो काफी व्यस्क हो गया है।

ओमा शर्मा : और मूल्यांकन की बात? मैं और आप तो चलो, दूसरी दुनिया के लोग हैं, तो मूल्यांकन करने में ही अक्षम होंगे। लेकिन वे तो आपसी मूल्यांकन—वाहवाही के अलावा—कर सकते हैं, जैसे पश्चिम के ब्लैक लिटरेचर में हुआ है।

राजेन्द्र यादव : मूल्यांकन के सारे औजार तो हमीं ने दिए हैं। इस मामले में ब्लैक लिटरेचर का उदाहरण हमारे सामने है। जेम्स बाडविन का लेखन, रिचर्ड राइट का लेखन कभी भी हेमिंग्वे और फॉकनर के लेखन से नहीं जाँचा जा सकता। लेकिन तुलना हेमिंग्वे और फॉकनर से ही की जाती रही है क्योंकि उस समाज में हेमिंग्वे और फॉकनर ही समादृत हैं।

ओमा शर्मा : मैं यहाँ उन्हीं के द्वारा उन्हीं के साहित्य के मूल्यांकन की बात कर रहा हूँ। इसमें कोई दो राय नहीं कि बाबा साहब बहुत बड़े चिन्तक, विचारक थे। लेकिन जब आप प्रेमचन्द, गांधी तक सभी पर प्रश्नचिह्न लगा रहे हैं तो एक-दूसरे को लेकर जरा भी प्रश्न क्यों नहीं कर रहे? कृति के स्तर पर ऐसा क्यों नहीं लगता कि फलाँ रचना में शायद यह कमजोरी है। हमारी तथाकथित मूल्यांकन-पद्धति तो शायद फिट न बैठे वहाँ, मगर कोई और वैकल्पिक पद्धति तो हो, ताकि उनके साहित्य को उसके गुण-दोषों समेत समझा जा सके।

राजेन्द्र यादव : बात ये है कि उनके साहित्य के मूल्यांकन की बात हमारी चिन्ता का विषय क्यों हो? तुम ये बताओ, अभी तक के हमारे साहित्य का क्या मकसद रहा है?

ओमा शर्मा : शायद जीवन और संवेदना की तलाश-तराश।

राजेन्द्र यादव : नहीं।

ओमा शर्मा : तो फिर?

राजेन्द्र यादव : आनंद, यानी ऐसा लेखन, जो मेरी मानसिक वृत्तियों को सन्तुष्ट करता हो, एक खास तरह का ब्लिस देता हो, जिसे ईस्थेटिक प्लेज़र कहते हैं। जिसे पढ़कर मैं अपने भीतर एक लोकोत्तर दुनिया में चला जाता हूँ।

ओमा शर्मा : हाँ, कहा जा सकता है।

राजेन्द्र यादव : लेकिन वो कहते हैं, हमारे साहित्य के वो मूल्य हैं ही नहीं। हो सकता है कि उनके साहित्य का मूल स्वर संघर्ष हो, चेतना हो। मराठी साहित्य में वैसे दलित ईस्थेटिक्स पर ज्यादा काम हुआ है, जो हिंदी में नहीं हुआ है। इसलिए जब आप एक साहित्य के टूल्स से दूसरे की परख करने लगते हैं तो जाहिर है वहाँ न्याय नहीं होगा। कलात्मकता या सौन्दर्य की जो परिभाषा है, हो सकता है, वहाँ कुछ और ही हो। तो इन सब तनावों और द्वंद्वात्मकताओं से तो गुजरना ही है।

ओमा शर्मा : आपने आनंद को अभी-अभी साहित्य का मूल स्वर कहा। तो पिछले सौ वर्षों के हिंदी साहित्य से आपकी क्या अपेक्षाएँ हैं?

राजेन्द्र यादव : अगर प्रेमचन्द, श्रीलाल शुक्ल, यशपाल जैसे यथार्थवादियों को छोड़ दें, तो पिछली शताब्दी के हिंदी लेखन, विशेषकर छायावादी लेखन का उद्देश्य एक कलात्मक शान्ति प्रदान करना-सा है। कामायनी को लीजिए। वह आपको सारे मानसिक, भौतिक द्वन्द्वों से दूर ले जाती है। समरसता देती है। इसके ईस्थेटिक्स को तो यथार्थवादी रचनाकारों ने बदला है। ऐसा साहित्य जो प्रश्न नहीं उठाता, असहमति पैदा नहीं करता, वह समाज में, रचना में, बदलाव नहीं आने देगा। ऐसे साहित्य का उद्देश्य क्या हो सकता है? मेरे लिए साहित्य का मतलब है, यथास्थिति का कहीं न कहीं प्रतिरोध करना। हमारे यहाँ दुर्भाग्य से असहमतियाँ होना बंद हो गईं। अधिकांशतः टीकाएँ या व्याख्याएँ होती हैं। हमारे यहाँ आखिरी बार सवाल बुद्ध ने उठाए थे। यहाँ

तक कि मूल पाठ तक का पता नहीं लगता। गीता का मूल पाठ क्या है? वो जो शंकराचार्य ने दिया, विनोबा ने दिया या गांधी-तिलक ने दिया?

ओमा शर्मा : यह सवाल उठाने वाली बात तो शायद गद्य साहित्य तक ही लागू होगी। हालाँकि कविता और कहानी दोनों के अलग-अलग सुख होते हैं।

राजेन्द्र यादव : आज की भाषा या किसी औद्योगिक समाज की भाषा, दूसरे शब्दों में जनतान्त्रिक समाज की भाषा, कविता नहीं, गद्य ही होती है। इसलिए यहाँ मुख्यधारा की भाषा को ही देखना होगा। कविता ने छायावाद तक तो मुख्यधारा बनाए रखी, उसके बाद नहीं। कविता सवाल नहीं उठाती। अब आप देखो कि मैथिलीशरण गुप्त एक समय में कितने बड़े कवि थे, आज कहीं हैं ही नहीं। तमाम पौराणिक चीजों को उन्होंने नई तरह से व्याख्यायित करने की तो कोशिश की, उन पर सवाल नहीं उठाए। उन चीजों में उनकी श्रद्धा फिर भी रही। और श्रद्धा से तो आप 'विनय पत्रिका' ही लिख सकते हैं।

ओमा शर्मा : दलित साहित्य कौन से नए प्रश्न पैदा कर रहा है?

राजेन्द्र यादव : कैसी बात करते हो? दलित साहित्य स्वयं ही एक ऐसा प्रश्न है, जिसे सवर्ण हमेशा गलीचों के नीचे दबाकर, उसके होने से ही इनकार करते रहे हैं। दलित साहित्य नए प्रश्न चाहे न पैदा कर रहा हो, जो स्थापित हैं, उनके प्रति शंका पैदा कर रहा है।

ओमा शर्मा : और अपने प्रति भी प्रश्न या शंका पैदा करता है?

राजेन्द्र यादव : वो अभी नहीं कर रहा है। शायद बाद में करे। लेकिन सारी उम्मीदें तुम उनसे अभी नहीं करो। अभी तो उनका मकसद उस साहित्य या विचारधारा पर सवाल करना है, जो उनके दमन का हथियार बने रहे हैं।

ओमा शर्मा : दलित साहित्य का इधर जो उभार हुआ है, क्या उसका

राजनीतिक पटल पर हुए उनके उभार के साथ कुछ साम्य-समीकरण है? या ये नितांत असंबद्ध तथ्य हैं?

राजेन्द्र यादव : दो तरह का उभार आया है। महाराष्ट्र में यह एक सामाजिक आन्दोलन था, जो करीब सौ वर्ष पुराना है। उसमें साहित्य की सर्जना हुई, विचार को भी आगे बढ़ाया और बाद में एक राजनीतिक शक्ति का रूप भी ले लिया। हिंदी क्षेत्र में यह सामाजिक आन्दोलन नहीं बन पाया। बस एक राजनीतिक आन्दोलन बनकर रह गया। उसने समाज को बदलने की जागरूकता फिर भी दी। ये दोनों अलग-अलग धाराएँ रही हैं। अन्त दोनों का राजनीति था। एक सामन्ती समाज में मूल स्वर धर्म होता है। बुर्जुआ समाज में मूल स्वर राजनीति होती है। वहाँ राजनीति के हिसाब से धर्म चलता है। यह बहुत बड़ा अन्तर है। और आज किसी चीज में राजनीति नहीं होगी, यह सोचना ही गलत है। बल्कि जो लोग यह कहते हैं कि राजनीति नहीं होनी चाहिए, वह अपने आपमें एक राजनीति है। इसलिए दलित समाज की राजनीति से डरने या घबराने की बात नहीं है। कभी सामाजिक बदलाव राजनीति को ढालता है, तो कभी राजनीति समाज को।

ओमा शर्मा : इस तमाम पचड़े से निकलकर अब मैं आपसे कुछ ऐसी बातें करना चाहता हूँ, जिनकी मंशा बहुत दिनों से थी। आपने पचास के दशक में लिखना शुरू किया। मोहन राकेश और कमलेश्वर के साथ मिलकर नई कहानी आन्दोलन जैसी वैचारिक अन्तर्दृष्टि समकालीन कहानी को प्रदान की। आज की कहानी को आप कैसे देखते हैं?

राजेन्द्र यादव : हम लोग परंपराओं से बँधे हुए थे मगर उन्हें छोड़ना चाहते थे। एक द्वंद्व हमारे भीतर था। हम हमेशा एक संशय और धर्मसंकट की स्थिति में जीते थे। कोई संकल्प नहीं था। द्वन्द्वात्मकता थी। द्वन्द्व यह नहीं था कि पुराने को छोड़ें या न छोड़ें, बल्कि पुराने को त्यागने की प्रक्रिया में जो अनिश्चितता

या भविष्यहीनता थी, उसको लेकर भय था। सारी नई कहानी का द्वन्द्व उस पुराने को छोड़ने और नए के साथ समीकरण बिठाने में था, चाहे वह स्त्री-पुरुष के संबंधों को लेकर हो या परिवार को लेकर हो। हमारे बाद वाले लोगों ने इसे झटके से छोड़ दिया। जो हमारे लिए द्वन्द्व का कारण था, उनके लिए कट-ऑफ बिन्दु था। ज्ञानरंजन, दूधनाथ सिंह या रवीन्द्र कालिया को इस द्वन्द्व का सामना नहीं करना पड़ा। इधर की जो कहानियाँ हैं, उनमें परंपरा का बोझ नहीं है। इनके साथ नई परिस्थितियों में एडजस्टमेंट की समस्या ज्यादा है। उनके लिए अतीत का आतंक भी नहीं है। या कम से कम संस्कार के रूप में अतीत नहीं है। ज्यादा से ज्यादा खुद का ही देखा-भोगा अतीत है। वह भी कैज्युअली आता है और चला जाता है।

ओमा शर्मा : और प्रामाणिकता की कसौटी पर वह कहाँ है?

राजेन्द्र यादव : प्रामाणिकता से क्या फर्क पड़ेगा, वह तो कहानी का आर्ट है। अगर आपने प्रामाणिक ढंग से लिखा है तो वह आज की समस्या हो सकती है। जैसे, 'मर गया दीपनाथ' (चन्द्रकिशोर जायसवाल), 'तिरिया-चरित्तर' (शिवमूर्ति), 'कामरेड का कोट' (सृंजय) या 'अपराध' (संजीव) को लो। इनमें नई स्थितियाँ हैं, अतीत नहीं है। वर्तमान से मुक्त होकर जूझने की समस्या ज्यादा है।

ओमा शर्मा : मुझे तो आज का वर्तमान बहुत जटिल लगता है, चाहे वह स्त्री-पुरुष संबंधों को लेकर हो या नौकरी-व्यवसाय को लेकर। शिकायत हो सकती है कि क्या आज की कहानी उसे मुकम्मल तौर से पकड़ रही है?

राजेन्द्र यादव : ये जटिलताएँ समय, स्थितियों और मानसिकता की हैं। आज किसी लड़की को एबॉर्शन कराने में झिझक नहीं होती। माँ-बाप को अकेले छोड़कर बच्चे मजे से विदेश चले जाते हैं।

ओमा शर्मा : कविता ने तो अपनी हत्या अपनी संरचना के कारण की थी,

लेकिन आज कथा-साहित्य की स्थिति भी कम शोचनीय नहीं है। आपके समय में जैसा भी था, उपन्यास तक हजारों की तादाद में खरीदे-पढ़े जाते थे।

राजेन्द्र यादव : इसका एक कारण तो बदलते मूल्य हैं। किताब जरूरी चीज है, यह आज की पीढ़ी मानती ही नहीं। बहुत लोगों को यह बड़ा आश्चर्य लगता है कि इतनी किताबों का हम आखिर करते क्या हैं? कितने ही घर आपको ऐसे मिल जाएँगे, जहाँ एक भी किताब नहीं मिलेगी। दूसरा, किताबों की कीमतें भी ज्यादा होती हैं। जैसे चित्रा का उपन्यास है 'आवाँ'। पाँच सौ रुपए का है। कौन लेगा? वो मानसिकता और वो सम्पन्नता अंग्रेजी पाठक में तो है, हिंदी में नहीं है।

ओमा शर्मा : ये तो पहले भी था।

राजेन्द्र यादव : नहीं, इतना नहीं था। खुद ही देखो, राजकमल के पेपरबैक संस्करण खूब बिकते हैं। इसे देखकर तो मैं नहीं मानता कि हिंदी के पास पाठक नहीं हैं। दरअसल उसे पुस्तकें सुलभ नहीं हैं। उसे किताब का एक्सपोजर नहीं है।

ओमा शर्मा : तो पहले यह कैसे था?

राजेन्द्र यादव : पहले पढ़ना एक सामाजिक आन्दोलन के तहत-सा था, जो दुर्भाग्य से अब समाप्त हो गया है।

ओमा शर्मा : तो उससे निपटने की अब क्या कोशिश हो सकती है?

राजेन्द्र यादव : हिंदी प्रकाशन कोई उद्योग नहीं है। उसे न बैंक से कोई लोन मिलता है, न दूसरी कोई रियायत। बहुत थोड़ी, निजी पूँजी से प्रकाशक काम करता है। लेखकों की प्रकाशकों के प्रति जो शिकायतें हैं, मैं समझ सकता हूँ लेकिन लेखकों को यह भी देखना होगा कि उन्हें रॉयल्टी न देने वाला प्रकाशक क्या कागज के पैसे चुका रहा है? खैर, यह दूसरी बात है। लेकिन 'हंस' जैसी पत्रिका के जितने पाठक हैं, वह बहुत उत्साहित करता है। जबकि मैं उसमें कहीं भी समझौता नहीं करता हूँ।

यानी पाठक तो हैं लेकिन हम जिन शहरों में रहते हैं, वहाँ अंग्रेजी को लेकर एक स्टारडम जैसा रहता है। वहाँ ज़रूर हिंदी पाठक नहीं हैं।

ओमा शर्मा : मैं पत्रिकाओं की बनिस्बत बात किताबों पर ही केन्द्रित कर रहा हूँ। वहाँ तो पाठकों का अभाव है ही। दूसरी ओर, जैसा आपने कहा, प्रकाशन के पास पूँजी नहीं है, तो इससे क्या उम्मीद रखें?

राजेन्द्र यादव : हमारे यहाँ पूर्णकालिक लेखक नहीं हैं, जैसे पहले भगवतीचरण वर्मा थे, यशपाल थे, रेणु या अमृतलाल नागर थे।

ओमा शर्मा : उससे क्या फर्क पड़ता है?

राजेन्द्र यादव : उससे फर्क ये पड़ता है कि लिखना आपके लिए एक फुरसत की चीज बन जाता है। समय मिलेगा तो लिखेंगे। लिखना आपके थके हुए मस्तिष्क की उपज हो गया है। अब चूँकि लिखना आपका कमिटमैंट नहीं है अतः आपका सर्वश्रेष्ठ उसमें नहीं आता। एक विचार या अनुभव को आप लम्बे समय तक जी नहीं पाते। जो एकाग्रता या तन्मयता चाहिए, नहीं आ पाती। उसके लिए आप अलग से होम-वर्क या फील्ड-वर्क नहीं पर पाते।

ओमा शर्मा : लेकिन यह तो एक दुश्चक्र हो गया। पुस्तकों से जीविका चलाने की स्थिति आज लगभग असंभव है और आप पूर्णकालिक होने की बात...

राजेन्द्र यादव : हाँ, आर्थिक पक्ष तो बदला है लेकिन सरोकारों वाली बात उतनी अभी नहीं बदली। सन् 1951 में एम.ए. करने के बाद मुझे ढाई सौ रुपए की नौकरी का ऑफर मिला था जो आज के बीस-पच्चीस हजार से कम नहीं होगा। मगर मैंने नहीं की। यही सोचकर कि लिखने से अगर सौ-डेढ़ सौ मिल जाएँगे तो मेरा काम हो जाएगा।

ओमा शर्मा : लेकिन वो सौ-डेढ़ सौ रुपए भी तो आज की तारीख में

दस-पन्द्रह हजार के करीब हो जाएँगे। क्या लेखन से आज इतना मिल सकता है?

राजेन्द्र यादव : नहीं मिल सकता।

ओमा शर्मा : तो?

राजेन्द्र यादव : तो यही है कि चुनाव लेखक को करना पड़ेगा। अगर उसे पैसा मिलता है, तो वैल एंड गुड। नहीं तो नहीं। हम लोगों की स्थितियाँ बेहतर थीं, ये बात तो है। दूसरे कहानी-संग्रह के बाद मैंने सभी संग्रहों की रॉयल्टी अग्रिम तौर पर ली। 'जहाँ लक्ष्मी कैद है' के साल भर में ही दो संस्करण निकले थे।

ओमा शर्मा : अच्छा यह बताइए कि आप अपने परिवार में सबसे बड़े थे। परिवार भी बड़ा था, तो उस दायित्वबोध से कैसे मुक्त किया स्वयं को?

राजेन्द्र यादव : वो एक जुनून के दिन थे। मन में था कि लिखना है। पिताजी ने बस इतनी रियायत दे दी थी कि मुझे कोई बोझ नहीं उठाना है तो न उठाऊँ, मगर अपना बोझ उन पर नहीं डालूँ। ये मुझे मंजूर था। शादी-ब्याह की सोचकर ही मुझे लगता था कि ये मेरे बस की चीज नहीं है। खैर, ये बातें सब अलग हैं।

ओमा शर्मा : 'नई कहानी' को आप, मोहन राकेश और कमलेश्वर के साथ आइडेंटिफाइ किया जाता है, जबकि नई कहानी की जो प्रवृत्तियाँ या विशेषताएँ थीं, वे आप और मोहन राकेश में तो फिट बैठती हैं, कमलेश्वर में उतनी नहीं। तो फिर ये...

राजेन्द्र यादव : क्योंकि आपस में दोस्ती थी।

ओमा शर्मा : उस दोस्ती का आधार क्या था?

राजेन्द्र यादव : एक तो ये विश्वास कि हम कुछ नया कर रहे हैं। दूसरे, वे रचनाएँ जो हम एक-दूसरे से प्रेरित होकर लिखते थे। इसमें एक स्वस्थ किस्म की स्पर्धा भी थी, जबकि बाद की चीजों में लेखन तो गौण हो गया, राजनीति हावी हो गई। मैंने राजपाल

से निकले 'श्रेष्ठ कहानियाँ' संकलन की भूमिका में राकेश की कमियों की तरफ इशारा किया था।

ओमा शर्मा : और कमलेश्वर!

राजेन्द्र यादव : दरअसल कमलेश्वर को सब-कुछ चाहिए था। आर्थिक रूप से शायद वह हम दोनों से कमजोर था। उसे फिल्में भी चाहिए थीं, सम्पादन भी चाहिए था। तेज-तर्रार और अहले-जबान आदमी था ही। वह ऐसे पेशे करता था मानो वही हमारा लीडर है, जो कि सिवाय उसके, कोई नहीं मानता था। बल्कि वह आज भी मानता है। जबकि ऐसा कुछ है नहीं।

ओमा शर्मा : वे तब भी ऐसा मानते थे?

राजेन्द्र यादव : वो तो मानता था, मगर उसे मानने कौन देता था?

ओमा शर्मा : तब फिर टकराहट नहीं होती थी?

राजेन्द्र यादव : होती थी। हम तीनों की अपनी-अपनी महत्त्वाकांक्षाएँ थीं इसी के चलते तो वो बम्बई चले गए। राकेश नाटकों में चला गया। कहानी में बस मैं रह गया। वैचारिक टकराहट भी हुई। राकेश सत्ता के साथ समीकरण भिड़ाकर फायदा लेना चाहता था तो कमलेश्वर व्यावसायिकता और सत्ता दोनों को लेकर। मुझे सरकार और पूँजीपतियों, दोनों से ही कुछ नहीं लेना था। मेरी शुरू से ही जिद लेखकीय स्वतन्त्रता को लेकर थी।

ओमा शर्मा : तो इस रियलाइजेशन को दस-बारह वर्ष लगे?

राजेन्द्र यादव : किसे?

ओमा शर्मा : कि एक सत्ता की तरफ झुकना चाहता है और दूसरा पूँजीपतियों की तरफ।

राजेन्द्र यादव : कह सकते हो। लेकिन हम लोग मतभेदों के बावजूद शुरू से ही साथ थे और मतभेदों के कारण अलग भी हुए।

ओमा शर्मा : यही कारण है या कुछ और भी है?

राजेन्द्र यादव : जैसे?

ओमा शर्मा : मतभेदों और अलग होने के पीछे दरअसल जिसे कहें कि छोटी-छोटी आपसी नीचताएँ थीं।

राजेन्द्र यादव : मसलन?

ओमा शर्मा : जैसे कि मोहन राकेश एक कहानी-विशेषांक निकाल रहे थे, जिसमें उन्होंने आपका नाम नीचे रखा या ऐसा ही कुछ फ्लैश प्वांइट?

राजेन्द्र यादव : वो ऐसा था कि 'नई कहानियां' का एक अंक निकलना था, जिसमें राजिन्दर सिंह बेदी, मंटो और कृश्न चन्दर वगैरह की कहानियां भी थीं। तो उसने तर्क गढ़ा कि चूँकि ये हिंदी साहित्य की चीज है, अतः किसी मौलिक हिंदी लेखक का नाम पहले जाना चाहिए। और हिंदी में उससे बड़ा लेखक कौन? यह मुझे बहुत ही वाहियात और नागवार लगा। एक विशेषांक मन्नू ने सम्पादित किया था। कलकत्ते से। उसमें पता चला कि उसका कवर दुबारा छप रहा है, क्योंकि पहले वाले में राकेशजी का नाम चौथे या पाँचवें नम्बर पर चला गया था। इस बात पर मैं अड़ गया। मेरा कहना था कि ठीक है, राकेश को कवर पर पहला स्थान दो मगर विशेषांक में कहानी पहली मेरी होगी। दोनों तरफ से बाजी वह नहीं मार सकता।

ओमा शर्मा : तो बात वही रही जो मैं कह रहा था।

राजेन्द्र यादव : हो सकता है। राकेश शातिर आदमी था। वह हर कहीं अपने को सर्वश्रेष्ठ के रूप में रखना चाहता था। तब मुझे हर बार रिटैलिएट करना पड़ता था। वह मुझे और कमलेश्वर दोनों को इरिटेट करता था। कभी आपसी ईगोज की रक्षा भी करनी पड़ती थी।

ओमा शर्मा : क्या मैं यह मानूँ कि आप तीनों में सबसे कम ईगो आप ही की थी?

राजेन्द्र यादव : नहीं, ऐसा नहीं है। इसे मैं ईगो न कहकर सेंस ऑफ सेल्फ रेस्पेक्ट कहूँगा, जो मुझमें शुरू से रही है। जब मैंने सरकार या

पूँजीपतियों की अधीनता नहीं स्वीकारी तो किसी और के आगे अपने आत्मसम्मान को कैसे कम होने देता? वह कलकत्ते में भी था। मैंने वहाँ भी किसी पैसे वाले के यहाँ चक्कर नहीं लगाए। दुनिया जाती थी। मुद्राराक्षस और मनमोहन ठाकौर ने अपने संस्मरणों में इसका जिक्र भी किया है... कि विरोधों के बावजूद शाम होने पर मेरा ठिकाना कॉफी हाउस ही होता था।

ओमा शर्मा : लेकिन यह क्या बात है कि आपकी साहित्यिक दोस्तियाँ चाहे अपनी ही 'नई कहानी' की तिकड़ी के लोगों के साथ, या नामवर सिंह जैसों से, ज्यादा नहीं चलीं? एक वक्त की अंतरंगता के बावजूद?

राजेन्द्र यादव : मनमोहन ठाकौर साहब के साथ चालीस साल से ऊपर चली।

ओमा शर्मा : ठाकौर साहब उस रूप में साहित्यिक व्यक्ति नहीं थे।

राजेन्द्र यादव : चली नहीं, ऐसा तो नहीं कहूँगा। चालीस साल साथ रहकर मनमोहन ठाकौर के साथ चली, दूर-दूर रहकर नामवर सिंह के साथ चली। ऐसी बीसियों जगहें हैं जहाँ, दोस्तियाँ प्रभावित नहीं हुईं। जैसे नामवर सिंह के साथ अनकही अंडरस्टैंडिंग है। कहीं एक महाभारत हमारे भीतर घुसा हुआ है... कि दिन में, युद्धक्षेत्र में, माफ नहीं करेंगे और रात को साथ बैठकर खाना खाएँगे। पारिवारिकता युद्धक्षेत्र से बाहर है।

ओमा शर्मा : और निर्मल वर्मा?

राजेन्द्र यादव : निर्मल से कभी घनिष्ठता नहीं हुई, हमेशा एक दूरी रही। हलो-हलो से ज्यादा बात उनसे नहीं हुई। हम दोनों ने स्वतंत्र रूप से शायद एक शाम भी साथ नहीं बिताई।

ओमा शर्मा : लेकिन निर्मलजी से आप प्रभावित तो रहे हैं।

राजेन्द्र यादव : नहीं, बिलकुल नहीं... निर्मल का लेखन ऐसा है जिसे मैं एप्रीशिएट कर सकता हूँ, इमिटेट नहीं। उनसे प्रभावित भी नहीं हो सकता।

ओमा शर्मा : लेकिन वह आपके प्रिय लेखकों में तो हैं।

राजेन्द्र यादव : हाँ, वो तो है।

ओमा शर्मा : तो प्रिय किस रूप में हैं?

राजेन्द्र यादव : प्रिय इसी रूप में हैं कि उन्हें पढ़ना मुझे अच्छा लगता है। वह प्रतिबद्ध और निष्ठावान लेखक हैं। लेखन के स्तर पर समझौते नहीं करते। यह दूसरी बात है कि मैं उनकी सोच और एप्रोच से एकदम असहमत हूँ। मगर वे बेहद महत्त्वपूर्ण लेखक हैं, इससे इनकार नहीं करता। उनमें भाषाई और वैचारिक सम्मोहन है। जैसे सेक्स और हिंसा की मानसिकता के लेखन के कारण मुझे स्वदेश दीपक अच्छा लगता है। वो भी मेरा प्रिय लेखक है। अलग-अलग वृत्तियों के लिए अलग-अलग लेखक हैं। अज्ञेय मुझे बौद्धिक ओजस्विता के कारण प्रिय लगते हैं, हालाँकि मैं उन्हें बहुत पसंद नहीं करता, लेकिन उनके बौद्धिक अनुशासन की मैं कद्र करता हूँ। निर्मल और अज्ञेय में जो बौद्धिक इन्टेग्रिटी है, वह कम ही लेखकों में है। वहाँ भटकाव नहीं है। लगता है, हर चीज पहले से तय और फिनिश्ड है। कभी-कभी लगता है, ये दोनों क्वैस्ट या क्रियेट नहीं कर रहे, सिर्फ रिवील कर रहे हैं। दोनों की ही अदाओं में पैगम्बरी अन्दाज है।

ओमा शर्मा : ऐसे कौन-से लेखक होंगे जिनको आप छूने की कोशिश करना चाहेंगे? या जिनके लिखे को पढ़कर अन्दर एक काश-भाव लाए।

राजेन्द्र यादव : बताना मुश्किल है। बँधा-बँधाया उत्तर तो टॉल्स्टॉय और दोस्तोव्स्की ही हैं। चेखव-स्वाइग वगैरह को छोड़ दो तो ऐसा कोई नहीं है। बहुत ज्यादा एप्रीसिएशन मेरे मन में रेणु को लेकर है।

ओमा शर्मा : लेकिन उनका और आपका धरातल बिलकुल अलग है।

राजेन्द्र यादव : उस तरह मुझे राकेश की कुछ कहानियाँ बहुत अच्छी लगती हैं।

ओमा शर्मा : कमलेश्वर का कुछ?

राजेन्द्र यादव : कमलेश्वर में मुझे शुरू से ही एक लफ्फाजी लगती है जिसे मैंने लिखा भी है। उसमें मुझे एक चीज शुरू से ही लगती आई है। और अब आकर तो बिलकुल साफ हो गई है कि विचारहीनता का जो गड्ढा है, उसे जब आप शब्दों के पत्थरों से पाटते हैं, तो कुछ नहीं बनता। ज्यादा से ज्यादा कुछ खूबसूरत वाक्य, चुस्त फिकरे... जहाँ कन्टेंट कुछ नहीं होता। राजिन्दर सिंह बेदी से कभी कृश्न चंदर के बारे में किसी ने कहा था कि साब, क्या खूबसूरत जबान लिखता है, जादू जगा देता है। तो बेदी ने सादगी से कहा कि जादू ही जगाता रहेगा या कभी कहानी भी लिखेगा!

ओमा शर्मा : और श्रीलाल शुक्ल?

राजेन्द्र यादव : नहीं, भाषा उनकी बहुत अच्छी है। वे यथार्थ को बहुत ईमानदारी से पकड़ते हैं, मगर साहस की कमी है। मुझे वहाँ वैचारिकता का अभाव मिलता है। वे मेरी लाइकिंग नहीं हैं।

ओमा शर्मा : प्रेमचन्द?

राजेन्द्र यादव : प्रेमचन्द भी नहीं। वैसे प्रेमचन्द अच्छे और जरूरी लगते हैं, मगर ऐसे नहीं लगते कि वैसा लिखने की मेरी इच्छा हो। कभी-कभी शैलेश मटियानी के बारे में ज़रूर लगता है कि काश, इतनी गहराई और तन्मयता के साथ मैं लिख पाता। उस रूप में तो, हिंदी में शैलेश मटियानी अकेले ही हैं, दूसरा कोई नहीं।

ओमा शर्मा : चेखव या किसी अन्य से?

राजेन्द्र यादव : शुरू में चेखव से ज़रूर था। मगर बहुत जल्दी ही उससे मैं मुक्त भी हो गया। हाँ, काफ्का से ज़रूर मैं बहुत दिनों तक आतंकित रहा, शायद आज भी हूँ।

ओमा शर्मा : 'वहाँ तक पहुँचने की दौड़' उत्तेजना के स्तर पर बहुत-कुछ काफ्का से प्रभावित भी लगती है।

राजेन्द्र यादव : हो सकता है, हो। मगर ऐसा है नहीं।

ओमा शर्मा : स्वाइग तो आपको प्रिय है।

राजेन्द्र यादव : बहुत पहले था। उसे मैंने बहुत और बार-बार पढ़ा है। वह वाकई बहुत अद्भुत लेखक है। मगर उसकी भी बहुत सारी चीजें भूल गया हूँ, याददाश्त खराब होने के कारण।

ओमा शर्मा : मैं नहीं मानता, आपकी याददाश्त खराब है। पता नहीं, क्या-क्या ऊटपटाँग चीज भी आप सही संदर्भों में उछाल देते हैं।

राजेन्द्र यादव : अरे नहीं भाई। ये मानो कि किसी की अगर मुझे एक चीज याद है तो निश्चित रूप से नब्बे भूल गया हूँगा। मोजा कहाँ-कहाँ फटा है और जूता कहाँ कैसे काटता है, इसे सिर्फ आप जानते हैं।

ओमा शर्मा : अच्छा, मैंने जहाँ से बात शुरू की थी, वहाँ पर आता हूँ। आपका आत्मकथा लिखने का इरादा है या नहीं, या कहूँ कि कब लिख रहे हैं?

राजेन्द्र यादव : देखो ऐसा है, मेरे पास एक उपन्यास सन् 65-66 का पूरा लिखा रखा है। कोई तीन सौ पेज का। छोटे-छोटे दो अधूरे उपन्यास और भी हैं। उनमें से एक को मेरी छपवाने की हिम्मत नहीं हो रही है... क्योंकि वही लिबीडो वाला मामला है। उन वर्जित क्षेत्रों और अनुभवों का उपन्यास है यह जिसे लोग सीधे-सीधे मुझसे आइडेंटिफाइ करेंगे। हालाँकि 'सारा आकाश' की तरह यह भी मेरे एक घनिष्ठ मित्र के बिहेवियर पर आधारित है।

ओमा शर्मा : उसमें अब आपका डर क्या है? क्यों है? आपकी बहुत-कुछ पहचान उस रूप में भी हो चुकी है। खासकर 'हासिल' के बाद। उस चीज से तो आतंकित नहीं होना चाहिए।

राजेन्द्र यादव : आतंकित नहीं हूँ। उस पर कुछ और काम भी करना चाहता हूँ। वैसे भी वह अब पैंतीस साल पुरानी रचना हो गई है। दुबारा तो लिखना ही होगा।

ओमा शर्मा : वो एक अलग बात है।

राजेन्द्र यादव : इसीलिए रोका हुआ है।

ओमा शर्मा : तो उम्मीद है जल्द ही आपका कुछ रचनात्मक पढ़ने को मिलेगा।

राजेन्द्र यादव : दिक्कत ये है कि 'हंस' चलाते हुए अब पन्द्रह साल हो गए। या तो इसे बंद कर दूँ या किसी को सौंप दूँ। दोनों ही विकल्प आसान नहीं हैं। जब तक विकल्प न हों, यह मेरी जान को लगा रहेगा। इससे मेरी जो व्यक्तिगत रचनात्मक चीजें हैं, स्थगित पड़ी हुई हैं। हालाँकि यह मेरा स्वयं का चुनाव भी है। इससे मैं शारीरिक और मानसिक दोनों रूप में सक्रिय रहता हूँ। मुझे यह डर लगता है और मैं मजाक नहीं कर रहा हूँ, कि अगर मैंने इसे छोड़ दिया, तो मैं मर जाऊँगा क्योंकि चैलेन्जिज के बीच और एक्टिव बने रहने का कोई एक्सक्यूज तब मेरे पास नहीं रहेगा। इट कीप्स मी फिट एंड यंग। और सही बताऊँ तुम्हें, बुढ़ापा क्या होता, मुझे कभी भी महसूस नहीं होता। वैसे दूसरों के हिसाब से तो सत्तर साल कम नहीं होते। मुझे कभी-कभी अपने आप पर आश्चर्य होता है कि मेरे साथ ऐसा क्यों नहीं हो रहा, जो इस उम्र में दूसरों के साथ होता है या होता होगा।

ओमा शर्मा : एक अन्तिम सवाल और राजेन्द्रजी।

राजेन्द्र यादव : तुम जो चाहे पूछो यार।

ओमा शर्मा : आप पर लिखी ठाकौर साहब की किताब के माध्यम से ऐसा लगता है कि आप अपने सुख तो दुनिया में बाँटते हैं, पर अपने दुःखों को तालों में बंद करके रखते हैं। ऐसा क्यों है और आपके दुःख क्या हैं?

राजेन्द्र यादव : उस रूप में कोई दुःख नहीं है। शायद होंगे भी मगर... या यूँ कहूँ कि मैंने कभी उन्हें अपने पर हावी नहीं होने दिया। जो नहीं है, उसे लेकर बहुत दुःखी होना मेरे स्वभाव में नहीं है।

ओमा शर्मा : मगर दुःख तो होंगे ही। वो क्या हैं?

राजेन्द्र यादव : होने को तो बहुत सारी चीजें हैं। यहाँ मयूर विहार में अकेले पड़े हैं। इस उम्र में। मन्नू हौजखास में है, बेटी कुतुब में। हफ्तों मिलना नहीं होता। यह कम बड़ी तकलीफ है? वैसे मन्नू से मेरा बहुत अच्छा संवाद है। तुम सोच भी नहीं सकते। मैं बीमार हुआ तो वो चौबीसों घंटे साथ रही। आज भी आधी रात को मुझे कोई तकलीफ हो तो वह तुरंत आ जाएगी। शायद मुझे लगता है कि हम लोग दोस्त तो बहुत अच्छे हो सकते हैं, पति-पत्नी नहीं। मेरी जिंदगी का जो पैटर्न है, वह मन्नू से बहुत अलग है। साथ रहने से और असुविधाएँ व मानसिक अशान्ति पैदा होगी। मुझे मानसिक रूप से उतनी फ़ुरसत नहीं है कि तकलीफों पर सोच सकूँ। पैर की तकलीफ तो न जाने कब से है। कभी लगता है, जरा-सी दूरी के लिए भी मुझे सहारे की जरूरत पड़ती है। मगर मान लेता हूँ कि ये है तो है। यह मुझे कोई तकलीफ नहीं देता। इसे यदि तुम एक प्रतिनिधि या प्रतीक के रूप में मानो, तो इसी तरह की कई तकलीफें होंगी। वे सबकी जिन्दगी में होती हैं।

ओमा शर्मा : आप और मन्नूजी एक-दूसरे की टक्कर के लेखक रहे हैं। आप तो बहुत-सी और संस्थागत चीजों से आज भी जुड़े हैं। लेकिन वे तो अकेली पड़ गईं...उनकी इस तकलीफ का भी कोई एहसास है आपको?

राजेन्द्र यादव : शायद हमारे ईगो अलग-अलग हैं। मैं नहीं मानता कि मुझे तकलीफ है, वो नहीं मानती कि उसे तकलीफ है। लेकिन एक लाइसेंस मैं अपने आपको देता रहा हूँ, जो शायद कहीं बहुत मानवीय नहीं है, कि अगर किसी चीज या स्थिति से मुझे तकलीफ नहीं होती तो मैं मान लेता हूँ कि दूसरे को भी नहीं होगी, जबकि ऐसा होता नहीं है। यह एक तरह की कलर-ब्लाइंडनैस है।

ओमा शर्मा : ये तो ऐसा है कि छुरा भोंकने वाला कहे कि मुझे तो तकलीफ नहीं हो रही है, तुम्हें क्यों हो रही है?

राजेन्द्र यादव : चीजों को इस हद तक सपाट और क्रूर मत बताओ। हमारे ज्यादातर मतभेद हमारे सोचने के ढंग और मेरे अनकनवेंशनल विचारों को लेकर हैं। जैसे वो लगभग भाजपाई है। मैं उसका कट्टर विरोधी। उसे लेकर हमारी भयंकर लड़ाइयाँ हुई हैं। बोलचाल तक बंद। अपनी सोच में वह परंपराओं से अलग होकर नहीं देख पाती। चीजों को स्वीकार करती है, उनका विश्लेषण नहीं।

ओमा शर्मा : ये तो बहुत हास्यास्पद बात है कि पति-पत्नी के बीच राजनीतिक मतभेद के कारण व्यक्तिगत खाइयाँ पैदा हों, जो बहुत विश्वसनीय नहीं लगता।

राजेन्द्र यादव : लेकिन हमारे साथ ऐसा ही हुआ है। भारतीय संस्कारों को लेकर, हिंदुत्व को लेकर, हमारे बीच खूब घमासान हुआ है।

ओमा शर्मा : कहीं इसका कारण आपके इतर सेक्स संबंध तो नहीं है?

राजेन्द्र यादव : हो सकता है रहा हो, ज़रूर रहा होगा। लेकिन जैसा मैंने कहा, मैंने अपनी किसी भी कमजोरी को हावी नहीं होने दिया। जिन्दगी की स्वाभाविक गति में कुछ भी हो जाता है, तो ठीक है। नहीं तो नहीं। इस मामले में भी मैं दूसरे का सम्मान करता रहा हूँ। मैंने किसी से जबरदस्ती नहीं की। कभी सौदेबाजी नहीं की। अगर सहज स्वाभाविक ढंग से यह बात आती है, तो यह आपसी समझ है। अगर इस तरह की कमजोरी को हावी होने दिया होता तो बहुत पहले रास्ते बदल दिए होते।

ओमा शर्मा : मगर क्या यह महत्त्वपूर्ण कारण नहीं रहा?

राजेन्द्र यादव : मुझे लगता है कि ये शायद ऐसी चीज नहीं थी जिसे लेकर रास्ते बदले जाते। जो संबंध खत्म हो गए, उनके पीछे उधर से यह शिकायत हो सकता है, रही हो। मेरे एक खास संबंध की वजह से मन्नू का जो व्यवहार रहा, मुझे उसमें

समझदारी का नितान्त अभाव लगता रहा। एक खाँटी घरेलू स्त्री की तरह वह बहुत उग्र हो उठी। हो सकता है, इस दौरान मन्नू ने मुझे ऐसा हर्ट कर दिया था—या कर दिया होगा—कि मन्नू को लेकर सेक्स की बात मेरे मन में आनी ही बंद हो गई। इस बारे में मैं बस यही कह सकता हूँ। संबंधों में कभी-कभी ऐसा होता है। बाप-बेटे के बीच भी ऐसा हो जाता है।

ओमा शर्मा : लेकिन एक अवस्था के बाद पति-पत्नी के बीच सेक्स बहुत नगण्य नहीं हो जाता? वे एक-दूसरे को, जिसे कहना चाहिए, अदर दैन सेक्स डिस्कवर नहीं करते?

राजेन्द्र यादव : वो तो होता है। फिर भी सेक्स एक सीमेन्टिंग फैक्टर तो होता है। मगर अब मेरे मन में उस तक पहुँचने की कोई अर्ज पैदा नहीं होती। वो अध्याय जैसे बंद ही हो गया है।

ओमा शर्मा : आप कोई संभावना नहीं देखते या महसूस करते, जिसमें किसी तरह का समझौता हो सके?

राजेन्द्र यादव : मैंने अपनी तरफ से कुछ भी फाइनल नहीं किया। कभी लगता है, वह संभावना शायद अब समाप्त हो गई है... तो साथ ही भीतर कहीं विश्वास है कि अंततः रहना तो हमें साथ ही है। हो सकता है कि हम इतनी दूर चले आए हों कि गुंजाइश रह ही न गई हो।

ओमा शर्मा : एक छत के नीचे रहने की भी गुंजाइश नहीं है?

राजेन्द्र यादव : इसका दूसरा पक्ष भी है। मन्नू कभी-कभार आती है। मैं भी जाता हूँ। लेकिन इधर बरसों से, मेरे जीने का तरीका ऐसा हो गया है कि उसमें किसी और के लिए जगह ही नहीं बचती। किसी दूसरे की मौजूदगी असुविधा पैदा करती है। जैसे मैं घर पर हूँ तो भी मेरा मिनट-दर-मिनट कार्यक्रम तय रहता है। उठना-पढ़ना, लिखना, नाश्ता, फिर सोना-पढ़ना और दफ्तर। किसी दूसरे के लिए यह बड़ा अमानुषिक हो जाता है कि आप

साथ ही रह रहे हैं मगर एकदम फालतू-से बनकर। उसके लिए दिनचर्या में स्पेस ही न हो।

ओमा शर्मा : तब ऐसा भी कह सकते हैं कि आपका यह अकेले होने का दुःख वास्तव में कोई दुःख भी नहीं है। इसे स्वयं आप चुन रहे हैं।

राजेन्द्र यादव : अकेला कहाँ हूँ। विचारों, सोच और कार्यक्रमों की एक पूरी दुनिया हमेशा मेरे भीतर और बाहर होती है। हाँ, यह तकलीफ तो है ही कि इस उम्र में वो अलग रहे और मैं अलग। किसी दिन लुढ़क गए तो कोई देखने वाला नहीं होगा। उम्र तो है ही। ये हलका-सा भय तो है, हालाँकि मैं मृत्यु के बारे में कभी नहीं सोचता। मेरे चिन्तन में उसकी कोई जगह नहीं है। हाँ, अन्त का कभी-कभी खयाल आता है। ये सारा तामझाम, ये किताबें, ये सामान, कहाँ जाएँगे? बेटी के पास जगह नहीं है, मन्नू के पास जगह नहीं है। बहुत साधारण जिन्दगी का ही सामान है, लेकिन कुल मिलाकर तो बहुत-कुछ जमा हो जाता है।

ओमा शर्मा : जब आप ही नहीं होंगे, तो फिर सामान का क्या सोचना!

राजेन्द्र यादव : वो अलग बात है। कोई नई चीज आती है, जैसे नया कुरता लिया तो लगता है, उसे पहन भी पाऊँगा या ये यूँ ही रह जाएगा... ए फ्लीटिंग एंड फ्लर्टिंग थॉट...

ओमा शर्मा : लेकिन आपकी जो संपदा है, यह साजो-सामान नहीं, बौद्धिक है।

राजेन्द्र यादव : उसे भी लेने वाला कोई नहीं है, शायद इसमें देने या रखने लायक कुछ है भी नहीं। मुझे तो लगता है कि मेरा लगभग विरासतहीन अन्त होने जा रहा है। मेरी चीजों को बौद्धिक रूप से, शारीरिक रूप से, क्लेम करने वाला मुझे तो कोई दिखाई नहीं देता।

ओमा शर्मा : यह तो राष्ट्रीय सम्पदा का हिस्सा होना चाहिए।

राजेन्द्र यादव : अजी भाड़ में गई राष्ट्रीय सम्पदा! मेरे जैसे सोचने वाले के लिए राष्ट्र में किसको पड़ी है? ये चिन्ता तो श्रद्धेय किस्म के लोगों, जैसे नरेन्द्र कोहली हैं, के लिए होनी है।

ओमा शर्मा : राष्ट्रीय संपदा को इस रूप में न मानें, लेकिन एक साहित्यिक सम्पदा और संस्था के रूप में तो आप हैं, आपकी चीजें हैं और वे रहेंगी।

राजेन्द्र यादव : मैं ऐसा कुछ नहीं सोचता। है भी नहीं ऐसा कुछ। ये सब बड़ी रोमांटिक बातें हैं। न मुझे अपनी महानता को लेकर ऐसा कोई मुगालता है, न अपने किए के महत्त्व को लेकर।

ओमा शर्मा : आपके सोचने का यह मुद्दा भी नहीं है।

राजेन्द्र यादव : लेकिन कुछ नहीं होगा। सब-कुछ यूँ ही खत्म हो जाएगा। कोई बात नहीं। जैसे हम लोगों ने इतना सब जो कुछ धुआँधार मचाया, उस सबका क्या असर हुआ? कहाँ कुछ बदला? अपने को अकेला रखा। अपने को बहुत सारी चीजों से डिनाई किया। कुछ सफरिंग से भी गुजरा। मगर क्या हुआ? कुछ नहीं हुआ। अब या तो जो प्रभाव पड़ा, वह इतना अमूर्त है कि दिखाई नहीं देता। या वास्तव में पड़ा ही नहीं होगा। यू कैन गो ऑन गैसिंग एंड एनेलाइजिंग...

ओमा शर्मा : अपने बीते जमाने को याद करते हुए आपको कभी यह नहीं लगता कि यह जिन्दगी तो एक कहानी की हकदार है।

राजेन्द्र यादव : नहीं, ऐसा कुछ नहीं है। यदि यह कहानी है भी तो बहुत बासी है, पुरानी है। बहुत लोगों के साथ यह रहा होगा। मुझे अपने भीतर कुछ भी अनयुजुअल और एक्स्ट्रा-ऑर्डिनरी नहीं लगता। यह कोई मॉडेस्टी नहीं है, भीतर का रियलाइजेशन है। ए टेल टोल्ड बाई एन ईडियट, फुल ऑफ साउन्ड एंड फ्यूरी, सिग्निफाइंग नथिंग....

ओमा शर्मा : ये बात तो अपने बारे में महात्मा गांधी ने भी कही थी।

राजेन्द्र यादव : महात्मा गांधी हिप्पोक्रेट था। वह जानता था कि उसका लोगों

पर क्या और कैसा असर है। उसे पता था कि ही वाज शेपिंग द डेस्टिनी ऑफ द नेशन... मुझे ऐसा कोई भ्रम नहीं है। मुझे तो ऐसा लगता है कि यह अन्त मेरा ही नहीं, हमारी पूरी पीढ़ी की नियति है। हम जिस मध्य वर्ग की उपज हैं, वह खुद इतिहास में एक ब्लैक पीरियड के रूप में जाना जाएगा। वी बिलोंग टु दी लास्ट जनरेशन ऑफ लेटर हाफ ऑफ ट्वंटियथ सेंचुरी... हमने सिर्फ उत्तरशती की गुमनामियतें लिखी हैं।

ओमा शर्मा : अच्छा, आप भाजपा से लगभग आतंकित क्यों रहते हैं?

राजेन्द्र यादव : आतंकित नहीं हूँ, असहमत हूँ।

ओमा शर्मा : उनकी हर चीज से असहमत हैं?

राजेन्द्र यादव : देखने में उनकी कुछ चीजें तो मासूम हैं, और कुछ पूर्वनियोजित। मुझे लगता है कि उनकी जो थोड़ी मासूमियत है, वह भी पूर्वनियोजित है। आदमी और विचारधाराओं में कोई तिकोना नहीं होता। सम्पूर्णता में ही चीजों को देखा जा सकता है। मेरी असहमतियाँ व्यक्तिगत नहीं हैं।

ओमा शर्मा : अब जैसे कारगिल था।

राजेन्द्र यादव : कारगिल से तो मैं बहुत असहमत हूँ। मैं ही क्या, आज सारे विश्लेषक यही कह रहे हैं। खुद उनके बैठाए कमीशन की रिपोर्ट यही बताती है। वह उनका विशुद्ध रूप से चुनावी मनसूबा था, जो सफल हुआ क्योंकि एक जगह की जीत दूसरे से जुड़ी थी। हमने बिना वजह अपने बहादुर ऑफिसर और जवान गँवाए। अपने सर्वश्रेष्ठ नौजवानों की बलि देकर उन्होंने क्या पाया? जो-कुछ मिला, वह राजनीतिक क्षेत्र में मिला।

ओमा शर्मा : लेकिन पाकिस्तान के नजरिए से देखें, तो यह एहसास तो उसे भी होगा कि एक हिंदुत्ववादी सरकार उसकी पहल को नाकाम करके भुना सकती है।

राजेन्द्र यादव : नहीं, नहीं, भारत का मुसलमान चाहे हिंदूवादी सरकार न चाहे, पाकिस्तान को हमारे यहाँ उतनी ही धार्मिक सरकार चाहिए,

जितने वे खुद हैं। इस मामले में एक थियोक्रेटिक स्टेट या स्ट्रक्चर ही उन्हें ज्यादा सूट करता है। उसे आसानी से हैंडल किया जा सकता है क्योंकि पता होता है कि क्या करना है, क्या कमजोरियाँ हैं। दुश्मन जब ठीक अपनी ही तरह का हो तो इसे डील करना बहुत आसान है। दोनों एक-दूसरे के लिए प्रिडिक्टेबिल हो जाते हैं। दोनों एक-दूसरे के लिए धर्मयुद्ध बन जाते हैं।

(अगस्त 2000)

प्रियंवद

प्रियंवद

जन्म 22 दिसंबर 1952 को कानपुर में।

समकालीन हिन्दी साहित्य के बहुप्रशंसित कथाकार।

'वे वहाँ कैद हैं', 'परछाई नाच', 'छुट्टी के दिन का कोरस', 'धर्मस्थल'जैसे चार उपन्यासों के रचयिता। लगभग 50 कहानियाँ जो 'एक अपवित्र पेड़' 'खरगोश' और 'फाल्गुन की एक उपकथा' के अलावा 'आईनाघर' (तीन खंडों) में संकलित। 'इकतारा बोले' (बाल साहित्य)।

भारतीय इतिहास की दो मूल किताबें (1) भारत विभाजन की अंतर्कथा तथा (2) भारतीय राजनीति के दो आख्यान।

पाँच जीवनियाँ (ब्रूटस, रस्पूतिन, दरशिकोह, चेल्लिनी और नीरो)।

दो कहानियों पर 'अनवर' व 'खरगोश' फीचर फिल्में।

'अकार' पत्रिका के संस्थापक एवं वर्तमान संपादक।

कथाकारों के सम्मेलन 'संगमन' के संयोजक।

निवास : 15/269, सिविल लाइन्स, कानपुर - 208001

'पतन इतिहास की अनिवार्यता है' : प्रियंवद

'इतिहास तो केवल तब जागता है, जब अचानक किसी चीख से काल खंडित होता है, पर इतिहास यह कभी नहीं जान पाता कि उस चीख का बीज कहीं, किसी गुमनाम शहर या गाँव की गंदी गली में, किसी निमाई के हलक में हुआ होगा।' ('आर्तनाद', 1986)

——

'सच तो यह है कि शेर आज भी सब जानवरों में सबसे ज्यादा आकर्षित करता है। खलनायक, नायकों से ज्यादा खींचते हैं लोगों को... भय, आतंक... रक्त की सत्ता शाश्वत है...' ('वे कहाँ कैद हैं', 1990)

——

'अवैध संबंधों का प्रेम मुझे आकर्षित करता है... मेरा विश्वास है कि प्रेम अपनी पूरी चमक, पूरे आवेग के साथ ऐसे संबंधों में ही बनता है ... शेष संबंधों में तो वह एक लगातार दोहराई जाने वाली ऊबी हुई गुलामी होती है, जो जरा-सी ऊपर की पर्त खुरचने पर दिखाई देने लगती है। यही उनकी अंतिम शरण बन जाती है। इससे मुक्ति की कल्पना पाप और भय को जन्म देती है। यह जितनी लंबी और जटिल होती है, उतना ही जीवन सार्थक और अर्थवान माना जाता है। ('अधेड़ औरत का प्रेम', 2001)

——

प्रियंवद मेरे प्रिय लेखकों में हैं। समकालीन हिंदी साहित्य में ऐसा कथारस, भाषा का ऐसा बारीक और लगभग सम्मोहक विन्यास, अनुभव का इस कदर चौंकाने वाला विस्तार या कथा-भाषा और शिल्प का ऐसा संतुलन, दूसरे किसी समकालीन लेखक के पास कम ही मिलेगा। मगर प्रियंवद के होने की असली विशिष्टता है उनके लेखन का वह निष्पक्ष और तेजाबी खुलापन, जिसमें व्यक्ति,

समाज और तंत्र के अंतर्संबंधों की तौल-परख होती है। प्रेम और सेक्स को लेकर प्रियंवद ने जो यादगार कहानियाँ, जैसे 'बूढ़े का उत्सव', 'एक अपवित्र पेड़', 'उस रात की वर्षा में', 'पलंग', 'नदी होती लड़की', 'रेत', 'अधेड़ औरत का प्रेम' दी हैं, उन्हें पढ़कर चाय के एक विज्ञापन की पंचलाइन 'वाह उस्ताद' मुँह से निकलने को होती है। हरेक कहानी शिद्दत के साथ गढ़ा गया ऐसा बेमिसाल मील का पत्थर है, जिसकी कसीदाकारी में एक हसरत भरी कराह निकलती है। प्रेम-कहानी लिखना वाकई किसी लेखक के लिए लेखन की कसौटी होता है। प्रियंवद के 'स्टॉक' को देखकर किसी को या तो हैरानी हो सकती है या यह बदगुमानी कि यह आदमी मूलतः कितना 'फ्लर्ट' है। कुछ भी तो वर्जित नहीं है उनके यहाँ। गिल्ट में जीते चरित्र नहीं हैं। आहें और सिसकारियाँ नहीं हैं... यानी प्रेम-कहानी जिन चीजों के चलते औंधे मुँह गिर जाती है, वे उनके यहाँ नहीं हैं। सेक्स और प्रेम का आख्यान न सिर्फ कथा के स्तर पर चुनौतीपूर्ण होता है, बल्कि कलात्मकता के नजरिए से ऐसी भाषा की माँग करता है जो भौंडी डिटेल्स से तो बचे मगर संप्रेषण में उबाऊ या बाधक न बने। और लगता है, यहीं प्रियंवद का अखाड़ा है। इसकी मिसाल के लिए 'खरगोश' कहानी के अंतिम दो पैरे पढ़ना पर्याप्त होगा। और तब लगता है कि यह आदमी 'फ्लर्ट' नहीं, बहुत खतरनाक किस्म का कलाकार है जो अपनी कला के लिए न सिर्फ हर संभव अनुभव, अध्ययन और श्रम से गुजरने को आतुर रहता है बल्कि इतना दृष्टिसंपन्न है कि अपने नजरिए के संप्रेषण के लिए हर स्वाभाविक परंपरा और मूल्य को रौंदने से गुरेज नहीं करता।

मैंने प्रियंवद की रचनाएँ पहले पढ़ीं, मुलाकात बाद में हुई। दोस्ती तो और भी बाद में। उनकी रचनाओं के बरक्स उनसे मिलना बहुत एंटीक्लाइमैक्टिक, लगभग अनरोमांटिक-सा लगा... कितनी सीधी-सरल और दो-टूक शख्सियत। कंजी आँखों के बावजूद चलताऊ समझदारी का भी तो पुट नहीं। इसका मतलब है, आदमी घुन्ना होना चाहिए। सब-कुछ कितनी महारत से छिपाए फिरता है... कभी मुठभेड़ हुई तो सारा मुखौटा खोलकर रख दूँगा। यह खूनी विचार उस वर्ष अहमदाबाद में 'संगमन' के आयोजन की गहमागहमी के बीच आया था और उसमें आहुति देने को तत्पर बैठे थे हरिनारायणजी।

प्रियंवद घुन्ने नहीं, मितभाषी हैं। अपने तमाम लेखकीय खुलेपन और

वैचारिक उद्दीपन के बावजूद, व्यवहार में उतने ही संकोची और विनम्र। 'संगमन' की रीढ़ की हड्डी होने के बावजूद, पूरे आयोजन में मंच से वे यूँ कन्नी काटे रहते हैं जैसे वहाँ कदम रखते ही उन्हें कोढ़ खा जाएगा। सनद के लिए भी उनका कोई फोटो बमुश्किल मिलता है। मंच से बोलने में उन्हें संकोच नहीं, आपत्ति है... अपनी नैसर्गिक बुनावट के कारण। यूँ वे अच्छा-खासा और विचारोत्तेजक बोलते हैं। निजी विमर्शों में उनके पास एक से एक किस्सा और लतीफा सुन लीजिए। वे पूरी शिवालरी और सौजन्यता के साथ हिंदी फिल्मों पर बात करने निकल पड़ेंगे। ऐसी गहन संलग्नता और जानकारी आसानी से किसी दूसरे रसिक के पास नहीं मिलेगी। दिलीप कुमार की अदाकारी और मधुबाला की शोखियों के दीवाने प्रियंवद के सामने यदि छठे दशक की चर्चा छेड़ दी जाए तो फिर उन्हें ठेलना मुश्किल है। कम लोगों को पता होगा कि प्रियंवद भारतीय ट्रेड यूनियनों की कार्यप्रणाली या हड़तालों पर दक्षता से बोल सकते हैं। मगर जब बात चर्चा में रहने या वाहवाही लूटने की हो, तो वे वहाँ से भाग खड़े होते हैं। 'संगमन' ही नहीं, 'अकार' पत्रिका को लेकर भी कई लेखक-पाठक उत्सुकता में सवाल करते हैं... तो प्रियंवद यह सब क्यों करते हैं?

इस सवाल के उत्तर के लिए उनसे अंतरंग होना जरूरी है। लगभग पूरी तरह चयन से, एक लेखकीय जिदंगी जीते प्रियंवद के पास गणनाएँ नहीं हैं, साफगोई है। मंच नहीं, नेपथ्य है। नाम की पिपासा नहीं, सरोकारों के संदर्भ हैं। व्यवस्था-विरोध और सांप्रदायिकता की उनकी खिलाफत किसी वामपंथी विचार से आक्रांत नहीं, इतिहास के अध्ययन की मार्फत रग-रग में बहती उस आस्थागत समझ और जनजीवन की साझा-संस्कृति में अविकल रूप में पला-बढ़ा उनका वजूद है जो एक लेखक के तौर पर उनके खतरों की आहटों को पूरी तल्खी से न सिर्फ महसूस करता है बल्कि यथासंभव विरोध-प्रतिरोध भी करता है।

कानपुर की सिविल लाइंस की बंद गली के उस आखिरी मकान (कमरे) में भाई हरिनारायणजी के साथ जब मैं पहुँचा तो किताबों के हुजूम के बीच कैद उस पलंग को देख मेरे अंदर पसरा 'पलंग' पूरी भयावहता से कौंधने लगा। उस समय मुझे लगा कि मैं किसी रचना के स्थूल स्रोत को नहीं, वक्त के भग्नावशेषों से बची उस विरल धरोहर से मुखातिब हूँ, जिसकी सिलवटों में एक अनुपस्थित 'अधेड़ औरत' लिथड़ी पड़ी थी। 'नहीं यह वह नहीं है... वह तो टूट गया, मगर

वह इसी जगह पड़ा होता था'। प्रियंवद के स्पष्टीकरण ने उस स्वप्निल अनुभूति से मुझे रिट्रीव किया। वहाँ मुझे रोटी वाली गली दिखी। नजीर अकबराबादी दिखे। परखच्चे उड़ी सड़कें और समाप्तप्राय चमड़ा-उद्योग की चिमनियों का मरियल धुँआ भी। नहीं समझ पा रहा तो बस यही, कि उस अंजर-पंजर कस्बेनुमा शहर की तंग-सी गली के बीच रहकर वैचारिक दृष्टि-अंतर्दृष्टि और चमत्कारी खुलेपन के सूत्र कैसे और कहाँ से उग आते हैं? समय का पहरा नहीं होता तो हरिनारायणजी की सोती-जागती उपस्थिति के बीच हुई इस बातचीत को मैं कभी इस रूप में नुमायाँ नहीं करता। यदि यह लेखक और उसकी असाधारण जिंदगी एक साहित्यिक जीवनी की हकदार नहीं है, तो फिर किसकी है? इस संवाद-साक्षात्कार को कथाकार प्रियंवद की रचनाओं के बरक्स रखकर पढ़ा जाए तो शायद बात ज्यादा बनती दिखेगी। एक तरह से यह कोई साक्षात्कार है भी नहीं। यह एक महत्त्वपूर्ण समकालीन हिंदी लेखक की जिंदगी और मानसिकता के स्रोतों-सूत्रों की फौरी पड़ताल अधिक है, जिसकी 'परछाई' उसकी सृजनात्मकता पर 'नाच' करती देखी जा सकती है।

साक्षात्कार

ओमा शर्मा : आपके लिखने का प्रस्थान-बिंदु क्या था? मतलब कब और कैसे आपने लेखक बनना तय किया?

प्रियंवद : यह काम कच्ची उम्र में ही हो गया था। जैसे अमूमन होता है, पहले पढ़ने का शौक हुआ फिर लिखने का। बहुत ही बेहूदी और भौंडी किस्म की कविताओं से शुरुआत की। लेकिन जैसे-जैसे पढ़ता गया, वैसे-वैसे चीजें साफ होने लगीं। कविताओं से लिखना शुरू किया था लेकिन फिर लगा, यह नाकाफी है तो कहानी की तरफ मुड़ा, मगर वहाँ भी कविता हावी रही, जैसे 'बोसीदनी' कहानी में है। उसे लिखते समय कविता से मुक्ति की छटपटाहट हो रही थी। लिखना शायद कविता ही चाह रहा था मगर कहानी बन गई।

ओमा शर्मा : लेकिन मैं लेखन के भ्रूण की बात कर रहा हूँ।

प्रियंवद : भ्रूण तो अंदर ही कहीं गहरे में होता है।

ओमा शर्मा : किसी प्रकार की आकस्मिकता या किसी खास अनुभव की भयावहता का उद्वेलन जो आपको लिखने के लिए उकसाए बगैर न माने, जैसा कुछ...?

प्रियंवद : नहीं, ऐसा कुछ नहीं था, सिर्फ पढ़ने के कारण ही लिखना शुरू हुआ। पहले वही 'राजा भैया' और 'चंदामामा' जैसी पत्रिकाएँ, बाद में दूसरी और पत्रिकाएँ या किताबें। मेरे परिवार के आसपास या मिलने-जुलने वालों में, किसी का लेखन से दूर-दूर तक संबंध नहीं है। किताबें पढ़कर ही लगा कि मैं भी लिख सकता हूँ।

ओमा शर्मा : अकसर लेखन की शुरुआत किसी प्रतिकार या विरोध दर्ज के स्वरूप होती है... मतलब अपने अनुभवों के बरक्स चीजें जब उपलब्ध साहित्य में अनुपस्थित होती हैं, तो आप में कहीं यह जज्बा उठा कि आपको लिखना चाहिए...

प्रियंवद : मैं यह नहीं मानता। 14-15 की उम्र में जब आप लिखना शुरू कर रहे होते हैं, तो आपको कुछ समझ नहीं होती। कुछ बदल देना है, ऐसा कुछ आपके अंदर आता है, मैं नहीं मानता। तब सिर्फ कल्पनाएँ होती हैं, जिसमें आप रंग भरने की कोशिश करते हैं, या भावनात्मक आवेग। यथास्थिति का प्रतिकार जैसी स्थिति या समझ तो बहुत बाद में आती है।

ओमा शर्मा : कविताओं से की गई शुरुआत का समयकाल क्या रहा होगा?

प्रियंवद : सन् 75-76 के आसपास। तब तक मैं कुछ ठीक-ठाक कविताएँ लिखने लगा था लेकिन उससे मुक्ति भी चाह रहा था। शुरुआती कहानियाँ, कविताएँ ही थीं, थोड़े फॉर्म के बदलाव में, लेकिन इत्तफाक ये हुआ कि शुरुआती कहानियों को बहुत प्रोत्साहन मिला। पहली कहानी 'बोसीदनी' को 'सारिका' की कहानी-प्रतियोगिता में पुरस्कार मिल गया (जिसमें संजीव की 'अपराध' को प्रथम पुरस्कार मिला था)। दूसरी कहानी को भारतीजी ने 'धर्मयुग' में प्रकाशित किया। तीसरी फिर 'सारिका' में आ गई। सन 1980-81 में जब इस तरह की प्रमुख पत्रिकाओं से कहानी को लेकर मुझे मान्यता मिली, तो मुझसे कविता छूटने लगी और मैंने कहानी पर ही ध्यान केन्द्रित करना शुरू कर दिया।

ओमा शर्मा : उससे पहले कहानी के क्षेत्र में किस तरह का कथा-साहित्य आपको आकर्षित करता था?

प्रियंवद : शुरुआत तो मैंने जासूसी उपन्यासों से की। जवानी के जिस्मानी साहित्य को भी मैंने खूब पढ़ा। फिर बाल-साहित्य भी। फिर थोड़ा खिसककर मैं गुलशन नंदा पर आया। उसके बाद गुरुदत्त पर, और फिर बंगला साहित्य पर। विमल मित्र को पढ़ने के बाद मुझे पता लगा कि साहित्य और गैर-साहित्य की डिमार्केशन लाइन कहाँ है। विमल मित्र को मैंने बहुत पढ़ा है।

ओमा शर्मा : क्या कह सकते हैं कि आपके कथाकार का बपतिस्मा विमल मित्र के हाथों हुआ?

प्रियंवद : ऐसा कुछ नहीं था। मैं पढ़ने के संस्कारों की शुरुआत बता रहा था। किसी एक लेखक को न कहकर आप चाहें तो कह सकते हैं कि वह बपतिस्मा बांग्ला-साहित्य ने किया और यह कोई मेरा अकेले का नहीं था। हिंदी के बहुत-से लेखकों का बपतिस्मा बांग्ला-साहित्य ने ही किया है।

ओमा शर्मा : जब आप लिखते हैं, तो आपकी पढ़ने की प्रक्रिया भी बदलती जाती है, लेखकीय विकास के कारण। विमल मित्र के बाद गुलशन नंदा नहीं पढ़ा जा सकेगा, प्रेमचंद के बाद विमल मित्र। इसी तरह निर्मल वर्मा, अज्ञेय आदि। तो आपकी पढ़ने की क्रमिकता क्या रही है?

प्रियंवद : जैसा आपने बताया, वह तो है ही मेरे साथ, विषय के स्तर पर इतिहास या कहूँ, विश्व-इतिहास बहुत महत्त्वपूर्ण रहा है। साहित्य की तरह इतिहास का संबंध भी लोगों से ही है। यह आपको जो नजरिया या आपके नजरिए को जो व्यापकता देता है, वह साहित्य के भी बहुत काम की चीज है। मेरे पढ़ने में साहित्य और इतिहास गुँथे हुए थे।

ओमा शर्मा : इतिहास के मुद्दे को लेकर हम थोड़ी देर बाद बात करेंगे। फिलहाल मैं आपकी रचना-प्रक्रिया के स्रोतों को समझना चाहता हूँ। मतलब, कोई कहानी आपके अंदर कैसे आकार लेती है?

प्रियंवद : मेरे साथ यह प्रक्रिया बहुत देर तक चलती है। हफ्ते, दस दिन में कुछ नहीं होता। महीनों तक चीज पकती रहती है। शुरू में जब लिखता था तब तो जीवन का कोई निजी-सा अनुभव कहानी का आधार बन जाता था। अपने या मित्रों के सफल-असफल प्रेम-प्रसंग काम आ जाते थे। उसके बाद जब विचार का पुट आने लगा, तब कथा विचार को प्रकट करने का ही माध्यम बनने लगी। जैसे मैं एक उदाहरण दूँ। एक बार एक मित्र के घर से रात का खाना खाने के बाद हम बाहर टहलने निकले

तो दरवाजे पर लगे उसके नल की टूँटी से एक आदमी पानी पी रहा था। अँधेरा था हमने कड़ककर पूछा कि कौन है? तो वह फौरन घबराकर बोला, 'मुसलमान हूँ'। उसने यह नहीं कहा कि आदमी हूँ। उसने यह नहीं कहा कि प्यासा हूँ। उसका जवाब सुनकर मेरे रोंगटे खड़े हो गए। आप इसे मात्र घटना ही मान सकते हैं, लेकिन 'वे वहाँ कैद हैं' लिखते समय शायद कहीं-न-कहीं इस घटना की चुभन मेरे अंदर रही थी।

ओमा शर्मा : 'एक अपवित्र पेड़' का उद्गम कैसे हुआ?

प्रियंवद : वजह एक प्रेम-प्रसंग था, जिसमें पेड़ के माध्यम से भावनाओं को व्यक्त करने की कोशिश की थी। एक खूबसूरत लड़की थी, जिसे देखकर लगता था कि उसे छू लेंगे, तो कितना नाराज हो जाएगी ... छू लिया तो नहीं हुई, तो लगा दूसरी बार छुएँगे तब नाराज हो जाएगी, इसलिए नहीं छुआ। तब नाराज हुई। शुरुआती कहानी थी यह... जो निजी अनुभव के तहत लिखी जाती है।

ओमा शर्मा : अनुभव का कोई टुकड़ा जब आपके अंदर कहानी बनाए जाने के लिए कुनमुनाता है, तो उसे अंजाम देने के लिए आप क्या करते हैं?

प्रियंवद : मैं उस पर बाकायदा काम करता हूँ। तैयारी करता हूँ। जैसे यदि विचार के स्तर पर है कुछ, तो निश्चित रूप से उसे व्यापक संदर्भों से जोड़ता हूँ। जैसे उस आदमी ने कहा, 'मुसलमान हूँ' तो व्यापक संदर्भ सांप्रदायिकता है। दूसरे शिल्पगत ढाँचा भी सोचना पड़ता है, हालाँकि थोड़ा-बहुत लिख लेने के बाद हर लेखक को यह शऊर आ जाता है, लेकिन तब भी शिल्प तो हर बार तय करना पड़ता ही है... कि बात यूँ कही जाएगी, इस-उस चैनल से गुजरेगी... तीसरे, भाषा की सतर्कता मुझे बहुत जरूरी लगती है।

ओमा शर्मा : भाषा के रूप में तैयारी किस तरह की होती है?

प्रियंवद : मेरे साथ भाषा बहुत धीमे-धीमे आई है। 'बोसीदनी' को जब पढ़ता हूँ, तो अब मुझे उलझन होती है। इतनी वायवीय और स्थूल भाषा नहीं होनी चाहिए। मार्खेज ने एक बार बताया कि काफ्का को पढ़ने के बाद उसे लगा कि बात ऐसे भी कही जा सकती है, काफ्का से कोई पूछता तो शायद वह दॉस्तोव्स्की का नाम लेता। भाषा तो जो आप पढ़ते हैं, बहुत हद तक उसी से आती है। विमल मित्र को जब मैं पढ़ता था, तो लगता था कि भाषा तो ऐसी होनी चाहिए। फिर निर्मल वर्मा को पढ़ा, तो लगा कि अरे भाषा का एक स्तर ये भी है। भाषा का जादू आपको देखना है, तो आप सार्त्र की 'वड्र्स' को पढ़िए। रसेल की आत्मकथा में दूसरी तरह की भाषा है या फिर मार्खेज को पढ़ लें। बहुत-कुछ सीखा जा सकता है इन मास्टर्स से। इन्हीं से धीरे-धीरे एक भाषा बनी है।

ओमा शर्मा : प्रेम आपकी कई कहानियों का विषय रहा है। आपने जिस तरह, जिन कोणों से इसे तराशा है, जो अभिनव प्रयोग किए हैं, वे बहुत सफल रहे हैं, लेकिन विषय से यदि कुछ छूटता है तो भाषा या शिल्प के स्तर पर उसकी आपूर्ति होती है क्या?

प्रियंवद : शायद ऐसा भी होता है। अपने लिए कहूँ तो मैंने प्रेम को साधने के लिए एक शिल्प का खूब उपयोग किया है और वह है प्रकृति के स्तर पर। जैसे प्रेम को यदि आप प्रकृति से जोड़कर लिखने लगें तो इस पर लिखना बहुत सरल हो जाता है। प्रकृति साहित्य के लिए बहुत बड़ा उपादान है। जो चीज विषय से छूटती है तो पहले मैं उसे भाषा के माध्यम से लाने की कोशिश करता हूँ, फिर भी कुछ छूटता है तो प्रकृति के माध्यम से... या कभी-कभी कविता के माध्यम से भी।

ओमा शर्मा : कहानी 'बोसीदनी' की ही बात करूँ, तो शिल्प के तौर पर जिन दो चरित्रों को लेकर आपने जिस चरित्र का निर्माण किया है, प्रभाव के तौर पर बहुत जटिल लगता है।

प्रियंवद : जटिल है, यह अब मुझे भी लगता है। वह प्रेम में खंडित

व्यक्तित्व की कहानी है, कविता के झोंके में लिखी गई। इसे मैंने घंटे, डेढ़-घंटे में लिख दिया होगा। रात के ग्यारह, साढ़े-ग्यारह बजे होंगे, मुझे लिखने की सूझी, और लिख दी। शायद कविता लिखना चाह रहा था मगर कहानी लिख दी।

ओमा शर्मा : उसी तरह की दो और कहानियाँ 'कैक्टस की नाव देह' और 'होठों के नीले फूल' भी उसी गूढ़ता-जटिलता की शिकार हैं, जिसकी 'बोसीदनी' है।

प्रियंवद : मानता हूँ, लेकिन ये दोनों 'बोसीदनी' के तुरंत बाद की कहानियाँ है, जब मैं कविता से मुक्त हो रहा था। कविता का शिल्प जटिल तो होता ही है। यदि आज गद्य में कविता की जटिलता या उसकी चमक देखनी हो तो विनोद कुमार शुक्ल को देखिए।

ओमा शर्मा : गद्य में कविता की जटिलता उसका फायदा करती है या नुकसान?

प्रियंवद : फायदा इस तरह करती है कि आपके गद्य को अलग पहचान देती है। पर सारी बात उसे साधने की है, नट के डोरी पर चलने की तरह... वह सध गया तो फिर उस रूप में तो फायदा ही करती है।

ओमा शर्मा : जब आप लिखने की शुरुआत करते हैं, तो तब तक की जिंदगी के अनुभवों की संपदा आपके पास होती है, जो रचनाओं में रूपांतरित होती है। आप यदि 20-22 वर्षों से रचनारत हैं, जैसे कि आप हैं, तो यह संपदा तो नहीं रह पाएगी, तब किस तरह की चुनौतियाँ आपको लगती हैं?

प्रियंवद : अनुभव की पूँजी तो रोज आपके पास एकत्र होती है। यदि आपकी संवेदना और चेतना का दायरा बड़ा होता जा रहा है—और जिसे बड़ा करते जाना जरूरी है, वरना आप खत्म हो जाएँगे, तो नए संदर्भ आपको दिखने लगेंगे। फिर अनुभव की संपदा के नष्ट होने का कोई संकट आपको नहीं लगेगा। जैसे एकदम आज की बात लीजिए, जो अहमदाबाद-गुजरात में हो

रहा है... उस आदमी कुतबुद्दीन—की तसवीर देखिए जो निरीहता में अपनी जान की भीख माँगता, करबद्ध गुहार कर रहा है... कहानी लिखने के लिए इतना-सा बिंदु (इग्निशन) काफी होता है। किशोरवय तक की पूँजी को आप कब तक चलाएँगे? आपका चुक जाना तय है। जैसे निर्मल वर्मा को लीजिए। पिछले तीस साल में यानी 'एक चिथड़ा सुख' के बाद अपनी चेतना में—चाहे वह 'रात का रिपोर्टर' उपन्यास हो या 'अंतिम अरण्य', वे कुछ भी बहुत अलग नहीं जोड़ पाए और जो जोड़ा, तो वह हिंदूवादी या पुनरुत्थानवादी जैसा कुछ—जिसका उनके लेखकीय विकास के साथ कोई लेना-देना नहीं है।

ओमा शर्मा : चेतना के विस्तार से आपका क्या मंतव्य है, या कोई उसका विस्तार कैसे कर सकता है?

प्रियंवद : बहुत सीधे शब्दों में कहूँ तो यह इस तरह है कि यदि आप पाँच पुस्तकें पढ़ते हैं, पाँच देशों या समाजों के बारे में जानते हैं, तो आपकी चेतना या संवेदना पाँच पुस्तकों या देश या समाजों जितनी होगी। यदि आप पच्चीस पुस्तकें पढ़ते हैं, पच्चीस देशों घूमते हैं, पच्चीस समाजों को समझते हैं, तो आपकी चेतना पच्चीस देश-समाजों के स्तर जैसी होगी। जीवन तो अंनत है, उसमें रोज बहुत कुछ बनता-बिगड़ता है। अब यह आपके हाथ में है कि आप उससे कितना ग्रहण करते हैं या उससे कितना बचकर चले जाते हैं।

ओमा शर्मा : आपका अभिप्राय यह भी है, बजाय मेज पर बैठकर लेखन करने के, लेखक को यायावरी करनी चाहिए?

प्रियंवद : बेहतर स्थिति तो यही है... तब आप जीवन से ज्यादा रूबरू होंगे। इसमें ज्ञान, दर्शन, संवेदना, संघर्ष सब खुद-ब-खुद आ जाएगा।

ओमा शर्मा : लेकिन घटनाओं या अनुभवों के रूपों को देखा जाए तो उसे दूसरे माध्यम, जैसे अखबार है, टीवी है, वे बेहतर दिखा सकते हैं। बिना दृष्टि के किसी घटना की साहित्यिक उपयोगिता भी

क्या है? अब जैसे गुजरात की घटनाएँ हैं, रिपोर्ट तो हो ही रही हैं। किसी लेखक और रिपोर्टर में फिर फर्क भी क्या है? अनुभवों को बनने, बाँटने और उन्हें किसी निश्चित सूत्र में पिरोने के लिए दृष्टि नहीं चाहिए होगी?

प्रियंवद : एक लेखक का नजरिया रिपोर्टर से अलग होता है या होना चाहिए। उसकी चेतना, संवेदना, परंपरा सब उसके लेखन का हिस्सा होती हैं। आप यदि लेखक हैं, तो दृष्टि तो आप में होगी ही। यदि आप गहना बना रहे हैं, तो हथौड़ा चलाना तो आपको आना ही चाहिए। आप किसी भिखारी या वेश्या को मुझे दिखाइए और किसी रिपोर्टर को भी दिखाइए, फिर दोनों में अभिव्यक्ति का फर्क देख लीजिए।

ओमा शर्मा : मैं आपकी रचना-प्रक्रिया पर आना चाहता हूँ। कहानी आप एक ही बैठक में लिख सकते हैं या यह क्रम कई दिन चलता है?

प्रियंवद : मेरे साथ यह प्रक्रिया लंबी चलती है। महीने-दो महीने या छह महीने तक द्वंद्व चलता रहता है। चीजें पकती रहती है। मैं इसे तब तक चलने देता हूँ, जब तक एक-एक चीज को विजुअलाइज नहीं कर लेता। चरित्र कब क्या बोलेगा, कैसे बोलेगा, उसने क्या पहना होगा, मुझे दिखने लगता है। जब यह स्थिति आ जाती है, तब ही मैं उसे कागज पर उतारता हूँ। फिर उसमें ज्यादा समय नहीं लगता। दो-तीन रोज में कहानी हो जाती है। दस-बारह लाइनें या एक पेज लिखता हूँ... फिर घूमूँगा, फिरूँगा, आकर फिर लिखूँगा।

ओमा शर्मा : इस प्रक्रिया को अपनी कहानियों के बरक्स रखकर बताइए... जैसे 'आर्तनाद' कहानी है, इसे आपने कितने समय में लिखा?

प्रियंवद : इसे मैंने एक उपन्यास के रूप में लिखा था। कोई दो सौ पेज का, काफी बचकाना-सा था। मैंने बहुत कोशिश की कि कहीं छप जाए। बहुत अच्छा हुआ कि ऐसा नहीं हुआ। मैंने इसे गिरिराज जी को भी दिया। उन्होंने इसे राजेन्द्रजी को दिखाया,

तो उन्होंने बड़ा गरियाने वाला पत्र लिखा गिरिराजजी को... कि तुम इस लेखक की हत्या क्यों कर रहे हो? इसकी ऐसी चीज छपने लगेगी तो यह बरबाद हो जाएगा। तब मैंने उस पर और काम किया। खूब छोटा किया और लंबी कहानी में तब्दील कर दिया।

ओमा शर्मा : 'खरगोश' या 'बोधिवृक्ष' के लिखने की प्रक्रिया किस तरह रही?

प्रियंवद : 'बोधिवृक्ष' तो मेरी अभी की कहानी है, सांप्रदायिकता को लेकर। यह विषय मुझे हमेशा परेशान करता है। मैंने एक किताब पढ़ी थी 'गुजिश्ता लखनऊ'। मैंने कहा न कि इतिहास मुझे आकर्षित करता है। जब मैंने वाजिद अली शाह और उनके समय के बारे में पढ़ा तो लगा बहुत-सी ऐसी चीजें हैं, जिनको जोड़कर कुछ बन सकता है। शिल्प पर मेहनत करनी पड़ी। 'खरगोश' दूसरे मिजाज की कहानी है।

ओमा शर्मा : नहीं, इनके लिखने की प्रक्रिया बताइए।

प्रियंवद : 'बोधिवृक्ष' में जो गलियाँ हैं, वेश्याओं की बातचीत है, सब मेरे देखे हैं। खाने-पीने या रैसिपीज के जो वर्णन हैं, सब प्रामाणिक हैं। मैंने उस किताब का जिक्र कहानी में इसलिए नहीं किया क्योंकि इससे कहानी का आनंद चला जाता। बहुत दिनों से मेरे अंदर, बाहर की दुनिया और अंदर की दुनिया का भी द्वंद्व चल रहा था। इसके लिए राशल का चरित्र बनाया और उस बात को भी उठाया।

ओमा शर्मा : यहाँ पर मैं एक और चीज देखता हूँ। बात 'बोधिवृक्ष' की चल रही है, लेकिन यह आपकी कई कहानियों पर भी उतनी ही लागू होती है, यानी कहानी के बाई-फोकल होने की। अब जैसे 'बोधिवृक्ष', जिसे आप सांप्रदायिकता की कहानी कह रहे हैं, का प्रभाव या दर्द एक सामाजिक विरासत के नष्ट होने को लेकर ज्यादा है। 'वे कहाँ कैद हैं' में सांप्रदायिकता की व्यथा के साथ-साथ प्रातू और अविनाश की प्रेम-कथा ज्यादा उत्सुकता

जगाने लगती है... तो दंश की यह द्विकेंद्रीयता सायास है या रचना-प्रक्रिया की स्वायत्तता का ऑफशूट...?

प्रियंवद : जब आप बड़े विज़न या संदर्भ की चीज कहना चाहते हैं, तो उसमें उपकथाओं की आना लाजमी है। यह सुरक्षित टेक्नीक भी है। उपन्यास में तो मुख्यधारा के साथ उपकथा या अंतर्धाराएँ जरूरी होती हैं। बल्कि कहना चाहिए, यहीं आकर उपन्यास कहानी से अलग हो जाता है। आपकी बात से मैं सहमत हूँ, मगर ऐसा मेरी लंबी कहानियों में ही होता है, जहाँ बात दूसरी चीजों के संदर्भ के साथ प्रस्तुत होती है। 'खरगोश' या 'एक अपवित्र' पेड़' में ऐसा नहीं है। वे एकदम पॉइंटिड कहानियाँ हैं।

ओमा शर्मा : लेकिन मुख्यकथा और उपकथा के बीच कोई सोचा-समझा संबंध तो होना चाहिए। जैसे 'वे वहाँ कैद हैं' का उदाहरण लें। उसमें सांप्रदायिक कथा तो उस ढंग से ही चलती है जिसे हम देखते-समझते हैं। मगर प्रेमकथा असामान्य है—प्रातू का बिज्जू से प्रेम, उसके अपंग बच्चे के साथ रहकर ही अविनाश से प्रेम, अविनाश का भी उसी रूप में उसका स्वीकार... वे जैसे अपने सामाजिक मूल्यों को चीरकर जी रहे हैं। एक पाठक के तौर पर मुझे इस उपकथा में ज्यादा रस मिलता है। मेरा मतलब यह भी है कि उपकथाओं का मुख्य कथा से अंतर्संबंध तो करना ही होगा, वरना उनकी जरूरत क्या है? वे स्वतंत्र कहानियां भी हो सकती हैं?

प्रियंवद : यह टेक्नीक की बात है, एक कोलाज-सा बनाना। आपकी बात के संदर्भ में 'परछाई नाच' और भी बेहतर उदाहरण हो सकता है क्योंकि उसमें तो कोई बीस उपकथाएँ चलती हैं या उनका मुख्यकथा के साथ कोई समायोजन न होकर सिर्फ एक कोलाज बनाया गया है। पढ़ने में यदि इससे दिक्कत आती है, तो यह उस शिल्प की असफलता है वरना यह भी एक संभावना है, टेक्नीक है। अब जैसे महाभारत को लें, इसमें तो कोई दो सौ

उपकथाएँ एक-साथ चलती है। उसमें मुख्य कथा क्या है? सही बताना मुश्किल होगा। टॉलस्टॉय के उपन्यासों में भी यही होता है। कथा-उपकथाओं के बीच यदि गड्डमड्ड हो रहा है, तो गड़बड़ है। उनके बीच खाई है, तो भी गड़बड़ है, संतुलन तो साधना ही होगा। अंतर्संबंध ज़रूर होना चाहिए।

ओमा शर्मा : क्या आपके पास कहानी किसी इत्तफाक से आती है या किसी घटित अनुभव से ही?

प्रियंवद : इत्तफाक से तो कुछ नहीं होता। कोई चीज आपके जीवन में चाहे इत्तफाक से घटित हो भी रही हो, मगर इत्तफाक से उसमें दर्ज नहीं होती। दर्ज होने के लिए जमीन की तैयारी तो चाहिए ही। उसके लिए आपको सचेत रहना ही पड़ेगा। एक बार रात को खाना खाने के बाद मैं सड़क पर जा रहा था कि एक रिक्शा गुजरा। एक पागल लड़की निर्वस्त्र बैठी थी उस पर और वह रिक्शा वाला रिक्शे को दौड़ाए लिए जा रहा था। जाहिर था किसलिए? यह बस एक इत्तफाक ही हुआ लेकिन मेरे अंदर कन्सीव हो गया और सालों बाद कहानी में आया।

ओमा शर्मा : आपके कई चरित्र बड़े बीहड़ हैं। जैसे, कोई अघोरी है, कोई छिपकली का चूरन खाता है... ये चरित्र तो किसी प्रकार वैसे भी नहीं मिलते, क्या राज है?

प्रियंवद : सामान्य रूप में ये चरित्र मैंने देखे हैं। जैसे 'बूढ़े का उत्सव' का जो बूढ़ा है, उस जैसा चरित्र मैंने देखा है। उसे पता होता था, छिपकलियाँ कहाँ होती हैं। वह बाकायदा उन्हें भूनता था, उबालता था और चूरन बनाता था। और इसमें कोई दो राय नहीं कि छिपकली के चूरन में नशा होता है, उससे किक मिलती है। यह दुनिया बहुत बड़ी है ओमा भाई। यह जीवन बहुत विराट और रहस्यमय है। मुझे ऐसा चरित्र मिल जाता है तो यह तय है कि मैं उसे कहानी में ढालने के लिए बेचैन हो उठता हूँ। हालाँकि हो सकता है, वह मुख्य चरित्र न हो। 'बूढ़े का उत्सव' में भी वह चरित्र कहानी का केन्द्र

नहीं है। वह सिर्फ असामान्य है... लेकिन क्या है कि कहानी बहुत-कुछ किस्सागोई भी तो है। उसमें रहस्य, रोमांच भी होना चाहिए। इन चीजों के लाने से इसमें यदि पठनीयता बढ़ती है, अँधेरे-उजाले का फर्क बढ़ता है, नाटकीयता बढ़ती है, तो बुरा क्या है?

ओमा शर्मा : पाठक के साथ आपका तादात्म्य चाहे हो न हो?

प्रियंवद : हाँ, पाठक की रुचि के अनुसार चीजों को परोसने की जिम्मेदारी मैंने नहीं ली है।

ओमा शर्मा : पात्र का असामान्य होना क्या आपके तईं कहानी की भूख जगाने के लिए काफी है?

प्रियंवद : हाँ...

ओमा शर्मा : आपकी ज्यादातर कहानियाँ लंबी हैं। 'खरगोश', 'बोधिवृक्ष', 'रेत'... जब आपके तईं कहानी जन्म लेती है, जब उसका ऐंगल तय होता है, तो उसका आकार भी कहीं प्रच्छन्न रहता है?

प्रियंवद : नहीं, आकार जेहन में नहीं होता, मगर दूसरी बातें ज़रूर होती हैं। जैसा मैंने पहले कहा, व्यापक संदर्भ ज़रूर होते हैं इसलिए उसका आकार बढ़ ही जाता है। मैंने कई मुद्दों पर उपन्यास लिखने चाहे मगर मैं उसे साध नहीं पाता था, इसलिए भी लंबी कहानी पर संतोष करना पड़ा।

ओमा शर्मा : प्रक्रिया के स्तर पर लिखना आपके लिए कितना कष्टदायक होता है?

प्रियंवद : कष्टदायक बिलकुल नहीं होता, बल्कि जब लिखना काफी समय तक छूटा रहता है तो कष्ट होता है, तब भय भी लगता है।

ओमा शर्मा : मैं प्रक्रिया की बात कर रहा हूँ... लिखने की प्रक्रिया की...

प्रियंवद : वह तो आनंद होता है, दीवानगी-सा। उस समय मैं कुछ नहीं करता, एक-दो दिन बिना नहाए भी हो जाता है। दाढ़ी बढ़ जाती है, कपड़े नहीं बदलता। फैक्ट्री पर जाकर लिखता हूँ। वह दौर चलता रहता है।

ओमा शर्मा : मैं इसे अंतर्द्वंद्व के स्तर पर जानना चाहता हूँ... यदि आपके अंदर कुछ चल रहा है, यदि वह उस रूप में नहीं रूपायित हो पा रहा जैसा आप चाहते हैं...तो वह आपको पीड़ित करता है...शारीरिक रूप में भी और वैसे भी...?

प्रियंवद : वह कष्ट तो होता है, लेकिन वह तो सृजन का हिस्सा ही है। जो चीज निकलकर आने वाली है, हमें पता है, इसलिए उसके लिए सब ऊबड़खाबड़ रास्तों पर चलने के लिए कमर कसनी पड़ती है।

ओमा शर्मा : आपके बारे में एक सर्वमान्य-सी राय यह है कि आपकी कहानियाँ तो अद्‌भुत हैं, मगर उपन्यास उतने सफल नहीं हैं, 'फाल्गुन की एक उपकथा' और 'परछाई नाच' आपकी कहानियों के पाठकों के गले नहीं उतर पाए, क्या यह बात आप तक आई है? और यह आपको कितनी स्वीकार्य-अस्वीकार्य है?

प्रियंवद : यह बात मुझ तक पहुँची है, मगर मेरा इससे इत्तफाक नहीं है।

ओमा शर्मा : कथा-साहित्य में उपन्यास को लेखन की कसौटी माना जाता है। आप सहमत हैं?

प्रियंवद : उपन्यास-लेखन कठिन तो है ही, कहानी की बनिस्बत कहीं ज्यादा मुश्किल है।

ओमा शर्मा : ज्यादा कलात्मक भी है?

प्रियंवद : यह तो लेखक पर निर्भर करेगा। लेकिन भाषा, शिल्प, प्रस्तुति, कथ्य सभी दृष्टि से उपन्यास लिखना ज्यादा चुनौतीपूर्ण है। यह लंबी दौड़ और छोटी दौड़ जैसा है। छोटी दौड़ कमजोर आदमी भी दौड़ लेता है। लंबी दौड़ के लिए मजबूत साँसों की जरूरत होती है... न टूटने वाली। उपन्यास में सब-कुछ कहानी के मुकाबले बहुत लंबे समय तक जीना पड़ता है।

ओमा शर्मा : चेखव ने कभी कोई उपन्यास नहीं लिखा, लेकिन कथा-साहित्य में उनका अवदान तो अनदेखा नहीं हो सकता।

प्रियंवद : मैं अवदान की बात नहीं कर रहा हूँ, उस विधा को साधने की बात कर रहा हूँ। चेखव ने हो सकता है उपन्यास पर हाथ आजमाया हो, लेकिन न्याय नहीं कर पाए हों क्योंकि यूरोप में वह दौर तो था ही उपन्यासों का। आप चेखव को जाने दीजिए। प्रेमचंद तक के उपन्यास बहुत कमजोर हैं। 'गोदान' तक बहुत अच्छा उपन्यास नहीं है। हालाँकि उन्हें उपन्यास-सम्राट कहा जाता है। प्रेमचंद कहानियों में जितने सफल हैं, उपन्यासों में नहीं हैं। उधर रेणु उपन्यासों में उस्ताद हैं।

ओमा शर्मा : हमारे समय की जो स्थितियाँ हैं, यानी जहाँ किसी भी प्रकार के लेखन से पाठक विरक्त हो गया, वहाँ उपन्यास की बनिस्बत कहानी ज्यादा सार्थक विधा नहीं लगती?

प्रियंवद : यह बात सच है कि पाठक को कहानी ज्यादा सहूलियत देती है, लेकिन केवल इसी से आप उस विधा को नहीं नाप सकते।

ओमा शर्मा : नहीं, पाठक को अपने साथ लेकर चलने की बात है।

प्रियंवद : देखिए, लेखक और पाठक का संबंध थोड़ा जटिल है। लेखक 'ग्रो' करता है, पाठक अकसर उस तरह नहीं करता। बीस साल पहले जिसे मेरी 'बोसीदनी' पसंद आई होगी, उसे अब की मेरी कहानी पसंद नहीं आएगी या इसका उलटा भी है... जिसे मेरी आज की कोई कहानी पसंद आ रही हो, उसे 10-15 वर्ष पहले की कहानी पसंद नहीं आएगी। पाठक महत्त्वपूर्ण है, मगर पाठकीय खुशमिजाजी के लिए आप लेखन नहीं करते। पाठक लिखने के बाद ही परिदृश्य में आता है।

ओमा शर्मा : 'परछाई नाच' का मूल स्वर या मंतव्य क्या है?

प्रियंवद : वह उपन्यास मूलतः तो बाजारवाद के खिलाफ है।

ओमा शर्मा : मतलब आपने पहले यह तय किया कि बाजारवाद के खिलाफ उपन्यास लिखना है... और बाद में उपकथाएँ ईजाद कर दी गईं।

प्रियंवद : नहीं, ऐसा भी नहीं है। इसमें धर्म, राज्य और पूँजी भी है। अब

बात रचना-प्रक्रिया से हटकर सिद्धातों की तरफ जा रही है, तो मैं कहना चाहता हूँ कि मैं तीन बड़ी बुराइयों को मानता हूँ– धर्म, राज्य और समाज।

ओमा शर्मा : समाज? समाज भी बुराई है?

प्रियंवद : समाज भी बुराई है, क्योंकि समाज का जो अंकुश है, उसके बनाए जो कानून हैं... नैतिकता है... सब मनुष्य-विरोधी हैं। समाज का गठन ही अपने आपमें दमन और शोषण की बात है। मनुष्य की स्वतंत्रता मेरे लिए सबसे बड़ी चीज है। समाज चूँकि उसे रोकता है, अतः उसे भी मैं बुराई मानता हूँ। पूँजी को पूँजी की शक्ल में न लेकर बाजारवाद के रूप में देखा गया है वहाँ क्योंकि मुझे वह एक बड़ा संकट लगता है। दूसरा संकट सांप्रदायिकता का है। इसे जितना जल्दी समझ लिया जाए, जरूरी है। तो बाजारवाद और सांप्रदायिकता, यही इसके मूल में रहे हैं।

ओमा शर्मा : इसके तंतुओं को कैसे एकत्र किया?

प्रियंवद : इसके लिए बहुत दिनों से काम चल रहा था। मेरा शहर तो खैर उसमें है ही, इतिहास भी है। 'इतिहास' पत्रिका के माध्यम से मैंने उस पट्टे को पढ़ा, जिसमें तीन आदमियों को, जब बख्त खाँ दिल्ली में सन् 1857 में आजादी की जंग का दावा कर रहे थे, पच्चीस रुपए में निन्यान्वे साल के पट्टे पर उठा दिया गया। तब किसकी आजादी आ रही थी? मैंने इस बात को उठाया और आज के समय तक लेकर आया। गांधीवाद और नक्सलवाद को लेते हुए उसमें चार पीढ़ियों की कहानी है। इसलिए वह एक कोलाज-सा भी है।

ओमा शर्मा : आपकी हर तीसरी कहानी में मृत्यु का जबर्दस्त पार्श्व है। जैसे 'सूखे पत्ते' में लैरी की मृत्यु, 'आर्तनाद' में निमाई मरता है, 'बूढ़ा काकून' में वह बच्ची मर जाती है, 'जुगली का रथ' में कामरेड मर जाता है। 'इतिवृत्त' में सत्रह नंबर का ताँगेवाला... 'पलंग'

में माँ। यह आप पर मृत्यु का आतंक है या मृत्यु बहुत सहज रूप में आप तक आती है?

प्रियंवद : मुझे मृत्यु बहुत आकर्षित करती है। 'आकर्षित' को समझना पड़ेगा। मृत्यु जीवन का पटाक्षेप होती है। एक बहुत बड़ी घटना होती है, जन्म की तरह। जैसे जीवन की कहानी यहाँ आकर समाप्त हो रही हो, एक वृत्त पूरा हो गया। मृत्यु से मैं आतंकित रहता हूँ, मगर किसी की मृत्यु पर मुझे यह भी लगता है कि उसकी कहानी पूरी हो गई, वह मुक्त हो गया।

ओमा शर्मा : इस आकर्षण के पीछ कोई निजी कारण?

प्रियंवद : नहीं, ऐसा नहीं है। बहुत ज्यादा मृत्युओं को मैंने नहीं देखा है। लेकिन उन कुछ लोगों की मृत्यु मैंने देखी हैं, जो बहुत ऊपर से नीचे आए। उसे देखकर मुझे लगा कि जीवन को समझने के लिए मृत्युबोध जरूरी है। जितने शेड्स जीवन के हैं, उतने मृत्यु के भी हैं।

ओमा शर्मा : आपके यहाँ मृत्यु वैसे ही आती है जैसे ओशो के यहाँ, यानी उत्सव की तरह। यही बात प्रेम और सेक्स को लेकर है, खुलेपन और सहजता के स्तर पर। क्या ओशो से आप प्रभावित रहे हैं?

प्रियंवद : नहीं, ओशो को मैंने ज्यादा पढ़ा भी नहीं है। जो पढ़ा, वह भी बहुत बाद में और मुख्यतः कृष्ण, मीरा और कबीर पर। इसलिए ओशो से इनका कोई मतलब नहीं है।

ओमा शर्मा : कौन-सी रचनाएँ ऐसी हैं, जिन्हें लिखकर संतोष मिला या कुछ अंतराल के बाद थोड़ा तटस्थ होकर देखने से ज्यादा सुकून मिला?

प्रियंवद : सुकून तो सब से मिलता है। प्रकाशित होने के बाद मैंने किसी रचना को दुबारा नहीं पढ़ा। 'पलंग' ने भाषा के स्तर पर मुझे सुकून दिया, 'खरगोश' ने वर्णन के स्तर पर या सांप्रदायिक के मसले पर, 'फाल्गुन की एक उपकथा' को लिखकर सुख मिला,

क्योंकि वह माहौल मेरा अपना होते हुए भी मैंने सृजित किया। मैं ऐसे किसी मुस्लिम परिवार को नहीं जानता, जिसका मैंने वहाँ चित्रण किया है। लेकिन उसके संकट को मैं लिख सका। 'परछाई नाच' लिखकर संतोष मिला...

ओमा शर्मा : लेकिन अनवर की कथा को 'फाल्गुन...' में जिस तरह से खोला गया है, वह बहुत प्रामाणिक लगती है... उस तरह की महीन डिटेल्स कैसे इकट्ठा करते हैं?

प्रियंवद : हमारे आसपास के जीवन में मुसलमान तो हैं ही। व्यवसाय के स्तर पर कभी उनसे वास्ता पड़ता है, कभी दूसरे स्तर पर। बस, वहीं से चीजें आती रहती हैं।

ओमा शर्मा : लेकिन आपकी कहानियों की यह खूबी है, जिसे मैंने सिर्फ दो अन्य कथाकारों में लक्ष्य किया है—संजीव और मनोज रूपड़ा में, कि विषयगत ब्योरों में घुसने से परहेज न करना। क्या कहानी की तमाम डिटेल्स आपके पास होती हैं? जैसे 'बहुरूपिया' में दीमकों के बारे में, 'आर्तनाद' में चमड़े के व्यवसाय के बारे में... 'बोधिवृक्ष' में भोजन के बारे में...

प्रियंवद : उतनी डिटेल्स तो जरूरी होती हैं। दीमकों के बारे में मैंने काफी-कुछ पढ़ा...कि कैसे बढ़ती हैं, एंटी-टर्माईट वालों से भी बात की। लेकिन मैं पहले विषय चुनकर काम नहीं करता... कहानी में यदि विषय आता है तो उस पर काम करने से नहीं चूकता।

ओमा शर्मा : आपकी कहानियों में अवांतर प्रसंग बहुत होते हैं। जैसे 'अधेड़ औरत का प्रेम' में उन दो बहनों का प्रसंग, या 'लाल गोदाम का भूत' में निवेदक का अगनू के प्रति संवेदनशील रहते हुए भी एक क्रूर पूँजीवादी की तरह बिहेव करना...

प्रियंवद : सीधे-सपाट चरित्रों का होना कहानी की कमजोरी है क्योंकि जीवन में भी ऐसा नहीं होता। हर आदमी के स्याह-सफेद दोनों रंग होते हैं। इन दोनों का उभार उस चरित्र के अंतर्विरोधों को

उजागर करता है जो कहानी का हिस्सा होता है। अवांतर प्रसंग उस रूप में कहानी की जरूरत ही होते हैं, उसके प्रभाव को ज्यादा मारक बनाने के लिए।

ओमा शर्मा : बूढ़ों का होना भी आपकी कहानियों की लाक्षणिकता है। 'दो बूढ़े' बूढ़ों की कहानी है। 'बूढ़े का उत्सव' भी या फिर 'वे वहाँ कैद हैं' में दादू।

प्रियंवद : आपने मृत्यु को लेकर जो बात उठाई, यह बात उससे जुड़ी हुई है। वे मृत्यु के सबसे करीब होते हैं, शायद इसीलिए उनकी स्थितियों को देखकर में वाकई विचलित होता हूँ... जिस तरह उनको फालतू घोषित कर दिया जाता है... उनको भी भावनाओं की जरूरत है। शायद यह भी हो सकता है कि उनकी जगह खुद को रखकर देखने के कारण मैं डर जाता हूँ।

ओमा शर्मा : 'दो बूढ़े' कब लिखी थी? यह कहानी मुझे कमजोर लगती है। कमजोर इस अर्थ में कि इसमें निष्कर्ष जैसा निकाला गया है। हालाँकि निष्कर्ष में एक संतुलन रखने की कोशिश की गई है मगर कहानी निष्कर्षात्मक है। मुझे लगता है, आप सिर्फ एक बूढ़े की ही कथा कहते तो ज्यादा अच्छी कहानी बनती। एक बूढ़े का दूसरे के साथ कंट्रास्ट दिखाने के चक्कर में कहानी फिसल-सी गई है। प्रिमेडिटेटिड-सी...

प्रियंवद : हाँ, मैं जानता हूँ कि यह गलत है। कहानी इससे कमजोर हुई है। लेकिन यह मेरी बहुत शुरू की कहानी है। साहित्य में निष्कर्ष निकालना ही गलत है।

ओमा शर्मा : आपकी कहानियों में कविता की उपस्थिति मिलती है।

प्रियंवद : मतलब भाषा के रूप में या कविता के रूप में?

ओमा शर्मा : कविता के ही रूप में।

प्रियंवद : आपको क्या लगता है, यह कहानी को कमजोर करता है या...

ओमा शर्मा : नहीं, मैं उस रूप में नहीं कह रहा। बस यही कि कविता के अंकुर आप में अभी भी फूटते रहते हैं?

प्रियंवद : नहीं, ऐसा नहीं है। कविता को मैं छोड़ चुका हूँ। हाँ, कभी यह ज़रूर लगता है कि किसी दृश्य के चित्रण में कविता डाल दी जाए तो अलग प्रभाव आ जाएगा... जैसे 'फाल्गुन...' में किया गया है।

ओमा शर्मा : तो इसके लिए आप पुराने स्टॉक को काम में लेते हैं या तत्काल लिखते हैं, कथानक के तहत...

प्रियंवद : पुराना स्टॉक तो न मेरे पास है, न ही कथानक में उसका उपयोग करता हूँ। मैं उस दृश्य के लिए तुरंत लिखता हूँ... और फिर यह देखिए, लिखना क्या होता है? ज्यादा-से-ज्यादा दो या चार पंक्तियाँ!

ओमा शर्मा : ये बाताइए, कि साहित्य से आपकी क्या अपेक्षाएँ रहती हैं? आप एक स्थापित लेखक हैं। साहित्य आपके लिए क्या है?

प्रियंवद : अपने साहित्य से या साहित्य मात्र से?

ओमा शर्मा : साहित्य मात्र से।

प्रियंवद : देखिए, साहित्य को मैं बहुत ऊँची जगह पर रखता हूँ। उसका कारण यह नहीं कि साहित्य महान है। बस यही है कि वह जीवन को जीने का सलीका देता है। इसी के कारण आप अपना जीवन जीते हुए, दूसरे जीवनों के अनुभवों को देख और भोग सकते है। उससे जो समझ बनती है, किसी और से नहीं बन सकती है?

ओमा शर्मा : लेकिन आपके ही शब्दों में यह सामर्थ्य इतिहास भी देता है।

प्रियंवद : तो इतिहास और साहित्य में कोई फर्क नहीं है। दोनों के ही केन्द्र में मनुष्य है। वहाँ भी उसकी आकांक्षाएँ और जय-पराजय होती हैं। साहित्य भी मनुष्य के स्वप्न और उसकी मृत्यु की कहानी है। इतिहास में बस ये है कि उसकी राजनीतिक परिणति होती चली जाती है। बुनियादी फर्क नहीं है दोनों में।

ओमा शर्मा : लेकिन साहित्य में इतना घालमेल क्यों? मनुष्य ही हर साहित्यकार

के केन्द्र में होता है, तो इतनी उठापटक, इतनी राजनीति, गुटबाजी सब क्यों है?

प्रियंवद : देखिए, हर लिखी चीज तो साहित्य नहीं हो जाती। हर लेखक अपनी समझ से ही लिख सकता है। यह तो वक्त की छलनी है, जो फर्क करती चलती है।

ओमा शर्मा : लेकिन मजे की बात है कि हर लेखक इस विश्वास के साथ लिखता है कि उसका लिखा सार्वकालिक है, जबकि दूसरे सिर्फ तात्कालिक...इसका फैसला वक्त कर देगा। जो उसके जीते-जी तो अमूमन नहीं होता?

प्रियंवद : नहीं होता है। कबीर के साथ नहीं हुआ, जायसी के साथ नहीं हुआ फैसला। और छोड़िए, अभी तक यशपाल, इलाचंद्र जोशी या बलवंत सिंह के साथ नहीं हुआ।

ओमा शर्मा : लेकिन जब जायसी लिख रहे होंगे, तो हो सकता है, उनके जैसे दूसरे और पचास जायसी काल-कलवित हो गए हों, जबकि वे उनसे दोयम नहीं रहे होंगे?

प्रियंवद : निश्चित रूप से दोयम रहे होंगे। काल क्रूर अवश्य है लेकिन ईमानदार भी है। आप बताइए, जब प्रेमचंद लिख रहे थे, तब कौन उनके जैसा लिख पा रहा था?

ओमा शर्मा : क्यों सुदर्शन, या कुछ हद तक विश्वंभरनाथ शर्मा 'कौशिक' भी तो लगभग वैसा ही लिख रहे थे... आज उनका कहीं नाम ही नहीं है।

प्रियंवद : नहीं, बहुत फर्क है। भाषा के स्तर पर देख लें तो फर्क दिख जाएगा। समझ और संवेदना में दिख जाएगा। बहुत अच्छा लिखने के बाद भी वे वैसा नहीं लिख रहे थे। क्यों गुलेरीजी की 'उसने कहा था' को कोई नजरअंदाज नहीं कर पाता? या सुदर्शनजी की 'हार की जीत'? रचना का पैमाना बहुत समय माँगता है। उसका मूल रूप में आना, स्थापित होना, फिर छपना, लोगों तक पहुँचना, फिर उस पर बहस होना...यह लंबी प्रक्रिया है।

इसमें समय लगता है। आप काफ्का को देखिए। मुक्तिबोध को देखिए, वान गॉग की एक भी पेंटिंग उसके जीते-जी नहीं बिकी। उधर वी.पी सिंह ने कविताएँ लिखीं, पेंटिंग की, नरसिंहराव ने भी उपन्यास लिखा, अटलजी कवि हैं... क्या हुआ? तो काल झाड़ू तो चलाता है।

ओमा शर्मा : आपके यहाँ कई चरित्रों की स्थितियाँ विक्षिप्त की हैं।

प्रियंवद : वह इसलिए कि असामान्य जीवन मुझे आकर्षित करता है।

ओमा शर्मा : आपकी कहानियों में प्रेम और सेक्स के अलावा जो चीज बड़ी गहराई से आई है, वह है वैचारिक उद्वेलन। यह कई तरह से है। जैसे विचार के स्तर पर वामपंथ या व्यवस्था-विरोध आपकी कहानियों का प्रमुख स्वर है।

प्रियंवद : मनुष्य की स्वतंत्रता को मैं सबसे महत्त्वपूर्ण मानता हूँ और इस रूप में धर्म, समाज और राज्य—किसी भी देशकाल में इसके विरोधी रहे हैं। यदि मनुष्य स्वतंत्र होगा, तो सीधी बात है, इन व्यवस्थाओं को खतरा लगता है। इनका काम ही मनुष्य को अपने अंकुशों, नियमों और प्रावधानों में बाँधना है। मैं यह मानता हूँ, मनुष्य को हर तरह की स्वतंत्रता मुहैया होनी चाहिए। यदि आप मनुष्य की बात कर रहे हैं, जो साहित्य का केंद्र होता है... तो व्यवस्था-विरोध तो उसके मूल में आएगा ही। दुनिया में कोई भी साहित्य व्यवस्था के पक्ष में रखकर नहीं लिखा गया। यूँ तो फासिज्म के समर्थन में भी लिख गया। आज भी हिंदूवाद के समर्थन में लिखा जा रहा है, लेकिन वह कभी साहित्य नहीं बना और न बनेगा। साहित्य को अंततः मनुष्य की चीख बनना ही है।

ओमा शर्मा : मगर इन तीनों को आखिर बनाया तो मनुष्य ने ही है?

प्रियंवद : बिलकुल, यही तो विरोधाभास है। इन तीनों का जो सर्वोच्च स्वरूप मनुष्य ने सोचा, ये वैसे नहीं बने। ये सब विकृत अवस्था में ही अपनी निरंकुशता को जीना चाहते हैं... क्योंकि यदि ये

सब अपनी सर्वोच्च अवस्था तक पहुँच गए तो ये भी मनुष्य की स्वतंत्रता की बात करने लगेंगे। फिर इनका अस्तित्व ही खत्म हो जाएगा। जैसे राज्य को बनाने की संकल्पना के पीछे मंतव्य था, नागरिकों को सुरक्षा प्रदान करना। मगर राज्य-सत्ताओं का प्रथम काम अब खुद को बनाए रखना हो गया है। वह मनुष्य को गुलाम-जड़ बनाए रखने पर सबसे ज्यादा विश्वास करता है। धर्म का जन्म भी मनुष्य की मुक्ति और समानता के भाव से हुआ...

ओमा शर्मा : तो साहित्य का काम क्या सिर्फ व्यवस्था-विरोध तक ही सीमित है या कोई वैकल्पिक व्यवस्था प्रस्तुत करना भी है?

प्रियंवद : साहित्य वैकल्पिक व्यवस्था प्रस्तुत कर नहीं सकता। इसका कारण है। हर लेखक के पास इतना ज्ञान नहीं होता कि चीजों का विकल्प प्रस्तुत करे। वह बहुत अध्ययन और समझ माँगता है। दूसरे, मान लीजिए उसने कोई सैद्धांतिक विकल्प प्रस्तुत भी किया, तो उसे कार्यान्वित करने के लिए जो संस्थाएँ चाहिए उनके बारे में लेखक कुछ नहीं कर सकता। केवल चिंतन के रूप में ही वह कुछ दे सकता है, बस।

ओमा शर्मा : यह तो बहुत आधी-अधूरी भूमिका है साहित्य की... कि आप सिर्फ विरोध करें।

प्रियंवद : हाँ, सच यही है। साहित्य एक चीख से ज्यादा कुछ नहीं होता। साहित्य की भूमिका आधी-अधूरी ही है। इसमें कोई मुगालता नहीं होना चाहिए। साहित्य समाज के आगे चलने वाली कोई मशाल नहीं है। फिर भी, उसकी निरंतरता का एक राज़ है। मनुष्य का संघर्ष कभी खत्म नहीं होता, इसलिए आधा-अधूरा सही, पर साहित्य भी कभी खत्म नहीं होगा। आप क्यों चाहते हैं कि साहित्य की कोई निर्णायक भूमिका हो जाए? क्या धर्म, समाज या राज्य की निर्णायक भूमिका हो जाती है?

ओमा शर्मा : निर्णायक न सही, महत्त्वपूर्ण तो होती ही है जबकि साहित्य तो

हाशिए की चीज हो गया है। धर्म आज कोई हाशिए की चीज नहीं है।

प्रियंवद : यही तो बुनियादी फर्क आता है। साहित्य धैर्य, चिंतन और समय माँगता है, बाकी नहीं। आपने आज कुछ लिखा, उसे कल कोई पढ़ेगा। पढ़ेगा भी कि नहीं, यह जरूरी नहीं। पढ़कर उस पर कुछ अमल करेगा, यह तो और भी नहीं। जबकि राज्य ने आज कोई फैसला किया और उसी दिन से वह लागू करने में सक्षम होता है। धर्म तत्काल चीजों को बदलने की शक्ति रखता है।

ओमा शर्मा : लेकिन यह जो दौर है उथल-पुथल का, संक्रमण का, क्या इसमें साहित्य की कोई भूमिका हो सकती है?

प्रियंवद : हो सकती है, मगर बहुत सीमित ही। मुझे निर्मल वर्मा की बात अच्छी लगती है। साहित्य अँधेरे में चमकी किसी कौंध की तरह है। या एक माचिस की तीली जलने भर तक... उतनी देर में आपने जो देख लिया, देख लिया। उसके बाद रास्ता आपको ही ढूँढ़ना है। साहित्य उस अँधेरे में हाथ पकड़कर बाहर तक का रास्ता नहीं दिखा सकता।

ओमा शर्मा : 'वे वहाँ कैद हैं' में विचार के स्तर पर कई चीजें उद्वेलित करने वाली हैं। वहाँ समाज के पतन का जैसे अचूक फलसफा निहित है ... कि पतनोन्मुख समाज में पहले संवेदना मरती है, फिर अतीत का गौरवगान, फिर वर्तमान के मूल्य मरते हैं, फिर तानाशाह का जन्म... इसके पीछे क्या मंशा थी?

प्रियंवद : आप यह देखिए कि आज हमारे समाज में यही सब, इसी क्रम में तो घटित हो रहा है। यह एक क्रम है। इसमें मेरा मौलिक चिंतन नहीं है। टॉयनबी की एक किताब है 'ए स्टडी ऑफ हिस्टरी'। उसमें उसने नष्ट होने वाले 21-22 समाजों व सभ्यताओं का अध्ययन किया है। टॉयनबी ने कहा है कि एक पतनोन्मुख समाज में जब प्रजातंत्र खत्म होता है तो हाथ

में तलवार लिए एक त्राता का आगमन होता है। आदमी को उसमें अपनी मुक्ति दिखने लगती है। हिटलर जब सड़कों पर निकलता था तो जवान लड़कियाँ उसे देखकर खुशी के आँसू बहाती थीं... कि वह जा रहा है हमारा त्राता। आज हमारे यहाँ भी बहुत त्राता पैदा हो गए हैं। उनके हाथों में तलवारें भी हैं। उनके लिए अनिवार्य हो जाता है कि वे किसी से युद्ध करें। युद्ध करना उनकी नियति है। इतिहास का क्रम है। मंशा यही बताना है कि हम कहाँ जा रहे हैं।

ओमा शर्मा : किसी कथानक के अनुरूप एक चरित्र अपने विचार व्यक्त करता है जिसे लेखक ही कराता है। उन विचारों में और लेखक के विचारों में कोई डायकॉटमी होती है या उन विचारों को अभिव्यक्त करने के लिए ही चरित्र बनाया जाता है?

प्रियंवद : कई बार विचारों की अभिव्यक्ति के लिए ही चरित्र होता है, जैसे 'वे वहाँ कैद हैं' इन विचारों की अभिव्यक्ति के लिए ही लिखा गया। 'फाल्गुन की एक उपकथा' भी।

ओमा शर्मा : तो मैं इस उपन्यास का एक वक्तव्य कोट करना चाहता हूँ, चिन्मय दादू से कहता है 'धार्मिक राष्ट्र कोई पाप नहीं है।' दादू प्रतिकार करते हैं। इसमें लेखक को किसके साथ खड़ा मानें?

प्रियंवद : यह तो चिन्मय और दादू का द्वंद्व है। दोनों पक्षों के पास अपने तर्क हैं।

ओमा शर्मा : ये तर्क उतने वायवीय भी नहीं हैं। जैसे चिन्मय कहता है कि उनकी (मुसलमानों की) बस्तियों में बिजली वाले नहीं जा सकते, एक्साइज वाले नहीं जा सकते... कोई सरकारी आदमी नहीं घुसता....

प्रियंवद : हाँ, ये तथ्य एकदम सही हैं। उनके घरों में कोई सरकारी आदमी नहीं जाता। कथित राष्ट्रवादियों के पास यही कुछ गिने-चुने तो तर्क हैं... एक यह कि उनकी आबादी बढ़ रही है... एक दिन वे गिनती में हमसे ज्यादा हो जाएँगे और हमें फिर गुलाम

बना लेंगे, यह कि ये कभी किसी के साथ नहीं रह सकते, यह कि सरकार इनको तुष्ट करती रहती है, यह कि उन पर कोई सरकारी नियंत्रण नहीं है। ऐसे तर्क किसी भी आम आदमी के गले खूब उतरते हैं। आज राष्ट्रवाद उन्होंने अपनी झोली में डाल लिया है। भगतसिंह और विवेकानंद उनके हैं। कल गांधी का भी बँटवारा करेंगे। पर फिर भी, किसी मुद्दे पर चिंतन के वक्त या बहस के वक्त उनका पक्ष भी रखना चाहिए, तभी बात पूरी तरह से तय हो पाएगी।

ओमा शर्मा : यह तो वही निष्कर्ष-सा निकालने वाली बात हुई।

प्रियंवद : इससे लेखक की पक्षधरता आएगी, निष्कर्ष तो शायद फिर भी नहीं निकले।

ओमा शर्मा : लेकिन वह भी तो प्रीमैडिटेटिड हो जाएगा?

प्रियंवद : लेखक को तो पता ही है कि वह कहाँ खड़ा है।

ओमा शर्मा : लेखक नहीं, पाठक को भी पता हो जाएगा कि जो दूसरी चीजें हैं, छलावे के तौर पर डाली गई हैं, जिन्हें अंत में ध्वस्त कर दिया जाएगा।

प्रियंवद : यह तो लेखक के शिल्प की असफलता है।

ओमा शर्मा : व्यवस्था-विरोध के अलावा दूसरा प्रमुख विचार है सांप्रदायिकता के विरोध का, जो आपके लेखन में उभरता है। वह लगभग हावी है। इसके पीछ क्या है?

प्रियंवद : कुछ तो मेरे अनुभव ही हैं। सन् चौरासी में जो सिखों की हत्याएँ हुईं उसमें दिल्ली के बाद कानपुर का दूसरा नंबर था। मैंने अपनी आँखों से देखा। दूसरे छिटपुट हादसों को भी मैंने देखा। इसके अलावा मेरा अपना इतिहासबोध है। सांप्रदायिकता का वर्तमान उन्मादी उभार, मेरी अपनी समझ में अब इस देश के नष्ट होने या विघटित होने का कारण होने जा रहा है। मनुष्य होने की गरिमा और उसकी स्वतंत्रता को यही जहर नष्ट करेगा। गुजरात में एक परचा बँटा है कि मुसलमानों का

बहिष्कार करो। अब मेरी कार का मैकेनिक नब्बन अली है, जो घर पेंट करता है वो हसन है, बाल काटता है वह मुनीर है, मेरा स्कूटर जो बनाता था अनवरुल हक... मैं क्या इन लोगों से (राष्ट्रवादियों से) इजाजत लूँ कि मैं किससे क्या करवाऊँ? आप देखें कि कश्मीर के समर्थन में एक भी मुसलमान ने कभी आवाज नहीं उठाई। राम पर गीत लिखे उन्होंने, औरंगजेब पर नहीं लिखे। कृष्ण पर गीत लिखे, बाबर पर नहीं, हिंदुस्तान की सभ्यता-संस्कृति पर लिखे। मैं ऐसी सैकड़ों रचनाएँ बता सकता हूँ।

ओमा शर्मा : अल्पसंख्यकों या मुसलमानों को लेकर, उनकी संवेदना को लेकर आपने या दूसरे लाखों लेखकों ने कलम चलाई है लेकिन उनकी त्रासदी भुगतते कश्मीरी पंडित हैं जिनकी संख्या हजारों में है, उनकी व्यथा पर किसी ने नहीं लिखा।

प्रियंवद : पहले तो आप ये बताएँ कि हिंदी में ही राही मासूम रज़ा और शानी को छोड़कर मुसलमानों पर लिखा किसने है? कहाँ हैं वे लाखों लेखक? यह मुगालता क्यों है? लाखों छोड़िए, कुछ ही हिंदू लेखक बताइए? मुझे 'फाल्गुन...' इसीलिए उपलब्धि लगती है कि मैंने एक अल्पसंख्यक की मानसिकता पर लिखा। हिंदू लेखक अल्पसंख्यक पर नहीं लिख सकते—चाहे वह हिंदू हो या मुसलमान क्योंकि वे उस भय को नहीं जानते।

ओमा शर्मा : कश्मीर के मुसलमान लेखकों ने पंडितों के विस्थापन या उनकी पीड़ाओं पर नहीं लिखा।

प्रियंवद : हाँ, तो यही बात है। दोनों तरफ के लेखक सुसंस्कृत विषयों पर लिखना ज्यादा पसंद करते हैं या लिखा भी तो बहुत छिटपुट तौर पर... एकाध कहानी लिख दी। पर कोई नहीं लिखने वाला है। उन सवालों में कोई जाने को तैयार नहीं होगा। ये बड़े सवाल हैं। पूरी दुनिया में आज अल्पसंख्यक की स्थिति पर नए तरीके से और निर्ममता के साथ सोचा जा रहा है। हर जगह वह असुरक्षित होगा।

ओमा शर्मा : लेकिन मैं एक और चीज कहना चाहता हूँ। आपके किसी कहानी या उपन्यास में यदि कोई मुसलमान चरित्र आता है, तो मुझे पता होता है कि अंत में उसके मुसलमान होने पर चोट आएगी ही। एक सामान्य चरित्र के रूप में वह नहीं आ पाता। जैसे प्रेम या सेक्स को लेकर आप जो कथा बुनते हैं, तो कोई हिंदू चरित्र ही लेते हैं जबकि इसके लिए यह संवेदनात्मक घर्षण तो किसी के साथ भी पैदा किया जा सकता है। आपके मुस्लिम चरित्र अपनी खोल से बाहर ही नहीं आ पाते?

प्रियंवद : अल्पसंख्यक चरित्र लेते ही इसलिए हैं क्योंकि हमें उसका अल्पसंख्यक होना ही उसकी सबसे बड़ी समस्या लगती है। प्रेम मुझे उसकी समस्या लगती ही नहीं। बुरका ओढ़कर एक लड़की घर से कॉलिज तक जाते हुए जिस आतंक को जीती है, मुझे उसकी वह समस्या ज्यादा अहम लगती है। वो प्रेम क्या करेगी?

ओमा शर्मा : अरे, वो मुस्लिम लड़के से तो प्रेम करेगी? और फिर जिन वर्जनाओं की आप बात करते हैं, क्या उस पर लागू नहीं होंगी? जैसे मैं साफ कहूँ कि आपकी 'अधेड़ औरत' या 'कैक्टस की नीव देह' की वनि, मुस्लिम क्यों नहीं हो सकती थी?

प्रियंवद : यह बात मैं मानता हूँ। पर इसका कारण यही है कि प्राथमिकता के तौर पर मैं कहीं और होता हूँ। लेकिन मैं आपकी बात से सहमत हूँ कि हमें उन्हें भी सामान्य चरित्र के रूप में लेना चाहिए।

ओमा शर्मा : भारतीय संदर्भ में सांप्रदायिकता का सवाल हिंदू बनाम मुसलमान तक ही सीमित रह जाता है, जबकि संप्रदायों के तौर पर सिख, ईसाई, पारसी, सिंधी भी इस मुल्क में रहते हैं।

प्रियंवद : सभी का नंबर आएगा। बौद्धों का भी, दलितों का भी, या जो भी आपने गिनाए हैं, उनका भी। मुसलमानों की बात इसलिए ज्यादा हो जाती है, क्योंकि उनकी संख्या सबसे ज्यादा है। उनके प्रति घृणा का पूरा इतिहास भी है।

ओमा शर्मा : नहीं, बात मैं इस अल्पसंख्यक मानसिकता को जीने के आतंक की कर रहा था जिसका आपने जिक्र किया है... मतलब यह आतंक किसी ईसाई या सिख में आनुपातिक रूप से और ज्यादा होना चाहिए।

प्रियंवद : इनके ऊपर अभी हमला शुरू नहीं हुआ है।

ओमा शर्मा : क्यों नहीं हुआ है?

प्रियंवद : इसलिए कि उन्हें अभी दूसरा ज्यादा बड़ा दुश्मन नजर आ रहा है। उसके बाद उन पर भी होगा। बीच-बीच में उन पर यूँ हुआ भी है। आज यदि मैं मुसलमान या ईसाई बनना चाहूँ, तो नहीं बन सकता। कमलादास (प्रसिद्ध मलयाली कवयित्री जिसने इस्लाम स्वीकार किया और सुरैया नाम धारण किया) को धर्मांतरण के बाद क्या कुछ नहीं झेलना पड़ा। हमारी कोई धार्मिक स्वतंत्रता या सहिष्णुता नहीं बची है। यह कट्टरपन ही विघटन की स्थिति है। यहाँ से काल खंडित होता है... इससे पहले का और इसके बाद का।

ओमा शर्मा : ऐसी स्थिति में इनलाइटंड समाज की कोई भूमिका आपको दिखती है... इस सैलाब को रोकने में, उसका प्रतिरोध करने में?

प्रियंवद : इनलाइटंड समाज की कोई भूमिका बची ही नहीं है... वे काली पट्टी बाँधकर जुलूस निकाल देंगे। लेख लिख देंगे... पर अवश्यंभावी को टालने में वे कहीं नहीं हैं। जैसा मैंने पहले कहा... राज्य या धर्म-सत्ता के निर्णय तत्काल प्रभावी होते हैं... संवेदनशील रचनाकार को अपनी बात लोगों तक पहुँचाने में ही बहुत समय लगता है। आपका प्रतिरोध न सुनाई देगा न दिखाई देगा इसलिए जो भूमिका होती भी है, वह तूती की आवाज बनकर रह जाती है। जब पतन और विघटन का समय होता है, तो इनलाइटंड समाज इसी तरह सबसे पहले नेपथ्य में जाता है।

ओमा शर्मा : टॉयनबी के अध्ययन के आधार की मुझे जानकारी नहीं है

लेकिन यह क़यास लगा सकता हूँ कि वे सभी सेल्फ कन्फाइंड सोसायटीज होंगी जो कि अभी तक के समाज रहे हैं। आज समाजों का पारस्परिक जुड़ाव है। वैश्विक व्यवस्था बदल गई है। आज यदि भारत में कुछ निरंकुश रूप में हो रहा है, तो वह ज्यादा देर चल नहीं सकता क्योंकि अब उसका एक पाँव यूरोप में भी है और अमेरिका में भी। विश्वस्तर पर तरह-तरह का व्यवस्था-परिवर्तन क्या पतनोन्मुखता के लिए अड़चन पेश नहीं कर सकता?

प्रियंवद : एक बात बताइए... किसकी दिलचस्पी इसमें है कि भारत सुदृढ़ रहे? एक रहे, मजबूत रहे? वह अगर पतनोन्मुख है, तो किसे दिक्कत है?

ओमा शर्मा : कुछ हद तक पश्चिमी देशों को भी या विश्व में फैले भारतीय मूलकों को।

प्रियंवद : आप बहुत बड़ी गलतफहमी में हैं। उनको क्यों होगी?

ओमा शर्मा : बहुत बड़ा बाजार है भारत।

प्रियंवद : बाजार तो वो फिर भी रहेगा... भारत यदि छह टुकड़ों में बँट जाता है, तो उनके लिए छह बाजार खुलते हैं। हथियारों का बाजार तो भारत तभी बनता है जब वह कमजोर हो, सेना बॉर्डर पर पड़ी रहे। मजबूत भारत अपने पड़ोसियों को ही नहीं, पश्चिमी देशों के लिए भी खतरा है। आखिर हम आठ सौ साल गुलाम क्यों रहे? ग़ज़नी से एक आदमी मथुरा तक यूँ चला आता है, जैसे सड़क पर टहल रहा हो। उसे कोई रोकने वाला नहीं है क्योंकि छोटे-छोटे हिस्सों में बँटा भारत दूसरे सबके लिए सुविधाजनक है।

ओमा शर्मा : तो क्या हमारा पतन होना लाजमी है?

प्रियंवद : पतन इतिहास की अनिवार्यता है। क्या समाज नष्ट नहीं होते? सभ्यताएँ खत्म नहीं होतीं? स्प्रिंगलर कहता है कि जैसे मनुष्य-शरीर डिके होकर खत्म होता है, ऐसे ही समाज डिके होकर

खत्म होते हैं। पाँच हजार साल तक आपने अपनी सभ्यता पर गर्व कर लिया है, और कितने दिनों गर्व करना चाहते हैं? आप उलटी तरफ से चलिए... सकारात्मक आपको क्या दिखता है? क्या कोई संस्था काम कर रही है आपकी? क्या कोई प्लैनिंग है आपके पास? कोई स्वप्न है आपके पास? प्रजातंत्र की सबसे निकृष्टतम संभव स्थितियाँ आपके पास हैं। जिसे आप जेल में, समाज से अलग रखते हैं—कि वह उसमें रहने लायक नहीं है—वह संसद में कानून बनाने लगता है। कैसा प्रजातंत्र, कैसा राज्य? जब सपने मर जाते हैं तो व्यक्ति हो या देश, ज्यादा दिन जी नहीं सकता। आप भाजपा के विरोध में बसपा को वोट देते हैं और दोनों मिलकर सरकार बना लेते हैं! आपके वोट का क्या हुआ? यह कौन-सा प्रजातंत्र है? नब्बे प्रतिशत लोग जिसे कहते हैं कि वे उसे नहीं चाहते, वही जनता का प्रतिनिधित्व करता है। जो संविधान का एक शब्द नहीं पढ़ सकता, वह उसकी सौगंध खाता है...

ओमा शर्मा : आपके अनुसार यदि इस पतन के पीछे सबसे अधिक जिम्मेवार सांप्रदायिकता है, तो एक धर्म, एक राष्ट्र की अवधारणा को कार्यान्वित करके इस विघटन को रोका जा सकता है?

प्रियंवद : और किसी मुल्क में तो यह संभव है। इजरायल में हो सकता है। भारत में यह विकल्प नहीं है। यहाँ बहुलता की संस्कृति ही इसकी पहचान है।

ओमा शर्मा : लेकिन यही इसे नष्ट किए जा रही है?

प्रियंवद : नहीं, वही इसे बचाए हुए है। हमेशा इसी ने बचाया। अगर वेदों से गांधी तक लगभग अखंडित, गृहयुद्धविहीन भारत दिखता है, तो इसीलिए। इसके बाद यह बहुलतावाद जैसे ही खत्म हुआ, वैसे ही हम पचपन सालों में तीन टुकड़े हो गए। यह संयुक्त परिवार वाली बात है। यदि सदस्य मिलजुल के रह सकते हैं तो कोई खतरा नहीं है, नहीं तो नहीं...

ओमा शर्मा : लेकिन यह भावना तो दूर-दूर तक नहीं है। जहरबाद फैल चुका

है। अभी तक रिटैलिएट नहीं हुआ है, मगर जाहिर है, कल होगा। तो विकल्प क्या है?

प्रियंवद : कोई विकल्प नहीं है। हम नष्ट होंगे ही। एक लेखक की आँख से तो मुझ यही सब दिख रहा है। बहुत अच्छी बात होगी यदि मैं पूरी तरह गलत साबित होऊँ। लेकिन फिलहाल तो...

ओमा शर्मा : आप दलित-साहित्य पढ़ते हैं?

प्रियंवद : हाँ।

ओमा शर्मा : क्या उनकी पीड़ाएँ सवर्ण पीड़ाओं जैसे भूख, गरीबी, शोषण से अलग होती हैं?

प्रियंवद : आर्थिक रूप से निर्बल होने के अलावा उनकी जातिगत पीड़ाओं को हम नहीं समझ सकते। जिस भाषा को, जीवन को वे बरदाश्त करते हैं, हम नहीं कर सकते। 'अक्करमाशी' पढ़ना मेरे लिए विकट अनुभव था।

ओमा शर्मा : 'हंड्रेड इयर ऑफ सॉलिट्यूड' की गिनती आप सदी की सबसे महत्त्वपूर्ण पुस्तकों में करते हैं, तो इसके पीछे क्या उसकी कलात्मक, शिल्पगत या भाषागत उत्कृष्टता है या अंतर्निहित वेदना...

प्रियंवद : देखिए, इन सबमें कोई बहुत फर्क नहीं है। आप किसी रचना को उसकी संपूर्णता के बजाय इतने छोटे-छोटे खाँचों में मत बाँटिए। जैसा मैंने कहा, साहित्य अंततः तो एक चीख है।

ओमा शर्मा : लेकिन चीख और शोर में फर्क है या नहीं?

प्रियंवद : बहुत फर्क है। चीख यातना की नोक पर टँगी होती है।

ओमा शर्मा : पिछले दिनों जो दलित आत्मकथाएँ आई हैं, हिंदी में और अनुवाद के जरिए, उन्हें पढ़ते हुए आप क्या महसूस करते हैं?

प्रियंवद : मैंने अभी पढ़ी नहीं हैं।

ओमा शर्मा : क्यों नहीं पढ़ी हैं?

प्रियंवद : बस यूँ ही। दूसरे, आत्मकथाओं को लेकर मेरी कुछ अपनी गाँठें

हैं। 'जूठन' की समीक्षा देखी थी। 'अपने-अपने पिंजरे' के बारे में पढ़ा था।

ओमा शर्मा : लेकिन उनका मूल स्वर...

प्रियंवद : हाँ, यह दोष तो जाहिर है। सभी का मूल स्वर एक-सा है। यही नहीं, दलित लेखकों की कहानियों में भी वही बात होती है। दलित लेखकों की कहानियाँ प्रीमैडिटेडिड होती हैं। लेकिन इन लोगों का मुख्य उद्देश्य अपनी बात कहना है। आप उनकी कला-वला में मत जाइए। हिंदी में, वैसे भी यह थोड़ा देर से आया है। इसलिए इसका सही रूप आने में समय लगेगा।

ओमा शर्मा : आपकी कहानियों में वैचारिक दृष्टि या अंतर्दृष्टि, कथा-रस की तरह ही अहम होती है, जो दरअसल चरित्रों के माध्यम से आती है। या कहूँ कि लगता है, आपने इस वैचारिक धुँधलके को छीजने के लिए ही कथा का तानाबाना पिरोया है। इस संदर्भ में चरित्र की खासियत तीसरे स्तंभ के रूप में आती है... मतलब कथानक, विचार और चरित्र के आख्यान में कहानी गड्डमड्ड होने लगती है। इसका सबसे ज्वलंत उदाहरण है 'टैरेस पर एक सेनानायक'। कहानी शुरू होती है जमीन के दस्तावेज को लेकर। उसमें बहुत सारी डिटेल्स हैं, जो चौंकाती हैं। लेकिन जिस बिंदु से वह प्रारंभ होती है, वह ओझल ही हो जाता है... उपकथाएँ ही कहानी को ओवरटेक कर लेती हैं।

प्रियंवद : असल में इस कहानी को मैंने उपन्यास-अंश की तरह धीरेंद्र अस्थाना को दिया था। लेकिन उसने इसे कहानी की तरह छाप दिया। जब कहानी की तरह छप गया, तो फिर मैंने उस पर काम करना छोड़ दिया... पूँजी और ट्रेड यूनियनों को लेकर मैं लिखना चाह रहा था।

ओमा शर्मा : आपकी कहानियों का जो 'मैं' चरित्र है, दूसरे लेखकों में 'मैं' से काफी अलग होकर आता है। यह सिर्फ तारीफ की बात नहीं, अनुभूति की बात है। दूसरे लेखकों का 'मैं' थोड़ा-बहुत आगा-पीछा कर लें, तो लेखक ही होता है। आपके यहाँ 'मैं'

बहुत निर्मम और आत्मघाती रूप में आता है, जो आत्मव्यंजना से कहीं आगे जाता है? जैसे 'पलंग' कहानी 'मैं' शैली में लिखना बेहद साहसिक है।

प्रियंवद : 'मैं' में कहानी लिखना ज्यादा सुविधाजनक होता है। यह शैली मुझे पसंद है। नितांत गोपनीय और व्यक्तित्व की जटिल बातें उसकी मार्फत आसानी से संप्रेषित हो जाती हैं।

ओमा शर्मा : सेक्स और प्रेम को लेकर आपकी कहानियाँ एकदम विशिष्ट हैं। इन्हें लेकर आपके यहाँ जो खुलापन है, न सिर्फ सहज है बल्कि आपके पात्रों में किसी प्रकार का कोई गिल्ट या गाँठ नहीं है.. यह लगभग यूरोपियन-सा है...?

प्रियंवद : पहले तो यह बात दिल से निकाल दीजिए कि यह खुलापन यूरोपियन है। यह पूरी तरह भारतीय है। दुनिया की दूसरी कोई सभ्यता या संस्कृति सेक्स को लेकर इतनी उन्मुक्त नहीं रही, जितनी कि हमारी। हमारे यहाँ कामसूत्र लिखने वाले को महर्षि कहा गया है। दूसरे, यदि आप इसे बुरा नहीं मानते, तो यह जिंदगी की दूसरी जरूरी चीजों... जैसे भूख आती है, नींद आती है... तो उसी तरह सेक्स भी आएगा। हाँ, यदि आप इसे बुरा मानते हैं, तो यह एक वर्जना या गाँठ की तरह आएगा। मेरे साथ ऐसा बिलकुल नहीं है। मेरे लिए यह बहुत स्वाभाविक जीवन है। सेक्स को लेकर आखिर मनुष्य में आवेग तो होता ही है, वह एक सत्य है।

ओमा शर्मा : मेरा अभिप्राय यह था कि हमारे आसपास का जो वातावरण है, सामाजिकता के दबाव हैं, उनसे आपके पात्र काफी स्वतंत्र हैं।

प्रियंवद : हो सकता है। लेकिन यदि मैं किसी ऐसी चीज पर यकीन करता हूँ जिसे समाज नहीं मानता, तो मेरे विरोध का यह तरीका भी हो सकता है कि मेरे पात्र उन सब वर्जनाओं या निषेधों से मुक्त हो जाएँ।

ओमा शर्मा : जैसे अवैध संबंधों को लें... तो आपके यहाँ वे बड़े सहज होते हैं।

प्रियंवद : संबंधों में अवैध कुछ नहीं होता। यह भी एक सामाजिक अंकुश है जिस पर चीजों को रखकर खारिज किया जाता है। आप यदि समाज के कारण किसी के साथ अपने संबंधों को खुलकर नहीं जी सकते और मन-ही-मन या छिप-छिपकर जीते हैं, तो बच क्या जाता है? इसमें जबर्दस्ती तो चलती नहीं। मजेदार बात है कि ऐसा आवेग दूसरी बहुत कम भावनाओं में मनुष्य में होता है। इस ईमानदारी को अगर स्वीकार कर लीजिए तो सब सहज हो जाएगा।

ओमा शर्मा : 'अधेड़ औरत' में अवैध संबंधों का पूरा दर्शन पेश किया है... इसमें जो आवेग, रहस्यमयता, गोपनीयता है, आकर्षित करते हैं। मुझे लगता है कि अवैध संबंध किसी प्रक्रिया के नैरंतर्य के रूप में ज्यादा जायज ठहरता है क्योंकि जिस आवेग या रहस्यमयता की बात आप कर रहे हैं, वह तो हर संबंध में एक डेड-एंड पर अटकेगी ही...

प्रियंवद : जैसा मैंने कहा, मैं वैध-अवैध को नहीं मानता। सिर्फ शरीर के आधार पर ही कोई संबंध नहीं होता। होता तो प्रेम ही है, मगर शरीर के माध्यम से उसे अभिव्यक्ति मिलती है। जब आप अवैध संबंध में होते हैं तो भावना के स्तर पर एक अंकुश उस पर रहता है, जिसे तोड़कर आप प्रेम करते हैं। पति-पत्नी के बीच कोई वर्जना नहीं होती, अतः उसमें आवेग नहीं रहता है। अवैध संबंध को निभाने के लिए कलेजा चाहिए। कितनी हत्याएँ अवैध संबंधों को लेकर होती हैं? इतना आवेग होता है तभी तो। यह तो एक बात है। दूसरी, मुझे लगता है कि मनुष्य को स्वतंत्रता का अधिकार है। उसे यह हक है कि वह कैसे जिए, किसके साथ जिए। मुझे लगता है, जितनी देर आप तथाकथित अवैध संबंध को जी रहे होते हैं, कम-से-कम उतनी देर तो आप अपनी स्वतंत्रता का उपयोग-उपभोग कर रहे होते हैं। समाज के बनाए दायरों को ठेंगा दिखा रहे होते हैं। जहाँ तक एक के बाद दूसरे या तीसरे संबंध की बात है, वह तो जीवन में कम

ही होता है। हो भी तो कोई बुरा नहीं। बहुत फर्क नहीं पड़ता। लोग कमिटिड होते हैं। अवैध संबंध मुझे ज्यादा ईमानदारी से जिया हुआ लगता है।

ओमा शर्मा : आपकी रचनाओं के बरक्स बात करूँ तो मुझे लगता है, आपके चरित्र बहुत अतृप्त हैं। जैसे 'कैक्टस की नावदेह' में वनि अतृप्त है। 'बोसीदनी' में भी यह बात है। 'एक पीली धूप', 'होठों के नीले फूल', 'नदी होती लड़की' या फिर दूसरे संग्रह पर आएँ तो 'उस रात की वर्षा' में या 'रेत'... इन सभी कहानियों में प्रेम को लेकर जो अतृप्ति है, चरित्र उससे ग्रसित हैं।

प्रियंवद : यदि आपने प्रेम नहीं किया तब तो अतृप्ति होगी ही। आधा-अधूरा किया, तब भी होगी। हमारे आसपास जो जीवन है, उसकी नस पर हाथ रखकर देख लीजिए... आपको अतृप्त आत्माएँ ही मिलेंगी। विवाह का मतलब प्रेम में तृप्त होना नहीं है। प्रेम में तृप्ति मिलना बहुत मुश्किल है। मिलती है कभी, तो टुकड़ों में।

ओमा शर्मा : क्या इसे इस रूप में नहीं लिया जा सकता कि प्रेम या सेक्स के मामले में चूँकि आप स्वयं अतृप्त हैं, इसलिए आपके चरित्र भी...

प्रियंवद : बिलकुल लिया जा सकता है। लेकिन एक बात ज़रूर कहना चाहता हूँ... कि किसी भी प्रेम-संबंध को परिपक्व होने में समय लगता है। प्रेम को पहचानने में, अनुभव करने में भी समय लगता है... बाहर खड़े होकर और नदी के भीतर खड़े होकर उसके प्रवाह को महसूस करने में बड़ा फर्क होता है। और प्रेम तो आप गले तक डूबकर ही महसूस करते हैं। मैं अपने बारे में भी नहीं कह सकता कि प्रेम-संबंध होने के बावजूद मैं पूरी तरह तृप्त हूँ। शायद कभी भी न होऊँ? शायद यह बेहतर भी है, क्योंकि यह अतृप्ति ही उस प्रेम के आवेग उसकी उग्रता को बनाए रखती है।

हरिनारायण : 'नदी होती लड़की' में वह लड़की अतृप्त है लेकिन अंत में वह भी अपने पति से तृप्त हो जाती है।

प्रियंवद : उस क्षण में हो जाती है।

हरिनारायण : नहीं, उसका सार यही निकलता है कि यदि मल्लाह कुशल है, तो वह औरत को नदी बना सकता है। उस कहानी में सीधे रूप में देह, प्रेम पर हावी हो जाती है।

प्रियंवद : पति के साथ वह होती है, मगर तृप्त वह प्रेमी के कारण हो रही है क्योंकि उसे तकलीफ देने के लिए पति उसके प्रेमी का जिक्र करता है, मगर इसका असर उलटा हो रहा है।

ओमा शर्मा : लेकिन इसमें असामाजिकता के जो खतरे हैं।?

प्रियंवद : हैं, बाकायदा हैं। पूरे हैं, लेकिन मैं उन्हें ज्यादा तरजीह नहीं देता। सामाजिक अराजकता का कारण होने के बावजूद मैं व्यक्तिगत स्वतंत्रता का पक्षधर हूँ।

ओमा शर्मा : 'बूढ़े का उत्सव' का क्या संदर्भ था?

प्रियंवद : मैंने सैरिबल पाल्सी के कुछ बच्चों को देखा तो लगा उनके दैहिक पक्ष को कितना भुलाया हुआ है। वे शारीरिक रूप में पूरे विकसित होते हैं। कुछ डॉक्टरों से मैंने जानकारियाँ लीं और उनकी इस तकलीफ के बारे में सोचा। जब मैंने सोचना शुरू किया तो लगा कि इन बच्चों की ऐसी बुनियादी जरूरत एक माँ ही पूरी कर सकती है। दरअसल ये बच्चे जिंदा ही इसलिए रह जाते हैं, क्योंकि इनकी माँ होती है। माँ होना मुझे इतनी बड़ी बात लगती है कि इसी एक कारण से मैं स्त्री का बेहद सम्मान करता हूँ। उसके जैसा कोई नहीं हो सकता। एक वही है जो अपने बच्चे के जरा-से सुख के लिए अपने को बड़े-से-बड़े जोखिम में डाल सकती है।

कई लोगों ने कहा कि तुमने कहानी का अंत बड़ा गलत दिखाया... कि माँ की आत्महत्या करा दी... ठीक है, एक-दो बार

वह बच्चे को सुख देने के लिए अपने को झोंक देती है... लेकिन यह कब तक चलता? आखिर वह तो समझदार थी। उसकी माँ के अंदर जो चीजें हमने ठूँसी हुई हैं, वे कहाँ जातीं? इसलिए कथा के ताने-बाने में मृत्यु को बुना... दिल्ली से मेरे पास एक महिला की चिट्ठी आई कि ठीक है, यहाँ विकलांग बच्चे से माँ का संबंध बनता है, लेकिन यदि विकलांग बच्ची होती तो क्या उसका पिता वही संबंध बना सकता था? मेरे पास आज भी इसका कोई जवाब नहीं है। कहानी में सिर्फ एक सवाल था जिसे मैं दूसरों के साथ बाँटना चाहता था।

ओमा शर्मा : इधर जो प्रेम-कहानियाँ लिखी जा रही हैं, उन्हें जबरन अमूर्तन बनाया जा रहा है।

प्रियंवद : हाँ, यह सच बात है। प्रेम को अमूर्तन में तब डालते हैं, जब आप कुछ छिपाना चाहते हैं या जब आप उसके बारे में बहुत स्पष्ट नहीं होते। प्रेम में अमूर्तन का इधर का सबसे अच्छा उदाहरण जया जादवानी का उपन्यास 'तत्त्वमसि' है। बहुत ज्यादा प्रेम-कहानियाँ लिखी भी नहीं जा रहीं। प्रेम-कहानी लिखना, मेरे हिसाब से किसी भी कहानीकार के लिए लेखन की कसौटी हो सकता है।

अच्छी प्रेम-कहानी के लिए जिस एहसास की जरूरत होती है, ज्यादातर लेखकों ने अनुभूत ही नहीं किया होता। जैसे हमारे अपने गिरिराजजी हैं, हमारे बहुत आदरणीय हैं। लेकिन उनके पास एक भी प्रेम-कहानी नहीं है। वह स्वीकार भी करते हैं। और तो और, प्रेमचंद के पास एक भी अच्छी प्रेम-कहानी नहीं है। रेणु इस मामले में बहुत आगे हैं। प्रेमचंद का एक संपूर्ण कहानीकार होने का एक कोना इस तरह खाली है। तो पहली बात तो प्रेम-कहानी लिखी ही नहीं जा रही और उस पर भी यदि अमूर्तन आता है, तो मामला और गड़बड़ा जाता है। प्रेम में अमूर्तन का क्या काम है? प्रेम शरीर के माध्यम से अभिव्यक्त

होता है, जो सबसे स्थूल है। बड़ी अजीब-सी बात है कि हमारे लेखक प्रेम को या तो वर्जित विषय मानते हैं या दोयम... कि इस पर कलम चलाने से क्या फायदा?

ओमा शर्मा : लेकिन हमारे समाज में तो प्रेम-कहानियाँ ही प्रचलित रही हैं, जैसे लैला-मजनूँ, हीर-रांझा...

प्रियंवद : आप गौर करें, ये प्रेम-कथाएँ वहाँ जन्मीं, जहाँ प्रेम को वर्जित रखा गया, घृणित मानकर छिपाया गया। हमारे बहुत सारे लेखकों का बपतिस्मा लाल झंडे के नीचे बैठकर हुआ। वे प्रेम-कहानी कैसे लिखते...? हिंदी में एकदम सन्नाटा है। 'उसने कहा था' से शुरू करें तो 'प्रसाद' के पास प्रेम-कहानियाँ हैं, जैनेन्द्र या फिर रेणु को... अधिक-से-अधिक निर्मल वर्मा के 'वे दिन' को मान लीजिए... उसके बाद क्या? शेखर जोशी की 'कोसी का घटवार'...।

ओमा शर्मा : 'हंस' में कई कहानियाँ इस मुद्दे पर आई हैं।

प्रियंवद : आप मुझे एक का नाम बता दीजिए। हाँ, सेक्स को लेकर 'हंस' में खूब कहानियाँ आईं।

हरिनारायण : नई कहानी के दौर में स्त्री-पुरुष संबंधों को लेकर खूब कहानियाँ लिखी गईं, लेकिन कोई अच्छी प्रेम-कहानी वहाँ भी नहीं दिखती।

प्रियंवद : महेन्द्र भल्ला ने 'एक पति के नोट्स' लिखा या कृष्ण बलदेव वैद ने स्त्री-पुरुष संबंधों पर अपना लेखन किया। मगर प्रेम-कहानी दूर-दूर तक नहीं है, जबकि समाज, धर्म और पूँजी की तरह प्रेम की भी एक विराट सत्ता है।

ओमा शर्मा : यदि प्रेम दैहिक संबंधों की मार्फत ही अभिव्यक्त होता है तो दैहिक संबंधों का आख्यान कुछ हद तक प्रेम का आख्यान हुआ कि नहीं?

प्रियंवद : नहीं, देह के साथ प्रेम हो, यह जरूरी नहीं है, मगर प्रेम के साथ देह का होना जरूरी है। बिना प्रेम के देह-संबंध बनाना बहुत

आसान है। बाजार में लाखों संबंध रोज बनते हैं। वैसे प्रेम देह के बिना भी संभव है, लेकिन उसकी संपूर्णता देह के साथ ही आती है।

ओमा शर्मा : आपकी 'रेत' मार्मिकता के स्तर पर जबर्दस्त प्रेम-कहानी है, लेकिन विश्वसनीयता के स्तर पर खरी नहीं लगती... मतलब एक आदमी चालीस साल तक, एक खत के न मिलने पर प्रतीक्षारत है...

प्रियंवद : अविश्वसनीयता के कारण दूसरे हैं... यदि किसी का आवेग इस तरह का हो तो यह एकदम विश्वसनीय लगेगा।

ओमा शर्मा : अविश्वसनीयता प्रेम को लेकर नहीं, चरित्र को लेकर है। इतने लंबे अंतराल तक आदमी प्रेम की आकांक्षा में नहीं टिककर रहता। वह अपने को जीवन में डाल देता है। (जवाब हरिनारायण जी देते हैं : मुमकिन तो कुछ भी हो सकता है ना। इंद्रजीत गुप्त ने पचहत्तर साल की उम्र में, तीस साल प्रेम करने के बाद विवाह किया था)

प्रियंवद : जीवन में हमारे जो-जो होता है, उसे साहित्य में हम थोड़ा-सा ही पकड़ पाते हैं। जो गुस्सा हमें आता है, शब्दों में अभिव्यक्त नहीं हो पाता, इसी तरह ईर्ष्या भी। प्रेम यदि आपने कर भी लिया, तो लेखन में तो उसकी परछाई भर ही आएगी।

ओमा शर्मा : इसे मैं एक दूसरे रूप में लेना चाहता हूँ। पिछले कुछ वर्षों से अवैध संबंधों की, खासकर मध्यम वर्ग में, वैधता काफी बढ़ी है। हर दूसरे-तीसरे आदमी के अवैध संबंध होते हैं...और यह इस कदर है कि यदि वह नहीं है तो यह बड़ी ह्रेय बात है। इसमें विवाह से पूर्व और विवाह के बाद, दोनों स्थितियाँ शामिल हैं। इसे क्या मानें? क्या हमारे समाज में प्रेम का सैलाब गया है या साहित्य असामाजिक हो चला है?

प्रियंवद : यह मजेदार बात है। मैं आपको समाजशास्त्र की बात कहता हूँ। हमेशा से ही बहुत उच्च वर्ग और एकदम निम्न वर्ग में मुक्त

सेक्स रहा है। दोनों ही जगह इसकी अवैधता का कोई महत्त्व नहीं रहा। हाँ, यदि मध्यम वर्ग में भी यह प्रवृत्ति आ रही है, तो मैं यही कहूँगा कि वह अपनी स्वतंत्रता का उपभोग शुरू कर रहा है। लेकिन हर अवैध संबंध प्रेम नहीं है। बहुत महीन विभाजन है दोनों में।

ओमा शर्मा : यह विभाजन-रेखा आप कैसे खींचेंगे? जो इसे भोग रहे हैं, उनके लिए तो यह प्रेम ही है। अवैध तो इसे हम कह रहे हैं। वे तो प्रेममय हैं...

प्रियंवद : यह तो खैर मानता हूँ कि इसका एहसास तो उन्हीं को होगा, जो कर रहे होंगे। दूसरे तो इसे समझ ही नहीं सकते। यह पूरी प्रक्रिया ही स्वभावतः गोपनीय स्तर पर चलती है। लेकिन यदि वहाँ प्रेम नहीं है तो बहुत जल्दी ऊब पैदा होने लगेगी। बहुत जल्दी विरक्ति हो जाएगी। बहुत जल्दी मन उखड़ने लगेगा क्योंकि देह के स्तर पर तो यह पुनरावृत्ति ही होगी।

ओमा शर्मा : प्रेम दीर्घकालीन ही है, ऐसे पूर्वग्रह क्यों? कुछ क्षणों में इसे नहीं जिया जा सकता?

प्रियंवद : नहीं, समय तो लगता ही है। यह एहसास समय तो माँगता ही है। एक बार किसी ने पूछा मुझसे कि आपको कैसे पता लगेगा कि अब आप प्रेम में हैं...? मैंने सोचा तो लगा कि वाकई यह कठिन सवाल है। अनुभव ही इसे बताता है... जब आप बिना बोले संवाद करने लगते हैं... जब आप बिना स्पर्श किए एक-दूसरे के शरीर में उतरने लगते हैं... तब आप शायद प्रेम में होते हैं। पूरी तरह कहना मुश्किल है लेकिन इसकी पहचान ऐसे की जा सकती है।

ओमा शर्मा : क्या देह की स्वतंत्र सत्ता नहीं हो सकती?

प्रियंवद : हो सकती है, बिलकुल हो सकती है। लेकिन उसकी उम्र ज्यादा नहीं होगी। प्रेम निकालने के बाद देह में कुछ नहीं बचता। वह सिर्फ जुगुप्सा पैदा करती है।

ओमा शर्मा : आपके कितने देह-संबंध रहे होंगे?
(सभी का एक-साथ ठहाका)

प्रियंवद : देह-संबंध या प्रेम-संबंध?

ओमा शर्मा : देह-संबंध?

प्रियंवद : उसे जानकर क्या होगा?

ओमा शर्मा : यही कि कितने देह-संबंध प्रेम में रूपांतरित हुए?

प्रियंवद : देखिए, मेरे ऐसे संबंध रहे जहाँ सिर्फ देह थी, और कुछ नहीं। और यह हम दोनों को पता होता था। आप जानना चाहें तो मैं बता भी सकता हूँ। मेरा सिर्फ एक संबंध ऐसा है जिसे मैं कह सकता हूँ कि प्रेम-संबंध है।

ओमा शर्मा : जहाँ आपका प्रेम-संबंध है, उसे आपके समानांतर चल रहे देह-संबंधों का पता है?

प्रियंवद : नहीं।

ओमा शर्मा : यानी चोरी तो फिर भी हो ही रही है...

प्रियंवद : वह पूछे तो मैं बता भी दूँगा।

ओमा शर्मा : मैं सूचना की नहीं, प्रक्रिया की बात कर रहा हूँ... यदि एक जगह आप प्रेममय है, तो देह के लिए कहीं और जा सकते हैं?

प्रियंवद : जा सकते हैं। लेकिन उससे मिलता कुछ नहीं।

ओमा शर्मा : जहाँ आपका प्रेम है, वहाँ मानसिक स्तर पर एकम-एक होना क्या जरूरी है? जैसे आप लेखक हैं। जाने-अनजाने, हर वक्त लेखक तो रहते ही हैं... तो उस स्थिति में आपके लेखक को अपने प्रेम से कुछ सपोर्ट मिलती है।

प्रियंवद : नहीं, नहीं मिलती।

ओमा शर्मा : यह विशुद्ध रूप से एक व्यक्ति का दूसरे व्यक्ति से प्रेम है?

प्रियंवद : हाँ, बिलकुल, इसमें लेखक कहीं नहीं है... और सामने वाली लेखिका भी नहीं है।

ओमा शर्मा : लेखिका न सही, पाठिका ही सही।

प्रियंवद : वह भी नहीं।

ओमा शर्मा : तो आपके वैचारिक धरातल के उभय-बिंदु क्या हैं?

प्रियंवद : देखिए, संबंधों की ऊष्मा के लिए वैचारिक धरातल पर एक होना जरूरी नहीं है। जैसे माँ-बेटे के संबंधों को लीजिए... क्या कोई वैचारिक धरातल जरूरी है उनके लिए? भाई-बहनों का संबंध क्या किसी वैचारिकता के धरातल के तहत होता है? भावनात्मकता ज्यादा महत्त्वपूर्ण होती है। विचार की दुनिया थोड़ा धोखा देने वाली होती है। आप देखिए कि जो लोग यह कहकर प्रेम-विवाह करते हैं कि उनके विचार मिलते हैं, तो कितनी जल्दी अलग भी हो जाते हैं। विचारों की भिन्नता बहुत जल्दी पैदा होती है।

ओमा शर्मा : देह को आपने पहले ही अलग कर दिया है, विचार भी उसका आधार नहीं है, तो फिर संबंध क्या है?

प्रियंवद : भावनात्मक आधार... जो धीमे-धीमे ही बनता है।

ओमा शर्मा : वही तो बात है, उसे पकने देने का क्या आधार है?

प्रियंवद : शुरुआत तो कहीं से भी हो सकती है। देह से भी हो सकती है। विचार से भी हो सकती है। इसीलिए तो यह दीर्घकालिक प्रक्रिया है। अतंतोगत्वा तो एक-दूसरे को भावनात्मक आधार ही देना होता है। सार्त्र और सिमोन के संबंध को लीजिए... सिमोन के कितने लोगों से संबंध रहे। दोनों ने एक-दूसरे पर इतना विश्वास कर रखा था कि किसी तीसरे के साथ संबंध को भी वे शेयर करते थे। उन्होंने एक अवधारणा ईजाद की—परिवर्तनशील प्रेम। दोनों के एक-दूसरे के अलावा खूब लोगों से संबंध रहे, मगर फिर भी कोई दिक्कत नहीं थी। यह इकलौता उदाहरण है, वैचारिकता को आधार बनाकर किए गए प्रेम का। दूसरे कलाकारों को लें, तो अमूमन दूसरा पक्ष उसके क्षेत्र का नहीं होगा। तो वैचारिक समानता का आधार बहुत बड़ा संबल नहीं है।

ओमा शर्मा : आपके प्रिय लेखक कौन हैं?

प्रियंवद : मेरे प्रिय लेखक नहीं, मेरी प्रिय रचनाएँ हैं। जैसे निर्मल वर्मा की कुछ रचनाएँ मुझे पसंद हैं, लेकिन सब-कुछ तो हरगिज़ नहीं। रेणु के उपन्यास 'मैला आँचल' और 'परती परिकथा' मुझे प्रिय हैं। प्रेमचंद की कई कहानियाँ हैं। विदेशी कृतियों में 'हंड्रड इयर्स ऑफ सॉलिट्यूड' है। भाषा के स्तर पर बर्ट्रेंड रसेल की आत्मकथा और नायपाल को बहुत समर्थ लेखक मानता हूँ। कोई एक लेखक मुझ पर हावी हो गया हो, ऐसा नहीं है।

ओमा शर्मा : ये सभी रचनाएँ तकरीबन 25-30 साल पुरानी तो हैं ही। अभी फिलहाल की कोई रचना?

प्रियंवद : 'दीवार में खिड़की रहती थी' मुझे भाषा के स्तर पर जबर्दस्त लगी। पढ़कर लगता है कि भाषा की रेंज कहाँ तक जा सकती है। 'सात आसमान' या कृष्ण बलदेव वैद की 'नर नारी' को मैं बहुत अच्छी किताब मानता हूँ। स्त्री-मुक्ति का एक अद्‌भुत एंगल है उसमें। 'मुझे चाँद चाहिए' अच्छी लगी हालाँकि सुरेन्द्र वर्मा के अगले उपन्यास 'दो मुर्दों के लिए एक गुलदस्ता' पढ़कर हैरानी भी हुई कि किसी लेखक का ग्राफ इस तरह भी नीचे जा सकता है। मैंने बहुत कोशिश की कि 'कलिकथा वाया बाईपास' मुझे अच्छी लगे, मगर नहीं लगी। मैत्रेयीजी की पुस्तकें हैं... 'कस्तूरी कुंडल बसै' मैंने अभी-अभी पढ़ी है, मगर नहीं जमी। कुछ लेखकों की एक-दो रचनाओं के कारण ही मैं उन्हें बहुत बड़ा मानता हूँ... जैसे राही मासूम रजा ने बहुत जबर्दस्त चीजें दी हैं हिन्दी साहित्य को। अज्ञेय का 'शेखर' या 'नदी के द्वीप' एक समय पसंद आए थे, लेकिन अभी फिर पढ़ना चाहा तो लगा 'नदी के द्वीप' कितनी झूठी और नकली रचना है! हैरानी की बात है, कितनी जल्दी इन किताबों ने अपनी चमक खो दी। नई कहानी आंदोलन के तीनों लेखकों को ले लीजिए, उनसे बहुत अच्छा आज लिखा जा रहा है।

हरिनारायण : ये तो आप फिर वही पुरानों की बात कर रहे हैं।

प्रियंवद : आजकल के लेखकों में कई बहुत अच्छा लिख रहे हैं। बिलकुल नई पीढ़ी में हृषीकेश सुलभ हैं, आनंद हर्षुल या योगेंद्र आहूजा बहुत अच्छा लिख रहे हैं। अवधेश प्रीत हैं। एकदम नयों में नीलाक्षी सिंह, रवि बुले या शशि भूषण द्विवेदी हैं। लेकिन एक-दो कहानी से परख नहीं हो पाती, जैसे नीलाक्षी सिंह की अभी 'इंडिया टुडे' में कहानी आई। इसमें 'वारेन हेंस्टिंग्स का साँड़' का शिल्प आरोपित करने की कोशिश की है। मगर ये शुरुआती भटकाव होते ही हैं। किसी भी समकालीन नए लेखक का उपन्यास मुझे अपील नहीं किया।

ओमा शर्मा : बड़ी रचना आप किसे कहेंगे? वह जो अपने समय का प्रतिनिधित्व करती है या अतिक्रमण? 'अन्ना करैनिना' अपने काल का इतिहास है, तो फिर आतिक्रमण किस तरह करती है?

प्रियंवद : पहली बात तो यह है कि आपने सवाल में बड़ी रचना को सिर्फ 'समय-सापेक्ष' कर दिया है। पहले इसी पर बात करते हैं। मात्र अपने समय का प्रतिनिधित्व जो रचना करती है, उससे बड़ी रचना समय को अतिक्रमण करने वाली होती है। लेखक यदि अपने समय के पार देख ले, तो निश्चित ही वह अधिक व्यापक दृष्टि का लेखक है। हर समय अपने आने वाले समय की सीढ़ी होता है। आप जीवन के हर क्षेत्र में इसे पार कर दूसरी सीढ़ी पर चढ़ते हैं। पर साहित्य में आप कई सीढ़ियाँ फलाँग भी सकते हैं। जो हमारे आज के समय के समाज, राज्य, धर्म, अर्थव्यवस्थाओं के घात-प्रतिघात हैं, मनुष्य-जीवन पर उसके जो प्रभाव पड़ेंगे, उससे जो भविष्य बनता है, उसे पहचानने वाली रचना समय को अतिक्रमित करती है... 'कैंसरवार्ड', 'डॉक्टर जिवागो' या 'आधा गाँव' ऐसी ही रचनाएँ हैं। पर समय का अतिक्रमण बहुत कम रचनाएँ करती हैं। इससे हटकर अब एक दूसरी बात कहना चाहता हूँ। इस सवाल में बड़ी रचना

की परिभाषा अपने आप मिलती जाएगी। 'अन्ना करैनिना' अपने काल का इतिहास है, पर प्रेम में अपने समय की हर चीज का अतिक्रमण करती है। उसकी एक विराट सत्ता बनाती है। जो भी रचना जीवन को उसकी पूरी रहस्यमयता, आवेग, अंतर्विरोधों, विराटता, जय-पराजय और प्रेम-उन्माद के साथ पकड़ेगी, वह निश्चित ही बड़ी रचना बनेगी। अपने समय को स्वयंमेव अतिक्रमित कर जाएगी। इन अर्थों में आप विश्व के क्लासिक्स देख लीजिए। वे जीवन की गहनता की बात करते हैं.... मात्र अपने समय को व्याख्यायित नहीं करते। बड़ी रचना को मैं जीवन की व्यापकता से जोड़ूँगा, समय की लघुता से नहीं।

ओमा शर्मा : आपने 'दीवार में...' को भाषा के स्तर पर उत्कृष्ट माना है, किसी उपन्यास को उसके कथा-रस से स्वतंत्र रखकर, भाषा की काव्यात्मकता के आधार पर ही उत्कृ ट माना जा सकता है?

प्रियंवद : भाषा की रेंज कितनी हो सकती है 'दीवार में खिड़की...' इसका नमूना है।

ओमा शर्मा : बिना कथानक की भाषा?

प्रियंवद : हाँ, बिना कथानक की भाषा। इस उपन्यास में दूसरी कमजोरियाँ हैं। मगर मैंने इसे भाषा के रूप में सशक्त कहा है। हर रचना, हर रूप में संपूर्णता लिए हुए हो, ऐसा तो कम ही होता है।

ओमा शर्मा : अपनी रचना-प्रक्रिया के संदर्भ में आपने बताया कि इतिहास की इसमें अहम भूमिका रहती है, तो सवाल उठता है और जो पिछले दिनों से चर्चा में है कि कौन-सा इतिहास? उसे तो किसी भी नजरिए से देखा जा सकता है।

प्रियंवद : मेरी दिलचस्पी इतिहास के उबाऊ राजनीतिक घटना-चक्र में नहीं होती। उसमें जो चरित्र हैं, वे आकर्षित करते हैं। पिछले दिनों इतिहास को बदलने की जो बात हो रही है तो पाठ्य पुस्तकों को बदल दीजिए, मगर उससे कुछ बदलने वाला नहीं है। आप आज उन पाठ्य पुस्तकों में यह कभी नहीं लिखेंगे कि राणाप्रताप

का सेनापति एक मुसलमान था। सन सत्तावन की लड़ाई में नाना साहब का दायाँ हाथ अजीमुल्ला खाँ था। शहर का नाम बदलने, बंबई का मुम्बई करने से कोई फर्क नहीं पड़ता। उसका इतिहास नहीं बदल जाएगा। अभी तक जो इतिहास हमारे पास आया है, उसका एक खास नजरिया रहा... जैसे वह अंग्रेजों की देन था। उन्होंने ही हमारे अतीत से चीजों को निकालकर अपने मुताबिक एक कथा बुनी....

ओमा शर्मा : विडंबना ये है कि कोई भी इतिहास-लेखन विचारधारा से अलग नहीं हो सकता।

प्रियंवद : हिंदुस्तान का इतिहास-लेखन तीन विचारधाराओं से प्रभावित रहा है। अंग्रेजों ने अपनी तरह से, साम्यवादियों ने अपनी तरह से और राष्ट्रवादियों ने अपनी तरह से लिखा। तो यह सवाल इधर बड़ी तेजी से उठ रहा है कि इतिहास किस दृष्टि से लिखा और पढ़ा जाए? विचारधारा उस पर हावी होगी ही और इतिहास को आप जब जैसा चाहें, मोड़ सकते हैं। पर आप तीनों को पढ़िए ना! एक को क्यों पढ़ते या मानते हैं? अब रामविलासजी ने 1857 को महान जनक्रांति बताया है, जिसमें पूरा देश एक होकर लड़ रहा था। उनकी पूरी स्थापना ऐसी है कि जैसे 1857 की क्रांति, रूसी क्रांति (1917) या 1949 की चीन की क्रांति थी। जबकि ऐसा बिलकुल नहीं था। 'परछाईं नाच' में मैंने इस मुद्दे को उठाया है कि कैसे वह कुछ ऐयाश क्षत्रपों के वजूद की लड़ाई थी।

ओमा शर्मा : इतिहास के अलावा मनुष्य को समझने के लिए मुझे उसका अर्थशास्त्र और मनोविज्ञान भी उतना ही जरूरी लगता है।

प्रियंवद : इतिहास में सभी आ जाता है।

ओमा शर्मा : मनोविज्ञान भी?

प्रियंवद : शास्त्र की तरह नहीं आएगा वह वहाँ, लेकिन वह भी वहाँ होता है। रोम के नीरो ने अपनी माँ की हत्या करवाई थी। माँ का शव जब उसके आगे लाया गया, तो वह कहता है कि मैं

कितना अभागा हूँ कि मुझे पता ही नहीं था कि मेरी माँ इतनी खूबसूरत थी। तो यह क्या है? इस मनोविज्ञान को समझिए। बाबर सुबह सैकड़ों लोगों की हत्या करवाता है, उनके सिरों की मीनार खड़ी करता है। शाम को बाबरी नाम के लौंडे को देखकर सुर्ख हो जाता है... काँपता है, हलक सूख जाता है। इस मनोविज्ञान को बताइए? एक तरफ रोम के या मुसलमानों के हरम के षड्यंत्र, पिता-भाइयों की हत्याएँ... दूसरी तरफ चंद्रगुप्त मौर्य, हर्ष या अशोक का साधु होना... इस मनोविज्ञान को समझिए। इतिहास विराट है, मनुष्य-जीवन का हर पक्ष इसमें हैं। मनुष्य का मनोजगत भी है...

ओमा शर्मा : इतिहास के प्रति आपके लगाव और सांप्रदायिकता के खिलाफ आपकी जो पक्षधरता है, उसके संदर्भ में एक बारीक-सा सवाल है... कि जो सांप्रदायिक हैं, वे भी इतिहास का ही सहारा लेते हैं। आपका नजरिया उनसे भिन्न है, लेकिन यह गुंजाइश तो छोड़ता ही है कि एक चीज को एक से अधिक रूप से, जिसे कहें उत्तर आधुनिक रूप से देखा और इस्तेमाल किया जा सकता है। उनके तर्क भी तो इतिहास से ही आते हैं।

प्रियंवद : इतिहास एक जादू का पिटारा तो है ही। लेकिन आपको देखना होगा कि उनके तर्कों की गहराई क्या है। वे बहुत ऊपरी तौर पर ही करते हैं। नतीजे में बहुत जल्दी उघड़ जाते हैं। अब आप एक चीज पर गौर करें। इनके सभी नायक पराजित लोग हैं। पृथ्वीराज चौहान को लीजिए। या राणा प्रताप, जो जीवन-भर चित्तौड़ में नहीं घुस पाया। शिवाजी को एक हिंदू राजा—जसवंत सिंह—औरंगजेब के दरबार में पकड़कर लाया था। राणा प्रताप से लड़ाई दूसरे हिंदू राजा, यानी मानसिंह ने की थी... या लक्ष्मीबाई... आखिर आप नायक किस बात के हैं? कोई लड़ाई उन्होंने जीती नहीं, देश को गुलाम ज़रूर उन्होंने बनवाया...

ओमा शर्मा : नायकों की पराजय तो उनके नायकत्व को समाप्त नहीं कर देती? नायकत्व तो उसके विचार के कारण आता है?

प्रियंवद : मेरा कहना यह है कि उन्हें नायक इसलिए बनाया जा रहा है क्योंकि वस्तुतः उनके पास नायक हैं ही नहीं। जबकि हर देश के पास नायक होते हैं। इनके पास विचारधारा तो सिर्फ एक है : मुस्लिम-विरोध। जो उसके विरोध में कभी रहा उसे इन्होंने नायक की तरह खड़ा कर दिया... किसी विचारधारा के कारण नहीं।

ओमा शर्मा : इतिहास को व्याख्यायित करने का सबसे ज्यादा काम हमारे यहाँ वामपंथियों ने किया... लेकिन वामपंथियों की भूमिका को लेकर आज सवाल उठाए जा रहे हैं?

प्रियंवद : हो सकता है, उन्होंने चीजों को तोड़ा-मरोड़ा हो। तभी तो मैं कहता हूँ कि तीसरी आँख की जरूरत हमेशा रहती है। यह तीसरी आँख और कुछ नहीं, एक न्यूनतम वैज्ञानिक बोध है। कुछ दिनों पहले कहीं एक परचा छपा कि मुसलमानों ने आज तक दो करोड़ हिंदुओं की हत्या कर दी है। तो आपको पूछना होगा कि कब, कहाँ, किसने की? क्या आधार है इन आँकड़ों का? मगर अकबर और औरंगजेब दोनों ने पचास-पचास साल शासन किया इस देश पर, यह सच है। आज कोई पाँच साल शासन चला ले तो उपलब्धि लगती है। तो कोई बात तो होगी उनके शासन में... हिंदू-दमन से या आतंक से या धर्मांधता से तो इतनी देर शासन नहीं किया जा सकता। वामपंथी इतिहासकारों के पास अधिक वैज्ञानिकता और अधिक सामाजिक चेतना है।

ओमा शर्मा : यदि तानाशाह है तो शासन किया भी जा सकता है?

प्रियंवद : नहीं, तानाशाह इतने वर्ष तक नहीं कर सकता।

ओमा शर्मा : लेकिन अकबर, औरंगजेब के समय में जनतांत्रिक मूल्य ही विकसित नहीं हुए थे जो हिटलर के समय में हो गए थे।

प्रियंवद : आपका कौन-सा हिंदू शासक इतने दिनों राजा रहा?

ओमा शर्मा : अशोक?

प्रियंवद : अशोक इतने दिनों नहीं रहा।

ओमा शर्मा : इतने दिनों नहीं रहा हो, लेकिन वह जब तक जीवित रहा, राजा तो रहा।

प्रियंवद : अकबर और अशोक के समय में कितना गैप है... सत्रह सौ वर्ष से ज्यादा का। क्या इतने समय में जनचेतना विकसित नहीं हुई होगी?

ओमा शर्मा : हाँ नहीं हुई थी, क्योंकि जनचेतना एक अवधारणा के रूप में ही बीसवीं सदी की देन है। दूसरी से लेकर अठारहवीं सदी तक जनचेतना का स्तर लगभग एक-सा दिखता है। जबकि सन 1900 से लेकर 1990 तक इसने 180 डिग्री का कोण बना लिया है।

प्रियंवद : नहीं, कितने आंदोलन चले दूसरी से अठारहवीं सदी तक? इनकी सूची बनाएँ तो आपकी बात गलत हो जाएगी।

ओमा शर्मा : मैं राज्य के स्तर पर नहीं, जन-जीवन के स्तर पर स्वतंत्रता के मूल्य में आस्था और सम्मान की बात कर रहा हूँ। वहाँ (पश्चिम में) कमजोर-से-कमजोर व्यक्ति को उतने ही मूलभूत अधिकार हैं...

प्रियंवद : इससे सहमत हूँ। मनुष्य होने की गरिमा और सम्मान वहाँ के समाज में हमसे बहुत ज्यादा है।

ओमा शर्मा : क्या लेखक को कोई राजनीतिक चश्मा पहनकर लेखन करना चाहिए?

प्रियंवद : देखिए, कम-से-कम मैं तो ऐसा नहीं करता, लेकिन कोई यदि ऐसा करता है तो यह उसका पूरा अधिकार है। पर मुझे लगता है कि यदि आप किसी विचार को प्रचारित करना चाहते हैं तो उसके लिए राजनीति में सीधे-सीधे आना चाहिए, लेखन उसके लिए तो कम असरकारक परिणाम देने वाली विधा है। आपके लेखन का दायरा बहुत सीमित हो जाएगा।

ओमा शर्मा : पिछले कई वर्षों से 'संगमन' के रूप में आप देश के महत्त्वपूर्ण

साहित्यिक आयोजन से जुड़े हैं। इसके पीछ की मंशा क्या थी और अब क्या अनुभव रहे हैं?

प्रियंवद : मंशा तो यही थी कि नए लेखकों को एक मंच दिया जाए। शिवमूर्ति जी के कारण इसे कानपुर से बाहर करने का हौसला बना, जो अब इसकी खासियत है। सभी नए लेखकों को हमने बुलाया है। कुछ वरिष्ठ लेखकों को भी बुलाते हैं ताकि नए लेखकों को उनके सान्निध्य का लाभ मिले। यह लेखकों की एक संसद-सी है जिसमें लेखकों का अंदर और बाहर की दुनिया पर संवाद होता है, मूलतः लेखन संबंधी; इसी के अनुसार हम विषय तय करते हैं। हमारे अनुभव बहुत उत्साहवर्धक हैं। नए-नए लेखकों से, स्थानीय लेखकों से संपर्क और आत्मीयता बढ़ती है। परोक्ष रूप में यह शब्द के संकट के खिलाफ एक लड़ाई भी है। लगभग यही भावना 'अकार' के पीछे भी है।

ओमा शर्मा : 'संगमन' की मार्फत संवादहीनता को तोड़ने की आपकी पहल को तो समझा भी जा सकता है, लेकिन पत्रिका क्यों? क्या हिंदी में पत्रिकाओं की कमी है? तमाम संकटों के बावजूद निजी पहल से, एक-से-एक अच्छी पत्रिका आज हिंदी में उपलब्ध है।

प्रियंवद : इसमें किसी कमी की आपूर्ति करने वाली बात नहीं, लड़ाई में अपनी हिस्सेदारी दर्ज करने की बात है। पत्रिकाओं की बाढ़ है, तो यह साहित्य के लिए अच्छी बात है। कानपुर से कोई अच्छी पत्रिका नहीं थी, तो यह भी बात मन में थी।

ओमा शर्मा : लेकिन लेखक के तौर पर यह आपकी रचनात्मकता को बाधित नहीं करता?

प्रियंवद : नहीं, करना भी नहीं चाहिए... आखिर यह है तो लेखन का ही एक हिस्सा। आयोजन और पत्रिका, कोई गैर-रचनात्मक कार्य नहीं है। ये लेखन को व्यापकता ही देते हैं। फिर आप कोई दिन में चौबीसों घंटे या साल में तीन सौ पैंसठ दिन तो लेखन करते नहीं। बीच में यह भी सही।

ओमा शर्मा : लेकिन राजेन्द्रजी, ज्ञानरंजनजी या फिर अखिलेश... यानी पत्रिकाएँ निकालने वाले लेखकों को देखकर मुझे यह डर लग रहा है कि कहीं आप का लेखन भी तो नहीं छूट जाएगा।

प्रियंवद : नहीं, ऐसा नहीं होगा... मगर आपकी बात सुनकर डर तो मुझे भी लग रहा है।

ओमा शर्मा : आपको अपने लेखन और भविष्य को लेकर क्या चिंताएँ रहती हैं?

प्रियंवद : लेखन को लेकर तो यही रहती है कि नैरंतर्य बना रहे। बड़े संदर्भों को लेकर कुछ लिखने की योजनाएँ भी हैं। अपने जीवन को लेकर न कोई चिंता है, न कोई योजना है। उसमें अब बहुत-कुछ परिवर्तन आने वाला भी नहीं लगता।

ओमा शर्मा : जैसे, आप एकाकी जीवन जीते हैं, आपके भावनात्मक संबंध आगे नहीं चल पाए, इस तरह की चिंता होती है कभी?

प्रियंवद : नहीं, मुझे उसकी भी कोई चिंता नहीं है। शायद इसलिए कि यह विश्वास है कि ऐसा नहीं होगा।

ओमा शर्मा : आप कितने समय लेखक रहते हैं?

प्रियंवद : हर समय। जिस लेखकीय तीसरी आँख के खुले रहने की बात है, वह तो हरदम खुली रहती है। चीजें दर्ज होती ही रहती हैं। मुझे किसी लोकेल का वर्णन करना है तो बस आँख बंद कर उस तक आने की देर है क्योंकि चीजें तो दर्ज हैं, बस उन्हें खड़ा करने की बात है।

ओमा शर्मा : आजीविका को लेकर आपको कोई संघर्ष नहीं करना पड़ा जो दूसरे लेखकों को रहता है।

प्रियंवद : यह सच है। मुझे एक दिन भी अपनी आजीविका के बारे में संघर्ष तो दूर, सोचना भी नहीं पड़ा। कभी सोचता हूँ, मैं इस संघर्ष से वंचित रह गया। यह संघर्ष यदि होता तो शायद मेरे लेखक को इससे मदद ही मिलती।

ओमा शर्मा : आपका एक टिपिकल दिन किस तरह बीतता है?

प्रियंवद : बहुत सामान्य-सी जिंदगी है मेरी। सुबह छह के आसपास उठता हूँ। अखबार के बाद दूसरा कुछ पढ़ना। 10 बजे के आसपास फैक्ट्री। वहाँ से चार बजे तक वापसी। फिर शाम के छह तक पढ़ना, उसके बाद घूमना। फिर खाना और पढ़ना। कोई साढ़े नौ तक सो जाता हूँ। जब लिखता हूँ, तो यह सब अस्त-व्यस्त हो जाता है। मैं हर जगह लिख लेता हूँ।

ओमा शर्मा : एक छोटा-सा निरीक्षण : आपकी पुस्तकों में कोई समर्पण नहीं है। क्यों?

प्रियंवद : मैं किसी को अपनी पुस्तक समर्पित करूँ, इतना लेखकीय सहयोग मुझे किसी का नहीं मिला।

(अप्रैल 2003)

मन्नू भंडारी

मन्नू भंडारी

जन्म 3 अप्रैल 1931 को भानपुरा, मंदसौर (मध्य प्रदेश) में।

स्वातंत्र्योत्तर हिन्दी साहित्य की सर्वाधिक लोकप्रिय और बहुप्रशंसित वरिष्ठ कथाकार।

'एक इंच मुस्कान' (राजेन्द्र यादव के साथ सह-लेखन), 'आपका बंटी', 'महाभोज', 'स्वामी' जैसे चार उपन्यासों की रचयिता।

50 से अधिक कहानियाँ जो 'मैं हार गई', 'तीन निगाहों की एक तसवीर', 'यही सच है', 'एक प्लेट सैलाब', 'त्रिशंकु' और 'अकेली', 'मन्नू भंडारी की यादगारी कहानियाँ' कहानी-संग्रहों के अलावा 'मन्नू भंडारी की सम्पूर्ण कहानियाँ' समग्र में संकलित। लगभग सभी कहानियाँ अनेक देशी एवं विदेशी भाषाओं में अनूदित।

'आँखों देखा झूठ', 'आसमाता' और 'कलवा' (बाल साहित्य)।

बिना दीवारों के घर (नाटक)।

एक कहानी यह भी (आत्मकथा)।

अन्यः कथा-पटकथा

'आपका बंटी' और 'यही सच है' (रजनीगंधा नाम से) पर फीचर फिल्में। अन्य कई कहानियों पर भी फिल्में। 'महाभोज' उपन्यास के देश भर में सैकड़ों मंचन।

मुंशी प्रेमचंद के उपन्यास 'निर्मला', धारावाहिक 'रजनी' और 'दर्पण' का पटकथा-लेखन।

निवास : 103, हौज खास अपार्टमेंट्स, नई दिल्ली-110016

'न लिख पाने की तकलीफ बहुत सताती है' : मन्नू भंडारी

आप उनसे किसी अपरिचित की तरह मिलें, तो उनके लेखिका होने का आपको कोई सुराग भी न मिले...घरेलू-सी दिखने वाली नामालूम सीधी-सादी महिला... हर किस्म की बौद्धिक तड़क-भड़क से दूर और संतुष्ट-सी। आप उनके घर जाएँ तो पूरे चयन और स्पेस में जो खुलापन और नफासत दर्ज मिलेगी, उसे देखकर आपको कुछ शक हो सकता है ... कि इस सादगी भरी व्यवस्था और आभिजात्य की मालकिन ज़रूर कुछ पढ़ी-लिखी होंगी। मगर यह वही उस्ताद लेखिका हैं, जिन्होंने हिंदी साहित्य को दर्जनों सशक्त कहानियाँ और दो बेमिसाल उपन्यास दिए हैं, ये आभास तो आपको देर तक नहीं होगा। इसके बरक्स आपने यदि पहले उनकी रचनाएँ, खासकर उपन्यास, पढ़ रखे हैं तो आप इस निष्कर्ष से नहीं बच सकते कि मन्नूजी के पास नितांत सहज सधी भाषा में सामाजिक चिंताओं को वृहत्तर कलात्मक आयाम देने की अद्भुत क्षमता है। मगर एक लंबी बातचीत के लिए ऊपरी तौर पर उनके पास ऐसा ज्यादा कुछ नहीं लगता था, मुख्यतः इसलिए भी कि एक अरसे से उनका रचनात्मक लेखक ठप-सा ही है। न तो वे प्रयोगवादी रही हैं और न किसी वैचारिक प्रतिबद्धता या चमक-दमक के लिए जानी जाती हैं। ''अरे, मुझसे आप क्या बात करेंगे... मेरे पास तो बौद्धिकता जैसा कुछ नहीं है...'' फोन पर 'मुठभेड़' का समय माँगे जाने पर वे जैसे किसी परीक्षार्थी के अविश्वास से अपने हाथ खड़े करने लगीं।

लेकिन बातचीत के सिलसिले में मन्नूजी के साथ एक दिन रहने के बाद मुझे जो रचनात्मक अनुभव मिला, वह अकथनीय है : एक सीधे सच्चे महान कलाकार से मिलने का विरल सुख और अनुभव! मैंने मक़बूल फ़िदा हुसेन की सादगी भी देखी है, मगर उस सादगी का एक अपना तिकोना और कूटनीतिक

पक्ष होता है। दूसरे कई लेखकों को मौका-बे-मौका सरल-सहज होते देखा है। मगर मन्नूजी! उफ्फ! अप्रतिम सादगी और सादादिली की प्रतिमूर्ति... जैसे और कुछ होना उनकी बुनियादी असमर्थता हो। और यही चीज तो एक लम्बी पारदर्शी बातचीत का प्राण हो सकती है। यदि कलाकार अपनी रचनाओं और जीवन के किसी भी जरूरी, गैर-जरूरी पक्ष पर कुछ कहने-सुनने का (आत्म) विश्वास और क़ूवत रखता/रखती है, तो इससे उन रचनाओं के स्रोतों और उनसे जुड़ी इतर चीजों की जाँच-परख में मदद हो सकती है। मन्नूजी के साथ इस बातचीत का जो सिलसिला चला वह, जैसा सुधा (अरोड़ा) जी ने बाद में बताया, अप्रत्याशित था : उन्होंने अपनी रोजमर्रा की दोपहर की जरूरी नींद भी स्थगित कर दी थी।

मन्नूजी का स्वास्थ्य ठीक नहीं रहता। उनकी आवाज में ही नजले का असर घुस गया है। मस्तिष्क की लाइलाज बीमारी के कारण पिछले 18-19 वर्षों से उपशामकों (सैडेटिव्स) ने उनकी स्मृति पर भी असर डाला है। वे राजेन्द्रजी के 'शह और मात' को ही नहीं, अपनी कई कहानियों को भी याद नहीं कर पा रही थीं। मुझे चरित्रों-कथास्थितियों के संदर्भ पेश करने पड़े। लेकिन एक बार स्मृति का तार जुड़ गया, तो जैसे उनके आगे सब-कुछ जीवित-सा हो उठता। इसलिए कई बार वे प्रश्न की जरूरत को भूल-भालकर जवाब देने और कहने लग जातीं। उम्र के सतहत्तरवें वर्ष में तो चल ही रही हैं, आँखों व घुटने की तकलीफ अलग से है। पारिवारिक रूप से एक दुर्गम जिन्दगी की भोक्ता और रचनात्मकता के लिहाज से गत 25 वर्षों से लगभग निष्क्रिय! ऐसी स्थितियों, मनःस्थितियों के चलते किसी कलाकार में अमूमन दो तरह की संभावनाएँ उजागर हो उठती हैं : एक, आप समूचे साहित्य, समाज, समय, राजनीति, बाजार और मूल्यहीनता सहित पचासों चीजों पर जंगल में रोने जैसे उद्यम में जुट जाएँ या दूसरे, बेबाकी के साथ आत्ममुग्ध होकर इस संयोग पर हतप्रभ हों कि इन दिनों होने वाले सामाजिक-राजनीतिक परिवर्तनों की आहट को आपकी अलाँ-फलाँ रचना ने अरसा पहले कैसे दर्ज कर लिया था! मन्नूजी के साथ दोनों ही स्थितियाँ सिरे से अनुपस्थित मिलती हैं। दूसरों की जाहिर गलत बात पर भी उन्हें कोई आक्रोश नहीं। कोई द्वेष नहीं। "लोकतंत्र है, सबकी अपनी राय हो सकती है, मगर मेरा मानना है कि..." जैसा ठंडा असहमत स्वर। बस। किसी से कुछ

शिकायत भी नहीं। कहीं से लगे कि इससे कुछ विवाद छिड़ सकता है, तो पहली स्वभावगत कोशिश उससे बचने की होगी और दूसरी, (वह भी हलकी बाध्यता के साथ) बिना रंग-रोगन किए, अपने तईं देखे-जाने अनुभव को बताने भर की। आत्ममुग्धता से तो मानो वे एकदम परले छोर पर खड़ी दिखेंगी। तीन बेडरूम के घर में आपको उनकी आज या सुनहरे दिनों की कोई तसवीर भी नहीं दिखेगी। पुरस्कार और सम्मान-स्वरूप मिली चीजें किसी म्यानी वगैरह से बरामद करनी पड़ेंगी।

और क्या होता है एक सच्चे पवित्रतम कलाकार का होना!

दिन-प्रतिदिन ह्रास होती अपनी ऊर्जा को आज भी वे एक प्रबल रचनात्मक हसरत में सिरजती लगती हैं। एक उपन्यास और चंद कहानियाँ लिखे जाने की ख्वाहिश उनके मनोबल के मजबूत स्तंभ हैं। आमीन।

मन्नूजी के अध्ययन-कक्ष में कुछ पल गुजारना तो एक विशुद्ध अलौकिक अनुभव था। पूरी दीवारनुमा ग्लासकेसों के भीतर से पढ़ने को न्योततीं नई-पुरानी सैकड़ों साफ-सुथरी किताबें। किताबों के शेल्फ के नीचे थोड़ी चौड़ी बाहर निकलती रैक की सतह पर सभी महत्त्वपूर्ण पत्रिकाएँ सिलसिलेवार ढंग से सजी हुईं... पहल, हंस, कथादेश, तद्भव, कथन, नया ज्ञानोदय और दूसरी अन्य। आपका जब मन हो पढ़ लीजिए। ढूँढ़ने-ढाँढ़ने में जाया करने को न ऊर्जा है, न समय। "वहाँ, उस कोने में ...ग्लासकेस में नहीं, रैक के अंदर मेरी अपनी किताबें हैं... उधर, नीचे वाली में उनकी अतिरिक्त प्रतियाँ रखी होंगी (मेरे जैसे संवादी या शोधार्थियों को भेंट-स्वरूप या स्मृति चिह्न की तरह दिए जाने के लिए)...आखिर वाली को खोलिए...हाँ, वहीं...ये मेरी रचनाओं के अनुवाद हैं...निकालिए, निकालिए... अंदर एक पत्र होगा, उसी से पता चलेगा कि कौन सी भाषा में है।"

मैं उनके निर्देशों पर उस करिश्मे से रूबरू हो रहा हूँ... फ्रेंच, जर्मन, अंग्रेजी, चीनी, जापानी और पता नहीं क्या-क्या। "यह मेरी कहानियों का तजाकिस्तानी में किया अनुवाद है... पिछले दिनों वहाँ के एक सज्जन दिल्ली आए थे, फोन पर अनुमति चाहिए थी... मैंने कहा, पत्र भेज दीजिए, दिल्ली में दूरियाँ काफी हैं, तो बोले 'अरे, यदि मैं लेखिका से मिलना चाहूँ तो?'

'तो आपका स्वागत है', मैंने कहा। बहुत अच्छी हिंदी बोल रहे थे। मुझसे

पूछने लगे आपको पता है, तजाकिस्तान में सबसे लोकप्रिय लेखक कौन है? मैं क्या बताती, मुझे तो उसे नक्शे में ढूँढ़ने में दिक्कत हो। 'जी हाँ, मन्नू भंडारी!' उन्होंने कहा, तो मेरा दिल बैठ गया... तभी तो मैं चाहती हूँ कि जो चीजें मेरे मन में हैं, उन्हें लिख दूँ। बस थोड़ी ठीक हो जाऊँ।''

इस लालसा और जिजीविषा के बरक्स उन्होंने जो कहा, वह जीवन और साहित्य-कला से जुड़े कुछ मार्मिक क्षणों का आपको अनुभव करायेगा, ये उम्मीद है। मान-मनुहार से बात बन जाए तो मुठभेड़ की जरूरत ही नहीं!

साक्षात्कार

ओमा शर्मा : मन्नू जी चालीस-पैंतालीस वर्ष पहले की वे स्थितियाँ क्या थीं, जिनसे प्रेरित होकर आपने लिखना शुरू किया?

मन्नू भंडारी : स्थितियाँ तो ये थीं कि थोड़े दिनों पहले ही आजादी मिली थी और सामाजिक परिवर्तन का सिलसिला चल रहा था। इसकी शुरुआत गांधीजी ने कर दी थी। ऐसा लगता था कि यदि समाज में वांछित परिवर्तन नहीं होंगे, तो आजादी भी बेमानी हो जाएगी। सामाजिक से मेरा मतलब है परिवार, क्योंकि वही उसका प्रमुख केन्द्र होता है। और परिवार में भी नयी पीढ़ी पुरानी पीढ़ी के बदलते संबंधों की बात तो थी ही, और भी ज्यादा महत्त्वपूर्ण बात थी स्त्री और पुरुष के बीच के संबंधों में बदलाव। अभी तक इन दोनों के संबंध बँधे-बँधाए से थे, माँ है, बेटा, पत्नी, बहन, पति। लेकिन अब वे मित्र भी बन रहे थे। ये नये समीकरण थे। वे विवाह से बाहर निकलकर प्रेम कर रहे थे। उससे पुरानी पीढ़ी में एक अलग तरह का असंतोष पनप रहा था। नई कहानी की भी तकरीबन यही थीम थी। मैं उन दिनों कलकत्ते में थी। उन दिनों मारवाड़ियों के बीच बड़ा आन्दोलन चल रहा था। विधवा-विवाह कराए जा रहे थे। बाल-विवाह हटाओ। कहीं बाल-विवाह हो रहा है, तो उसके खिलाफ पूरी फौज जमघट लगाने पहुँच रही थी।

ओमा शर्मा : यानी एक तरह के सामाजिक हस्तक्षेप के लिए आपने लेखन को चुना?

मन्नू भंडारी : नहीं, मैंने लेखन को उसके लिए नहीं चुना। मैं तो सिर्फ उन परिस्थितियों को बता रही हूँ, जो उस समय थीं जब मैंने लेखन शुरू किया। मैं सच कहती हूँ, मेरे लिखने की उस समय कोई प्रेरणा नहीं थी। कह सकते हैं, सब स्वतःस्फूर्त था। कहानी-उपन्यास पढ़ने का खूब शौक था। उन्हीं को पढ़कर लगता

था कि मैं भी कुछ लिख सकती हूँ। और उसी जोश में पहली कहानी लिख भी डाली, बिना किसी को पूछे या दिखाए। एक तरह की राजनीतिक कहानी थी 'मैं हार गई'। इसके बाद दूसरी कहानी लिखी 'श्मशान' जो बिलकुल दूसरे मिजाज की थी। हालाँकि वह काफी उपेक्षित-सी चली गई। भैरव जी ने दोनों की बड़ी तारीफ की थी। तो स्थितियों से प्रेरित होकर लिखने जैसी कोई बात मेरे साथ नहीं हुई।

ओमा शर्मा : स्थितियों से प्रेरित होकर लिखने की बात चाहे न हो, मगर उनमें कुछ बदलाव लाने जैसी कोई नीयत नहीं थी—मतलब जैसी स्थितियाँ थीं उनसे कुछ असंतोष-सा था जिसके तहत....

मन्नू भंडारी : हाँ, असंतोष तो अवश्य था, मेरी शुरू की आठ-दस कहानियों के पात्र मेरे जीवन से गहरे जुड़े हुए थे। मैं कलकत्ते में रह रही थी और जैसे अजमेर के अपने गली-मोहल्ले की दुनिया को अनायास साथ ले आई थी। जैसे 'अकेली' की सोमा बुआ या 'मजबूरी' की स्वयं मेरी माँ। मुझे लगा, मुझे इन पर लिखना चाहिए। उस माहौल में पले-बढ़े होने से मुझे लगता था कि यह मेरे व्यक्तित्व का हिस्सा है, जिसे मुझे उभारना चाहिए। बाद में स्त्री-पुरुष संबंधों की कहानियाँ या दूसरी तरह की कहानियाँ लिखने लगी।

ओमा शर्मा : मैं लेखन के उस पहले कदम, पहले पायदान पर फोकस करना चाह रहा था... हमारे मध्य वर्ग के अधिकतर घरों में आम तौर पर सरिता-गृहशोभा टाइप की वक्त-काटू पत्रिकायें पढ़ी जाती हैं और हम वैसा ही लिखने की आकांक्षा पालने लगते हैं। उन सबसे हटकर आपने सीधे स्तरीय, साहित्यिक लेखन में कदम कैसे रखा?

मन्नू भंडारी : वो शायद इसलिए कि गृहशोभा जैसा पढ़ने के जिस मध्यवर्गीय जीवन की आप जो बात कर रहे हैं, वैसा मेरे जीवन में कुछ रहा ही नहीं। पिताजी की सख्त हिदायत पर घर के किसी भी काम से हमें दूर रहना था और अच्छा साहित्य पढ़ना था।

छठी क्लास से ही हमने प्रेमचन्द-शरतचंद्र को पढ़ना शुरू कर दिया था। संयोग से ढेर सारी किताबें पढ़ने को उपलब्ध थीं। पढ़ने का ही महत्त्व था, लेखक का नहीं। हम सब-कुछ पढ़ते थे... क्रांतिकारी किस्म की चीजें भी और सामाजिक किस्म की भी। गृहशोभा वगैरह से हम बचे हुए थे। पिताजी का इसमें बड़ा योगदान था। उनकी बहुत बड़ी निजी लायब्रेरी थी। उसमें साहित्य उतना नहीं था लेकिन साहित्य को पढ़ने के लिए वे बहुत प्रेरित करते थे। तब तक आजादी नहीं मिली थी। सारे राजनीतिक लोगों का घर पर आना-जाना रहता था। वे हमें आग्रह करके उनको सुनने के लिए बिठाते ...कि समझो क्या हो रहा है देश में। कढ़ाई-बुनाई की तरफ मुँह उठाकर भी नहीं देखना था।

ओमा शर्मा : आपके परिचय में इस बात का उल्लेख भी जाता है कि आपको लेखन के संस्कार पैतृक रूप से मिले!

मन्नू भंडारी : हाँ, क्योंकि पिताजी लेखक तो थे ही। वह भी फुलटाइम। हालाँकि 'लिखते' नहीं थे, डिक्टेट करते थे। उनकी इच्छा रहती थी कि हमें समाज में रहकर कुछ विशिष्ट करना चाहिए। उन्हें यश की बड़ी कामना थी। आप कुछ भी कर आइए, सब माफ है यदि आपने कुछ विशिष्ट किया है, तो फिर सब ठीक है।

ओमा शर्मा : घर की जो स्थितियाँ थीं और पिताजी की यश की जो आकांक्षा थी वह कहीं आपके लेखन का कारण नहीं रही?

मन्नू भंडारी : नहीं। पिताजी की थी और अपनी तरह से उन्हें यश मिला भी, क्योंकि उन्होंने जो विश्वकोश तैयार किया, वह अपनी तरह का हिन्दी का इकलौता विश्वकोश है। शुरू में जहाँ भी मैं जाती, एक महान पिता की पुत्री के रूप में ही जानी जाती।

ओमा शर्मा : आपके भीतर यश की आकांक्षा...

मन्नू भंडारी : नहीं। बिलकुल नहीं। यश को तो छोड़िए, मुझे तो स्वीकृति भी बहुत बड़ी चीज लगती थी।

ओमा शर्मा : स्वीकृति भी तो यश का प्रारंभिक रूप है!

मन्नू भंडारी : हाँ, वह हो सकता है, रही हो। आपने कुछ लिखा, वह कहीं छपे, उसे दूसरे लोग पढ़ें, यह तो मैं चाहती थी मगर वह नहीं छपे तो मुझे निराशा होती, ऐसा कम ही था। मैं शायद मान लेती कि यह मेरी लाइन नहीं है। कुछ और करो। मगर जिस तरह से मुझे स्वीकारा गया, जिस तरह पाठकों के पत्र शुरुआत से ही आने लगे, वह सब तो अपेक्षाओं से कहीं-कहीं ज्यादा था।

ओमा शर्मा : शुरू में आप चरित्रप्रधान कहानियाँ लिखती थीं, जैसे 'अकेली' या फिर 'मजबूरी'। बाद में जब आलोचकीय विवेक भी घर करने लगता है तो आप स्थितियों में कहानी बुनने लगते हैं!

मन्नू भंडारी : मैंने कभी इस तरह सोचा नहीं, लेकिन जिस तरह आप कह रहे हैं, शायद मेरे बारे में सच हो।

ओमा शर्मा : जैसे बाद में लिखी आपकी कहानी है 'यही सच है'। चरित्रों को लेकर लिखी स्थितियों की कहानी!

मन्नू भंडारी : वह उस लड़की के आंतरिक द्वन्द्वों की कहानी है।

ओमा शर्मा : कहानियों को लेकर बात हम थोड़ी देर में करेंगे। अभी मैं कहानी लिखने की शुरुआती प्रक्रिया को पकड़ना चाह रहा हूँ। आप अभी तक अपनी तरह से दो-चार कहानियाँ लिख चुकी हैं। लेखकीय दुनिया में पैठ कर रही हैं। दो-चार समकालीन लेखकों के परिचय में आ रही हैं। इन सबका कहानी लिखने पर कोई असर...?

मन्नू भंडारी : फर्क तो आता ही है। मैं अभी तक धाँय-धाँय लिखे जाती थी। अब जाकर लगने लगा कि नहीं, पहले कहानी के बारे में, उसके स्ट्रक्चर के बारे में सोचो, समझो, फिर लिखो। पात्र कैसे विकसित होते हैं, वगैरह-वगैरह। लेखकीय परिचय के दायरे में सबसे पहले राजेन्द्रजी ही मिले। मैं स्कूल में पढ़ाती थी और ये पुस्तकालय में किताबें रिकमेंड करने के लिए आए थे। इनकी

'उखड़े हुए लोग' आ चुकी थी। उन दिनों इन्हें 'प्रयोग' करने का भूत चढ़ा हुआ था। कहानी को लेकर ये पता नहीं क्या-क्या बातें कहते-समझाते, जो मेरे सिर के ऊपर से निकल जातीं। फिर भी यह तो है कि इस सबने कहानी पढ़ने और लिखने के मेरे चयन पर निश्चित असर डाला। मैंने एक से एक समकालीन कथाकार को पढ़ा। रेणु मुझे बहुत बाद में समझ में आए।

ओमा शर्मा : बाद में पढ़ा या रेणु समझ बाद में आए?

मन्नू भंडारी : पढ़ा भी थोड़ा बाद में। सन 56 या 57 में इलाहाबाद में मैं उनसे मिली थी। मगर कोई खास परिचय नहीं हुआ। 'मैला आँचल' मैंने पढ़ा, मगर आंचलिक चीजें ज्यादा समझ में नहीं आईं। और तो और, बी.ए. तक अज्ञेय मुझे मुश्किल लगते थे।

ओमा शर्मा : नए कहानी-आंदोलन के पुरोधाओं से मुलाकात के बाद...

मन्नू भंडारी : हाँ, धीरे-धीरे इन सबसे परिचय होता गया। पहले राजेन्द्र, फिर राकेश और बाद में कमलेश्वर। दूसरे और भी लोग। ये लोग जो बातें करते, बहस करते, उन सबमें विदेशी लेखकों की खूब भरमार रहती जो मेरे लिए नया था, मगर उससे कहानी की अलग समझ तो विकसित होती ही थी। स्थितियों को कैसे पकड़ा और विकसित किया जाता है, इस सबके बारे में चर्चाएँ होतीं हालाँकि मेरी दूसरी कहानी 'श्मशान' स्थितियों को लेकर ही थी। इसमें एक आदमी की पत्नी की मृत्यु हो जाती है। वह उसका संस्कार करने जाता है और खूब रोता है। थोड़े दिनों बाद वह दूसरी पत्नी का दाह-संस्कार करने लाता है और फिर उसी तरह रोता है। जब उसकी तीसरी पत्नी भी मर जाती है, तो वह फिर शादी कर लेता है मगर आखिर में वह फिर उसी तरह से बुक्का मारके रोता रहता है। गाँवों के बुजुर्ग समझाते हैं कि क्या आदमी है, औरत के मरने पर रोता है। औरत माने पाँव की जूती। एक घिसी, दूसरी ले आओ। वह चरित्र और स्थिति मेरे मन में थी।

ओमा शर्मा : तो क्या आपको लगता था कि रोने की मार्फत झलकते इस तथाकथित प्रेम का पर्दाफाश करना चाहिए?

मन्नू भंडारी : नहीं। मैंने कहानी लिखी यह बतलाने को कि आदमी किसी दूसरे से नहीं, सिर्फ खुद से ही प्रेम करता है। खास तौर से पुरुष।

ओमा शर्मा : पुरुष ही क्यों, शायद स्त्री भी उसकी तरह...

मन्नू भंडारी : हाँ, कह सकते हैं सभी मनुष्य।

ओमा शर्मा : नई कहानी आंदोलन के साथ आपको भी जोड़कर देखा जाता है। उसकी कई प्रवृत्तियाँ आपके यहाँ दिखती हैं, मगर फिर भी काफी फर्क भी है...

मन्नू भंडारी : पता नहीं क्यों मुझे भी उन सबके साथ जोड़ दिया गया। मैं किसी आंदोलन-वांदोलन में नहीं थी। बस जो मन में आया, जो आसपास देखती थी, उस पर लिखती थी। कभी किसी वैचारिक पक्ष वगैरह के बारे में नहीं सोचती थी।

ओमा शर्मा : राजेन्द्रजी के सम्पर्क में आने से तो कुछ फर्क आया होगा? मनमोहन ठाकौर साहब की किताब में मैंने पढ़ा था कि उन दिनों आप दोनों के बीच काफी कुछ गुपचुप भी चल रहा था।

मन्नू भंडारी : हमारी मुलाकातों का सिलसिला लिखने-पढ़ने से ही शुरू हुआ। पहले किताबों के चयन को लेकर, फिर कहानियों पर प्रतिक्रिया-राय के जरिए। फिर हम दोनों ने अपने-अपने अतीत को बाँटा। हम दोनों के एक-एक प्रसंग थे। इन्होंने ही पहल की और बताया कि अब समाप्त कर दिया है। सारे पत्र वापस कर दिए हैं। स्लेट साफ। मैंने भी इन्हें बताया कि मेरी तो बाकायदा सगाई हुई थी।

ओमा शर्मा : वह अरेंज्ड थी या...

मन्नू भंडारी : हाँ। ऐसा ही कुछ था।

ओमा शर्मा : यानी आपने उन्हें देखा नहीं था?

मन्नू भंडारी : नहीं, बाकायदा देखा था। हुआ ये था कि उनकी बहन मेरी दोस्त

थी। हम लोग मिलते-जुलते थे। हम लोगों ने ही एक-दूसरे को पसंद किया। फिर उन्होंने अपने घरवालों को बताकर बात आगे बढ़ाई। उनके बड़े भाई बाकायदा रिश्ता लेकर आए थे।

ओमा शर्मा : फिर वह टूट कैसे गया?

मन्नू भंडारी : अरे, क्या कहिए। वह पत्रकार किस्म के आदमी थे। राजनीतिक रूप से भी सक्रिय। थोड़े दिन बाद उन्हें लगा कि जिस तरह की उनकी जिन्दगी होगी, उसके कारण वे मुझे स्थायित्व-सा कुछ नहीं दे पाएँगे। इसलिए नहीं चाहते थे कि...। लेकिन मना मुझे करना था क्योंकि उनका मानना था कि यदि वे मना करेंगे तो मेरी बदनामी होगी। पहले तो मैंने यही कहा कि मैं नहीं मना करने वाली। मुझे तो सब ठीक लगता है। मगर बाद में मान गई। हालाँकि मुझे काफी तकलीफ भी झेलनी पड़ी। लेकिन राजेन्द्र से मिलने तक मैं उस सबसे बाहर आ चुकी थी। इसके बारे में मैंने भी राजेन्द्र को बता दिया था और अपने को मुक्त कर लिया था। मगर मुझे क्या पता था कि मुक्त मैं हो गई हूँ, ये नहीं। इनका तो चलता ही रहेगा...

ओमा शर्मा : राजेन्द्रजी की तरफ आपका झुकाव पिछले संबंध के टूटने की हताशा के कारण तो नहीं था?

मन्नू भंडारी : नहीं, ऐसा नहीं था। वह अध्याय तो पहले ही पूरा हो चुका था।

ओमा शर्मा : यानी कुल मिलाकर यही कि आपने कहानी लिखना बस यूँ ही शुरू कर दिया!

मन्नू भंडारी : यूँ ही तो खैर नहीं। मैं पढ़ती बहुत थी। मगर मैं फिर भी कहूँगी कि यहाँ भी शीला अग्रवाल ने मुझे सही ढंग से पढ़ना सिखाया, लेखकों के नाम के साथ। अज्ञेय, भगवतीचरण वर्मा आदि-आदि...

ओमा शर्मा : राजेन्द्रजी से निकटता होने के कारण लेखकीय समझ और लिखने के तरीके में फर्क आया?

मन्नू भंडारी : लिखने के हिसाब से तो नहीं। ये बहुत क्लिष्ट-सा लिखते थे, जबकि मेरा मामला सीधा-सादा-सा ही था। हाँ, इनके साथ ने पढ़ने के स्तर पर ज़रूर मुझे फायदा पहुँचाया। उससे शायद लेखन में भी फर्क आया हो।

ओमा शर्मा : राजेन्द्रजी के साथ के आकर्षण के शुरुआती बिंदु क्या थे?

मन्नू भंडारी : शायद लेखन ही था। मेरी सात-आठ कहानियाँ तब तक आ चुकी थीं। संग्रह नहीं आया था। मेरे संग्रह को प्रकाशक के पास ये ही लेकर गए थे। मैं लिखने के लिए खूब उत्साहित रहती थी। फिर ये भी तो बराबर रुचि दिखा ही रहे थे। मुझे लगा कि यही तो मुझे चाहिए। लिखने-पढ़ने की एक भरी पूरी दुनिया। दूसरी सारी बातें आईं, जैसे कि ये फ्रीलांसर हैं, आर्थिक आधार कुछ नहीं है। लेकिन यह सब मुझे मंजूर था। और वाकई राजेन्द्र के साथ रहने के बाद घर में एक से एक नई किताबें आतीं, नई-नई पत्रिकायें आतीं, आए दिन गोष्ठियाँ होती रहतीं। कॉफी हाउस जाने का सिलसिला शुरू हुआ।

ओमा शर्मा : थोड़े क्रूड अर्थ में कहें कि एक उभरती लेखकीय आकांक्षा को राजेन्द्रजी के साथ में काफी-कुछ रूपायित होते दिखा...

मन्नू भंडारी : कह सकते हैं। मेरे घरवालों का दबाव बिलकुल दूसरी तरह का था, मगर इनके मिलने के बाद मुझे लगा कि मुझे ऐसा ही कुछ चाहिए था...(फिर थोड़ा रुककर) इनके साथ मेरी इतनी बड़ी ट्रेजडी जुड़ जाएगी, यह नहीं सोचा था...(मुक्त ठहाके के साथ)... इनके साथ रहने के थोड़े दिनों बाद ही मुझे लगने लगा था कि मामला कुछ उखड़ा-उखड़ा हो रहा है, मगर यह नहीं सोचा था कि...

ओमा शर्मा : क्यों? आपकी कोर्टशिप दो साल के करीब तो चली ही थी। इस दरम्यान आप इनके व्यक्तित्व के आड़े-टेढ़े पहलुओं को नहीं देख सकीं?

मन्नू भंडारी : महिलाओं के साथ मिलना-जुलना तो स्वाभाविक तौर पर होता

ही था। ये लेखक थे। इधर-उधर बुलाए जाते थे और मैं सोचती थी कि यह तो सामान्य-सी बात है।

ओमा शर्मा : मेरा मतलब उससे नहीं है। मेरा अभिप्राय एक प्रतिभा के भीतर छिपी मार्केटिंग की प्रतिभा से भी है, जो इन तीनों में खूब कूट-कूट कर भरी थी। जिसके लिहाज से आप काफी बेमेल पड़ती थीं।

मन्नू भंडारी : सच पूछिए तो तब मुझे पता ही नहीं था कि ये लोग इतने बड़े मार्केटियर हैं। यह सब तो बाद में पता चला।...कलकत्ता-समारोह में जिस योजनाबद्ध तरीके से पुरानी पीढ़ी को ध्वस्त कर दिया, जब अपना वर्चस्व सिद्ध कर दिया, तब तीनों अपना-अपना वर्चस्व सिद्ध करने लग गए, जिससे इनकी भी दोस्तियाँ टूट गईं।

ओमा शर्मा : लेकिन आपसी बातचीत में इनके बीच बैठकर आपको नहीं लगता था कि ये लोग क्या कर रहे हैं?

मन्नू भंडारी : अरे, इनके बीच मुझे अपना लेखक होना ही कुछ नहीं लगता था। वो तो थोड़ा बाद में हुआ।

ओमा शर्मा : यानी शुरू में यू वर इन ऑ विद दैम। उनके प्रभावमंडल की गिरफ्त में...

मन्नू भंडारी : ज़रूर था। मैं (खुद पर कुछ हँसते हुए) वाकई उन दिनों इन लोगों को महान समझती थी।

ओमा शर्मा : राजेन्द्रजी के प्रति कोई सेंस ऑफ ऑब्लिगेशन-सा कुछ?

मन्नू भंडारी : कतई नहीं। मैं इन लोगों का सम्मान करती थी, उनका संग-साथ इंजॉय करती थी, मगर ऑब्लिगेशन किस बात का? दोस्ती थी। मैं अपनी कहानियाँ कभी राकेशजी या कमलेश्वरजी को दिखाती थी। ये लोग जो भी सुझाव देते, उसे मानने या न मानने का फैसला मैं खुद ही करती थी। ये लोग तो पता नहीं क्या-क्या सुझाव दे डालते थे, मगर अन्ततः मैं तो बहुत कम ले पाती थी। जो मुझे सही लगता था। और मेरे सही लगने

का मतलब था, एक तो बात सीधी-सहज होनी चाहिए...जो कि मेरा स्टाइल था। और दूसरे, जिसे मेरा विवेक कहे कि मुझे यही कहना था। बल्कि आज याद करूँ तो लगता नहीं इन लोगों के सुझावों पर मैंने किसी कहानी को बदला। हाँ, यह ज़रूर हुआ कि कोई कहानी इन्होंने एप्रूव कर दी मगर मैंने उसे नहीं छपने दिया क्योंकि मैं पूरी तरह संतुष्ट नहीं थी।

ओमा शर्मा : उस आंदोलननुमा चीज के रहते कभी आप उन लोगों को समझाती-कहती नहीं थीं कि यह क्या है?

मन्नू भंडारी : बेशक। लेकिन मेरा अपना ही तरीका था। एक लाइन के साथ बड़ी लाइन खींच दीजिए तो पहले वाली अपने आप ही छोटी हो जाएगी। उसके लिए उसे ध्वस्त करने की क्या जरूरत है? मैं ऐसा तब भी सोचती थी और आज भी सोचती हूँ लेकिन वही बात है ना, अपनी-अपनी सोच...

ओमा शर्मा : तब आपको लगता था कि नई कहानी का आंदोलननुमा कुछ चल रहा है और आप उसमें शामिल हैं?

मन्नू भंडारी : मुझे तो सच्ची, ज्यादा कुछ पता ही नहीं था और मैं उसमें शामिल कर ली जाऊँगी, यह तो कल्पनातीत था।

ओमा शर्मा : और भी लेखक थे, जो उस दौर में खूब बढ़िया कहानियाँ लिख रहे थे, मगर स्पॉट लाइट इन तीनों ने घेर रखी थी।

मन्नू भंडारी : क्यों नहीं? खूब बढ़िया कहानीकार थे जैसे अमरकांत, उषा प्रियंवदा, शेखर जोशी, शिवप्रसाद सिंह...।

ओमा शर्मा : आंदोलन और कुछ लोगों द्वारा चर्चाओं को हथिया लेने वाली बात मैं इसलिए भी पूछ रहा हूँ, क्योंकि इन दिनों युवा पीढ़ी को लेकर भी एक आंदोलन की बात की जाती है। चंद नामों को सुविधानुसार लिया-उछाला जा रहा है।

मन्नू भंडारी : मैं सोचती हूँ, ऐसा हर दौर में होता है और होता रहेगा। इससे कुछ बनता-बिगड़ता नहीं है। अंततः तो रचनाएँ ही बचती हैं।

नई कहानी आंदोलन के बाद साठोत्तरी कहानी आई जिसने नई कहानी पर नये प्रश्नचिह्न लगा दिए।

ओमा शर्मा : अच्छा, ये बताइए कि साठोत्तरी कहानी में आंदोलन जैसा क्या था? मतलब, नई कहानी का तो जैसा भी सही, एक वैचारिक आधार था—पीढ़ियों और स्त्री-पुरुष के संबंधों का टकराव। मगर साठोत्तरी में क्या था? ज्ञानरंजन और रवींद्र कालिया में इसके सिवा क्या कॉमन था कि वे समवयस्क थे और एक ही दौर में लिख रहे थे?

मन्नू भंडारी : लेकिन इनकी भाषा एक-सी थी।

ओमा शर्मा : काशीनाथ सिंह की भाषा भी वैसी थी?

मन्नू भंडारी : काशीजी ने बहुत अच्छे संस्मरण लिखे हैं। पिछले दिनों उनका उपन्यास भी आया है। आपको पता है, पिछले दिनों नामवर सिंह ने कहा कि हिंदी में तीन ही कथाकार हैं—काशीनाथ सिंह, मनोहर श्याम जोशी और उदयप्रकाश।

ओमा शर्मा : रुकिए, रुकिए। इस विद्वत्तापूर्ण चयन से आपको क्या आपत्ति है?

मन्नू भंडारी : (कुछ सचेत और सुरक्षापूर्ण होकर) मेरी कोई आपत्ति नहीं है...वो जो मर्जी करें।

ओमा शर्मा : आये दिन ये फेहरिस्त बनाने का काम आपको मूर्खतापूर्ण नहीं लगता?

मन्नू भंडारी : मैं तो ऐसा भी नहीं कहूँगी। लेकिन ये तो है कि नामवरजी शुरू से ही अपने छोटे भाई के प्रति पक्षपाती रहे ही हैं। बहुत पहले काशीनाथजी का वो उपन्यास आया था 'अपना मोर्चा', छात्रों को लेकर। छपते ही नामवरजी ने तभी घोषित कर दिया कि पिछले दस वर्षों का सर्वश्रेष्ठ उपन्यास है। मैं सोचती हूँ कि पक्षपात की कुछ तो सीमा होनी चाहिए। लेकिन यह भी है कि हर व्यक्ति अपने चयन के बारे में स्वतंत्र तो होता ही है। मैं कोई लिस्ट बनाने लगूँ तो हो सकता है, कुछ और लोग हों।

ओमा शर्मा : यह महज अपनी-उसकी लिस्ट वाली बात नहीं है। मंतव्यों और अपनी विश्वसनीयता की भी बात है।

मन्नू भंडारी : ठीक है, मगर इससे कुछ बनता-बिगड़ता भी नहीं है। पता नहीं, क्यों मैं ऐसी चीजों से उद्विग्न नहीं होती। तटस्थ ही रहती हूँ।

ओमा शर्मा : इस तरह की तटस्थता जायज है।

मन्नू भंडारी : जायज तो नहीं है, मगर मुझे अपनी ऊर्जा को भी तो अपने हिसाब से काम में लेना है।

ओमा शर्मा : विरोध न करने और तटस्थ बने रहने के पीछे हमारे भीतर भविष्य में लाभान्वित होने की मंशा भी तो छिपी रहती है।

मन्नू भंडारी : अमूमन यह बात सच हो सकती है लेकिन मैं अपने लिए कह सकती हूँ कि मेरी तटस्थता का कारण यह नहीं रहा।

ओमा शर्मा : मानता हूँ, लेकिन इस लिस्टबाजी से वातावरण ही प्रदूषित होता है। इसमें सही रचना को रेखांकित करने की नीयत कम, अपने-उसके मकसद साधने की कवायद ज़्यादा होती दिखती है, जबकि आज के माहौल में एक विश्वसनीय, निष्पक्ष किस्म की आलोचना की सख्त जरूरत है।

मन्नू भंडारी : मानती हूँ, लेकिन मैं अपनी ही बात कर सकती हूँ। मैंने आज तक अपनी किसी किताब की कभी कोई समीक्षा नहीं करवाई। न किसी पर गोष्ठी आयोजित की। सिर्फ 'आपका बंटी' पर, मैंने नहीं, दूसरे मित्रों ने कार्यक्रम रखा, जिसमें मैं सिर्फ गई थी।

ओमा शर्मा : चलिए, बात चली है तो आप भी बताइए कि नयी कहानी के इन तीन प्रमुख लेखकों में आप सबसे अच्छा किसे मानती हैं?

मन्नू भंडारी : उपन्यासों के बारे में तो नहीं, मगर कहानियों के बारे में मैं कह सकती हूँ, इन तीनों में सबसे अच्छी कहानियाँ मोहन राकेश

के पास हैं। राकेश ने कम कहानियाँ लिखीं, मगर लिखीं बहुत अच्छी। राजेन्द्र ने काफी कहानियाँ लिखीं हैं। कुछ बहुत अच्छी हैं, जैसे 'टूटना' या 'लंच टाइम'। मगर ऐसी बहुत कम हैं। राकेश ने जो भी लिखीं, उम्दा लिखीं।

ओमा शर्मा : और कमलेश्वर?

मन्नू भंडारी : नहीं, कमलेश्वर का कुछ खास नहीं है। कुछ कहानियाँ उनकी ठीक हैं, मगर उन्होंने जितना लिखा है, उसके मुकाबले अच्छा बहुत कम ही है।

ओमा शर्मा : और उपन्यासों में?

मन्नू भंडारी : मुझे लगता है, राजेन्द्र के पास दो अच्छे उपन्यास हैं 'सारा आकाश' और 'उखड़े हुए लोग'। हालाँकि 'उखड़े हुए लोग' में उन्होंने बहुत ज्ञान बघारा है। खूब भाषणबाजी की है।

ओमा शर्मा : कमलेश्वर के उपन्यास?

मन्नू भंडारी : नहीं, कुछ खास नहीं। हालाँकि एक को तो पता नहीं क्यों साहित्य अकादमी पुरस्कार तक दे दिया गया।

ओमा शर्मा : जिन दिनों आप लोग लिखना शुरू कर रहे थे, एक आलोचक के तौर पर नामवरजी भी उभर कर आ रहे थे। उनकी राय या आलोचना का आप पर कुछ असर पड़ा?

मन्नू भंडारी : उनसे मिलना-जुलना थोड़ा-बहुत तो होता था लेकिन मैं आपको बताऊँ, नामवरजी ने आज तक एक लाइन मेरे बारे में नहीं लिखी है।

ओमा शर्मा : आपके बारे में न लिखा हो, मगर उस समय की कहानियों की समीक्षा तो वे करते ही थे। उसे पढ़कर जाँचने-परखने-सा कुछ?

मन्नू भंडारी : इतना तो मुझे याद नहीं। हाँ, एक बार बातों-बातों में उन्होंने मुझसे कहा था कि वे राकेश को इनमें बेहतर कहानीकार मानते हैं।

ओमा शर्मा : कमलेश्वरजी के बारे में सुनते हैं कि वे बिना किसी तामझाम के तुरत-फुरत कहानी लिख डालते थे?

मन्नू भंडारी : इतना ही नहीं, वे एक ड्राफ्ट में, बिना कोई काटपीट किए पूरी कहानी लिख डालते थे। बड़ी सुंदर लिखावट थी। एक बार मैंने उनसे कहानी माँगी। मैं लेने पहुँची तो कहने लगे, अभी पूरी नहीं है। मैंने कहा, दिखाइए। कोई पौन पेज लिखा था। बोले कल शाम को ले लेना, कॉफी हाउस में। और अगली शाम को उन्होंने कहानी मुझे दे दी। वहीं से शुरू करके, क्योंकि गये रोज जहाँ तक उन्होंने लिखा था, वहाँ मैंने निशान लगा दिया था। यह अद्‌भुत प्रतिभा थी।

ओमा शर्मा : और वह कहानी कैसी थी?

मन्नू भंडारी : (दीर्घ साँस लेकर और सोचते हुए) अब इतना तो याद नहीं, लेकिन वह कोई खराब कहानी नहीं थी। मुझे उनका यह रूप अच्छा लगता था, क्योंकि मैंने भी अपनी लगभग सभी कहानियाँ सब-कुछ होने के बीच में ही लिखी हैं। खाली पीरियड है, कहानी लिखनी शुरू कर दी। बच्ची के मुँह में दूध की बोतल डाल दी और कहानी लिखने लगी...।

ओमा शर्मा : और व्यक्ति के तौर पर उन लोगों के बारे में आप क्या सोचती हैं? जैसे राजेन्द्रजी ने कहीं लिखा है कि राकेशजी बहुत शातिर थे... हर-एक के साथ शतरंज खेलने वाले...

मन्नू भंडारी : यह बात काफी सच है। उनके भीतर एक स्पष्ट दोहरापन था। जैसे पहले कहते थे कि कोई पुरस्कार नहीं लूँगा। मगर जब मिला, तो संगीत नाटक अकादमी का पुरस्कार फट से ले लिया।

ओमा शर्मा : इनमें सबसे ज्यादा जटिल कौन था?

मन्नू भंडारी : राकेश ही थे। उन्हें समझना थोड़ा मुश्किल था। एक तो होती है आपकी कला और दूसरी चीज है उसे लेकर धूम मचाने की प्रतिभा। राकेशजी दोनों में माहिर थे।

ओमा शर्मा : तो इसमें तो कोई एतराज वाली बात नहीं होनी चाहिए। आप दोनों को साध लें तो क्या बात है। इस मामले में राजेन्द्रजी कहाँ बैठते हैं?

मन्नू भंडारी : राजेन्द्र में भी अपने को केन्द्र में रखने की प्रवृत्ति खूब है। दरअसल राकेश, राजेन्द्र की ग्रंथि थे। ठीक वैसे जैसे अज्ञेय, राकेश की ग्रंथि थे। अज्ञेय अपने बारे में लिखी एक-एक चीज को बड़ी तरतीब से सँभाल कर रखते थे, बिना यह सोचे कि मर जाएँगे तो कौन देखेगा इन सबको।

ओमा शर्मा : आप कभी मृत्यु के बारे में सोचती हैं?

मन्नू भंडारी : सोचना क्या, वह तो आनी ही है। मेरा न्यूरोल्जिया का ऑपरेशन होना है। तीन साल से टालती आ रही हूँ। मेरे एक मामा का लड़का है, इंदौर में। उसने कहा, मैं आपकी कुंडली बनाऊँगा, न्यूमरोलॉजी के आधार पर। मैंने कहा, मेरे पास तो अपनी जन्मपत्री भी नहीं है। माँ कहती थी कि ज्येष्ठ की पंचमी थी और दीया-बत्ती का समय था। खैर, वह ले गया और इधर-उधर से बना के कुछ भेज भी दिया। वर्षों पुरानी बात है। उसकी अंतिम पंक्तियाँ थीं—नर्सिंग होम में कोमा की स्थिति में मृत्यु। तब मुझे ऐसी कोई दिक्कत भी नहीं थी। मगर पता नहीं, अब वह मेरे भीतर सनसनाहट पैदा करती है और मैं ऑपरेशन करने से कतराती हूँ। लेकिन एक-दो चीजें हैं जिनके बारे में मैं सोचती हूँ। एक उपन्यास की रूपरेखा बना चुकी हूँ और चाहती हूँ, वह पूरा कर लूँ। इसी तरह पाँच-छह कहानियाँ हैं जिन्हें मैं लिखना चाहती हूँ। उसके बाद जो हो, सो हो। अर्चना वर्मा से उपन्यास के बारे में बात भी हुई है। उसने कहा कि ये तो मैं ज़रूर पूरा करूँ। फिलहाल तो इस बीमारी की वजह से सब-कुछ ठप पड़ा है।

ओमा शर्मा : निर्मल वर्मा आपको कैसे लगते हैं?

मन्नू भंडारी : उनकी वैचारिक चीजें तो मुझे बहुत अच्छी लगती हैं। उनके

वैचारिक लेख अद्भुत हैं। लेकिन कहानियाँ उतनी अच्छी नहीं लगतीं। 'वे दिन' मुझे बहुत पसंद है। निर्मल का व्यक्तित्व पूरी तरह लेखकीय था।

ओमा शर्मा : किस तरह की कहानियाँ आपको ज्यादा अच्छी लगती हैं?... मतलब कथ्य के स्तर पर, भाषा, शिल्प वगैरह?

मन्नू भंडारी : कथ्य और शिल्प मेरे लिए अलग-अलग नहीं हैं। दोनों संवेदना के माध्यम भर ही तो हैं। शिल्प अपने आपमें कुछ नहीं है। बात को प्रभावशाली ढंग से कहने के लिए शिल्प की जरूरत होती है। मेरे लिए कथ्य और शिल्प एक-दूसरे के पूरक हैं। कथ्य पर हावी होनेवाले शिल्प की कहानियाँ मुझे नहीं जमतीं।

ओमा शर्मा : बहुत जायज सवाल नहीं है मगर अपनी पसंद की अपनी पाँच कहानियाँ बतानी हों तो आप किनका चयन करेंगी?

मन्नू भंडारी : (थोड़ी देर सोचती हैं)...एक तो 'त्रिशंकु' होगी। दूसरी मेरी एक कहानी है 'तीसरा हिस्सा' जो काफी अननोटिस्ड चली गई थी। इसमें मैंने कोशिश की थी कि हर व्यक्ति हिस्सों में बँटा होता है। एक हिस्सा जो घर-परिवार के हवाले होता है। एक हिस्से में नौकरी वगैरह। ये दोनों तो जरूरी हैं, मगर एक और है जो उसके भीतर से निकलता है। उसे पत्रिका निकालनी है। वह उसमें सफल नहीं होता। फिर भी मौका मिलने पर बार-बार वही करना चाहता है क्योंकि यही है वह हिस्सा, जहाँ उसका मन रहता है। जिसके सहारे वह जीते रहना चाहता है। तीसरी कहानी गिनूँ तो शायद 'स्त्री-सुबोधिनी' हो। चौथी कहानी होनी चाहिए 'क्षय'। और पाँचवीं...ठीक से कुछ याद नहीं आ पा रही। लेकिन एक चीज बताऊँ आपको। मेरी कहानियों के अनुवाद बहुत हुए हैं। कई तो भारतीय भाषाओं में और पता नहीं, किस-किस विदेशी भाषा में। मराठी में मेरे तीन कथा-संग्रह हैं।

ओमा शर्मा : मुझे 'स्त्री-सुबोधिनी' बहुत कमजोर कहानी लगती है।

अभिप्रायवादी-सी। अंत में आकर जिस तरह से आपने कुछ पॉइंट-से लिखे हैं, उससे तो वह हास्यास्पद भी हो गई है।

मन्नू भंडारी : नहीं, उसका स्वर ही मजाकिया है। आपको पता है, वह कहानी किस पर है?

ओमा शर्मा : किस पर है?

मन्नू भंडारी : राजेन्द्र यादव पर।

ओमा शर्मा : अच्छा! यह मैं नहीं सोच सकता था।

मन्नू भंडारी : मीता के नजरिये से। हुआ यूँ कि टिंकू की शादी का रिसेप्शन था। वह आई थी। आ तो गई मगर एक कोने में चुपचाप बैठ गई। कोई पहचाने भी न उसे। मैं ही बीच में एकाध बार उसके हालचाल लेने चली जाती। खैर, रात को हम लोग घर आ गए। अगले दिन उसे जल्दी चले जाना था। सुबह उठकर मैंने राजेन्द्र को कहा कि इसे कम से कम बस-स्टैंड तक तो छोड़ आओ। ये तो नींद में ही कुनमुनाने लगे—अरे चली जाएगी... सोने दो मुझे। मैंने उसे चाय पिलाई और स्टैंड तक छोड़ने गई। तब मुझे लगा... कहाँ तो साथ जीने-मरने की बातें और कहाँ ऐसे हाथ झाड़ लिए...

ओमा शर्मा : एक आपकी कहानी है 'दो कलाकार'!

मन्नू भंडारी : हाँ, मुझे अच्छी तरह याद है। मेरी शुरुआती कहानी है। बल्कि उसके वास्तविक चरित्र भी याद हैं। हॉस्टल वाली वे लड़कियाँ।

ओमा शर्मा : मेरा सवाल यह था कि कहानी से ऐसा प्रतीत होता है कि लेखिका समझती है, जीवन हर कृति से बड़ा है। बच्चों को एडॉप्ट करने वाली लड़की उन बच्चों की मार्मिक 'पेंटिंग्स' बनाकर शोहरत कमाने वाली से ज्यादा बड़ी है। ऐसी लेखकीय मंशा दिखती है।

मन्नू भंडारी : मेरी मंशा किसी के पक्ष में लेखकीय स्टैंड लेने की नहीं थी। मेरा विचार तो सिर्फ स्थितियों को बताने का था।

ओमा शर्मा : लेकिन इस कहानी की मार्फत मैं यह कहना चाहूँगा कि हमारे लेखकों की काफी मोहभंग की-सी स्थिति रहती है। लेखन का दायरा और असर इतना सिमट गया है कि उन्हें लगता है, समाज में सीधे हस्तक्षेप की ज्यादा जरूरत है। एक्टिविस्ट ना भी बनो तब भी कविता-कहानी के बजाय समाज को संबोधित लेख लिखे जाएँ, जिन्हें पढ़कर जनचेतना बढ़े।

मन्नू भंडारी : मैं सोचती हूँ कि सबकी अपनी-अपनी बात होती है। अगर आप अपनी बात को लेख के जरिए बेहतर ढंग से कह सकते हैं, तो ज़रूर कहिए। कहानी के साथ मुझे लगता है कि संवेदना ज्यादा गहराई से जुड़ी होती है। मैं आज भी कहानी लिखना ही ज्यादा पसंद करूँगी। हालाँकि सन् चौरासी के दंगों के वक्त ऐसा भी मौका आया था जब मैं एक कार्यकर्ता ही बन गई थी, त्रिलोकपुरी इलाके में जाकर।

ओमा शर्मा : लेकिन हादसे के बाद वहाँ आप लेखकीय माल-पानी की तलाश में गई थीं या विशुद्ध रूप से मदद करने?

मन्नू भंडारी : विशुद्ध रूप से मदद करने। लिखना तो मेरा उससे पहले ही बंद-सा हो गया था।

ओमा शर्मा : बंद हुए तब कौन-सा अरसा हुआ था? लेखकीय कबाड़खाने में ठूसम-ठाँसी तो चलती रहती है। अच्छा ये बताइए, वहाँ आप लेखकों के साथ गई थीं या दूसरों के?

मन्नू भंडारी : लेखक तो एक भी नहीं था। कुछ स्टूडेंट्स थे, कुछ कार्यकर्ता थे।

ओमा शर्मा : आपकी एक बहुचर्चित कहानी है 'यही सच है'। इसमें प्रेम को लेकर एक दुविधा की स्थिति तो खैर है ही, स्थापना यह निकली है कि अपनी असुरक्षाओं के कारण हम अपने वर्तमान से चिपके रहना चाहते हैं।

मन्नू भंडारी : आपको पता है, इस कहानी के चरित्र की प्रेरणा कौन हैं? राजेन्द्र यादव। दो नावों में सवार रहने वाली स्थिति। लेकिन मैंने उसे

उलट दिया। यानी प्रेम में यह दुविधा स्त्री बयान करे तो कोई नई बात होगी, तब कहानी बनेगी... यही सोचकर लिखा था। राकेशजी को बहुत पसंद आई थी और उन्होंने अपने कॉलम में इसका उल्लेख भी किया था। छपने के बाद पहली बार जब मैं उनसे मिली, तो मेरी तरफ बाँहें फैलाकर आमंत्रित करते हुए बोले 'चुंबित-प्रतिचुंबित' (कहानी का अंतिम वाक्य)। इस कहानी ने मेरे आत्मविश्वास को चार चाँद लगा दिए थे। पता नहीं कितने तो अनुवाद हुए हैं, कितनी जगह कोर्स में लगी है, फिल्म बनी।

ओमा शर्मा : आपकी कहानियाँ खूब लोकप्रिय हुई हैं। अनुवाद हुए हैं मगर समग्रता में पढ़ते हुए लगता है कि आपकी कहानियों के चरित्र और स्थितियाँ एक परिचित यथार्थ के आसपास ही घूमते रहते हैं। वे जीवन के अल्पज्ञात या असामान्य चरित्रों, स्थितियों से परिचय नहीं करातीं?

मन्नू भंडारी : मैं आपको बताऊँ, मैंने उन चीजों पर लिखा है जो या तो मेरे साथ हुई हैं या किसी भी तरह मेरे अनुभव का हिस्सा रही हैं। मेरे साथ चूँकि असामान्य-सा कुछ नहीं हुआ, शायद इसलिए ऐसा हुआ हो। एक कथाकार को नई चीजों के बारे में भी लिखना चाहिए, लेकिन में अपने ही अनुभवों को कहानी में ढालकर तसल्ली कर लेती थी। फिर भी मैं यह कहूँगी कि एक अच्छा कथाकार एक परिचित यथार्थ को भी नये सिरे से, नये कोण से पेश कर सकता है।

ओमा शर्मा : 'त्रिशंकु' पर टिंकू की क्या प्रतिक्रिया थी?

मन्नू भंडारी : उसी के ऊपर लिखी है। तब हम शक्ति नगर में रहते थे। सत्य घटनाओं के आधार पर।

ओमा शर्मा : आपको निजी तौर पर क्या ज्यादा पसंद हैं– कहानियाँ या उपन्यास?

मन्नू भंडारी : दोनों। मगर बहुत मोटे उपन्यास मुझे उतने अच्छे नहीं लगते।

जबकि कहानियों में लंबी कहानियाँ ही ज्यादा अच्छी लगती हैं।

ओमा शर्मा : आपको क्या लगता है कि आपको कहानियों के लिए ज्यादा याद किया जायेगा या उपन्यासों के लिए?

मन्नू भंडारी : मुझे लगता है, मुझे उपन्यासों के लिए ज्यादा याद किया जायेगा। 'महाभोज' में जो स्थितियाँ दर्शायी गई हैं, वे बद से बदतर होती जाएँगी। यही हाल 'बंटी' की स्थितियों का है। (विनम्रता और आत्मविश्वास के साथ)... इसलिए मुझे लगता है, ये दोनों रहेंगे।

ओमा शर्मा : आपने जीवन की दैनंदिनी के बीच रहकर ही लिखा या किसी जुनून के तहत सब-कुछ छोड़-छाड़ कर?

मन्नू भंडारी : उपन्यासों के लिए ज़रूर थोड़ा अलग समय दिया। जैसे 'बंटी' के समय कॉलेज के हॉस्टल में रहने चली गई थी। मगर दिन में तो क्लासें लेती ही थी। शनिवार-इतवार घर पर भी आती थी। 'महाभोज' के लिए शिमला चली गई थी। मगर बाकी सब तो रोजमर्रा के बीच रहकर ही लिखा। 'महाभोज' का नाट्यांतरण भी रोज कॉलेज से आकर करती थी। जितना हो जाता था, बज्जू भाई (रामगोपाल बजाज) को दे आती। वे प्रोत्साहित करते और मैं लिखती जाती। बस, मेरे साथ ये रहा कि मैंने घर के काम-काजों में अपने को नहीं खपाया। मदद के लिए हमेशा किसी को साथ रखा। उसे अच्छी तरह समझा दिया, कैसे क्या करना है, यह बता दिया। बस। उन दिनों ड्राइंग रूम में ही एक परदा-सा डालकर मैंने अपने लिखने की जगह बना रखी थी। 'महाभोज' का मंचन! ओफ! बड़ी तसल्ली मिली थी वह सब देखकर। (सुनहरी स्मृतियों की चमक बड़ी तसल्ली से उनकी भंगिमा पर तारी हो जाती है।)

ओमा शर्मा : एक आपकी कहानी है 'असामयिक मृत्यु'...

मन्नू भंडारी : (एक गहरी आह भरती हैं...एक महत्त्वपूर्ण स्मृति का तार-सा

जुड़ने पर)...अरे क्या बात है। मुझे बहुत अच्छी लगती है। यही वह पाँचवीं कहानी होगी, जो आप पहले मेरे से चाह रहे थे। आज भी वह परिवार और परिवेश मेरे जेहन में ताजा है। मेरे बड़े भाई की तरह थे वे। उनका बड़ा बेटा बहुत ही होनहार क्रिकेटर था, खूब चौके-छक्के लगाने वाला। मैं जब वहाँ गई तो उसकी माँ ने बड़ी तसल्ली भरी साँस ली कि बाप की कमी को लड़के ने बड़ी जिम्मेदारी के साथ पूरा कर दिया है। वह पूरे दिन ऑफिस जाता है। छोटे भाई-बहनों की पढ़ाई-लिखाई, नाते-रिश्तेदारों से लेन-देन, सब बड़े सलीके से सँभालता है। उसमें मेरी जिज्ञासा और भी जग गई। जब वह घर आया तो हाथ में सब्जी का थैला था जबकि एक वक्त उसे सब्जी लेने जाने से घोर चिढ़ थी। वह मिला तो मुझे लगा कि अपने पिता की ही छाया है। युवक तो वह दूर-दूर तक कहीं नहीं था। और तो और, जब मैं चलने लगी तो मेरे हाथ पर ग्यारह रुपये भी धरने लगा। मैं आकर इतनी विचलित हुई कि देखो, ये क्या था, क्या हो सकता था और क्या बन गया है। लोग कहते थे कि असामयिक मृत्यु हो गई। मगर किसकी? पिता की या बेटे की? शायद यह वह कहानी थी जो कमलेश्वर को खूब पसन्द आ गई थी, जब कि मैं उसकी माँ के द्वन्द्व...कि परिवार की खातिर एक तरफ वह चाहती है कि बेटा बाप का काम सँभाल ले और जब वह सँभाल लेता है, तो जैसे वह उस बेटे को खोता देखती है...मैं उस द्वन्द्व को और उभारना चाहती थी।

ओमा शर्मा : 'बंद दराजों का साथ' के अंत में एक वाक्य है—विपिन ने केवल अपनी जिंदगी को ही टुकड़ों में नहीं काटा, कितने कौशल से वह उसकी जिंदगी को भी टुकड़ों में काट गया है। इसमें गहरी आत्मकथात्मक टीस है...भोगे यथार्थ की कलात्मक अभिव्यक्ति...

मन्नू भंडारी : हाँ, आत्मकथात्मक तो था ही। मैंने कहा ना, मेरी सारी कहानियों में मेरे जीवन के तंतु मिल जाएँगे। दरअसल मेरे

संस्कार बिलकुल अलग तरह के रहे हैं। हमारे परिवार में सब चीजें बड़ी सामूहिक-सी थीं। मगर मैंने देखा, राजेन्द्र मुझसे काफी चीजें दबा-छिपाकर रखते रहे जबकि हम लोगों ने अपनी जिंदगी एक साझा स्वीकार्य से शुरू की थी। मैंने सोचा, इनका मीता वाला प्रसंग समाप्त हो गया है। उसने विवाह से मना कर दिया था और इनके लिखे पत्र वापस कर दिए थे, मगर फिर भी ये दूसरों के पतों पर उसके साथ पत्राचार करते रहे। उसको लेकर डायलॉग समेत खूब डायरियाँ लिखते रहे। अपनी दराजों में ताले ठोंकते रहे।

ओमा शर्मा : यह बताइए कि पति-पत्नी होने का मतलब क्या एक-दूसरे की हर चीज शेयर करना होता है? अपना कोई निजी कोना ही नहीं हो!

मन्नू भंडारी : नहीं, जरूर होना चाहिए। अब जैसे ये कहें कि मैं अपनी चीजें छपने से पहले किसी को नहीं पढ़ने देने चाहता, तो ठीक है। यह आपका निर्णय है। मगर उसकी आड़ में आपको दूसरा कुछ अनाप-शनाप तो नहीं करना चाहिए।

ओमा शर्मा : तो आप दोनों के बीच जो बिखराव हुआ, उसकी वजह यह विवाहेतर संबंधों का ही मामला था या दूसरी चीजें भी थीं?

मन्नू भंडारी : दूसरी चीजें भी थीं। भई, मैं कमाती थी और ये घर पर रहते थे। इससे इनको कॉम्पलेक्स था। मगर उसका समाधान क्या था? या तो मैं नौकरी छोड़ूं या आप भी नौकरी कर लो। वरना खाएँगे क्या? रहेंगे कैसे? उधर ठाकौर साहब कभी इनकी खिंचाई करते कि तुम्हारा क्या है, मजे हैं। बीवी कमा रही है। जबकि हमारे परिवार में इस तरह की कोई बात नहीं होती थी। सब चीजें सबकी थीं। अब आप कॉम्प्लेक्स से भी सफर करेंगे और उसके लिए कुछ करेंगे भी नहीं, तो क्या होगा? मैंने नया-नया कॉलेज ज्वॉइन किया और ये कहें कि मैं नहीं रखूँगा बच्ची को। मैं कहती कि आपको करना कुछ नहीं है, दो महीने की बच्ची है, सोती ही रहेगी। गीला करे तो बस कपड़ा हटा देना।

रोये तो बस बोतल में दूध दे देना। उस पर भी ये नखरे करते कि नहीं-नहीं, यह सब मुझसे नहीं होगा। तुम कुछ इंतजाम करके जाओ। कितनी बार मैं अपनी बड़ी बहन को बुलाती। जब इनको 'सारिका' की सम्पादकी ऑफर हुई तो मुझे खुशी हुई कि इनके मन की नौकरी होगी। सब लोग खुश थे मगर मैं जानती थी कि ये उस नौकरी को कभी नहीं लेंगे। वजह? राकेश की छोड़ी हुई नौकरी कैसे ले लें? बाद में इन्होंने माना भी कि राकेश इनका कॉम्पलेक्स थे।

ओमा शर्मा : और कितने लोग राजेन्द्र यादव के कॉम्पलेक्स हैं?

मन्नू भंडारी : हां, पता नहीं कितने।

ओमा शर्मा : 'महाभोज' के लिखने की प्रेरणा क्या रही? इससे पहले आप पारिवारिक-सामाजिक संदर्भों को ही अपनी रचनाधर्मिता का केन्द्र बना रही थीं, लेकिन 'महाभोज' के साथ आप एक विशिष्ट राजनीतिक छलाँग लगाती हैं। मैं सोचता हूँ, जरुर कोई गहरी अंतःप्रेरणा होगी, जिसके तहत आपने राजनीति को एक उपन्यास के स्तर पर उठा लिया।

मन्नू भंडारी : ऐसा था कि मैंने एक पत्रिका (सारिका) में 'बेलछीकांड' की रिपोर्ट पढ़ी थी जिसमें कुछ हरिजनों को जिंदा जला दिया गया था। तरह-तरह की खबरें इधर-उधर छपती रहती थीं लेकिन लोगों को जिंदा जलाने वाली बात तब तक बहुत प्रचलित नहीं हुई थी। उस खबर में कुछ ऐसा भी था कि एक बच्चा था जो आग में जलने से बचने के लिए सहायता के लिए इधर-उधर भागता था मगर चारों तरफ तमाशाई उसे जलकर मरने के लिए बाध्य-असहाय देख आनंदित हो रहे थे। इससे मैं इतनी विचलित हो गई कि दो रातों तक मुझे नींद नहीं आई। वह दृश्य मेरे भीतर किसी दंश की तरह गड़ गया। उस कांड का मुख्य आरोपी पकड़ा गया, जेल भी चला गया, मगर छः महीने के भीतर हुए चुनावों में वह पैरोल पर छूटकर चुनाव जीत गया। इससे मुझे इस घटना पर लिखने का वैचारिक

आधार मिल गया। क्या है हमारी चुनाव-प्रक्रिया? कैसे-कैसे लोग चुनाव जीत जाते हैं? फिर तो एक से एक चीजें जुड़ती गईं। आप दिल्ली में रहते हो तो इस तरह की चीजों की कोई कमी तो है नहीं। बस, मैंने इसका ताना-बाना बनाना शुरू कर दिया। कैरेक्टर्स गढ़ने शुरू कर दिए। बहुत-कुछ तो अपने देखे-भाले ही। कहीं से दा साहब आ गये, कहीं से एक स्टूडेंट एक्टिविस्ट आ गया। बस सिलसिला चल पड़ा। राजनीति से जुड़े रहकर शायद आप इस या उसके प्रति झुकाव महसूस करें, लेकिन मैं चूँकि तटस्थ थी, इसलिए पूरी तरह स्वतंत्र होकर लिख सकती थी।

ओमा शर्मा : इसके लिए आपने पूरी स्टोरी-लाइन बनाई कि कैसे कहाँ जाना है?

मन्नू भंडारी : बनाई तो थी, लेकिन जब आप लिखने बैठते हैं तो चीजें कहाँ की कहाँ पहुँच जाती हैं। इसके साथ भी यही हुआ।

ओमा शर्मा : इसके पहले ड्राफ्ट में कितना समय लगा?

मन्नू भंडारी : मैं इसे लिखने शिमला चली गई थी, यूनिवर्सिटी के गेस्ट हाउस में। सत्ताईस दिन में मैंने पहला ड्राफ्ट लिख लिया था। सुबह नौ बजे नाश्ता करके बैठ जाती थी और लंच तक लिखती जाती थी। फिर लंच किया और फिर लिखने बैठ गई। कोई पाँच बजे तक लिखना चलता था। पाँच बजे चाय पीती और टहलने निकल जाती और आगे क्या लिखना है, कैसे लिखना है, इसके बारे में सोचती रहती। उन दिनों वहाँ बच्चन सिंह भी मेहमान थे। यह सन् 1978 की गर्मियों की बात होगी। वहाँ से आकर तुरंत दूसरे-तीसरे ड्राफ्ट पर काम करने जुट गई। जब हो गया तो राजेन्द्र को पढ़ने को दिया। इनकी प्रतिक्रिया थी कि ठीक है, मगर 'बंटी' वाली डेप्थ नहीं है। मैं थोड़े संशय में थी तो हमारे एक मित्र हैं एस.आर.शर्मा। मैंने उन्हें पढ़ने को दिया। उन्होंने छिटपुट भूलों के बारे में बताया भी, मगर कहने लगे कि उन्होंने रात नौ बजे जब इसे पढ़ना शुरू किया

तो खत्म होने पर ही सोये थे। बस, अगले रोज मैंने इसे ओम जी (राजकमल प्रकाशन के तत्कालीन मालिक ओमप्रकाश जी) को दे दिया।

ओमा शर्मा : पूरे उपन्यास में जिस तरह की भाषा है...एक भी वाक्य अतिरिक्त नहीं लगता...जो संवाद हैं और संवादों में ही जिस तरह कहानी आगे बढ़ती जाती है, ऐसा लगता है पूरा उपन्यास एक बैठक में लिख दिया गया है। और लगभग यही बात 'बंटी' के लिए भी सच लगती है।

मन्नू भंडारी : तो 'बंटी' को भी मैं 27-28 दिनों में कॉलेज से लेकर घर आ गई थी। उसके चार ड्राफ्ट किये थे। भाषा वाली जो बात है, तो उसके लिए मैं अलग से कुछ नहीं करती। वह मेरी भाषा है। आपको वही भाषा कहानियों में मिलेगी। सीधी-सरल। संवाद भी उसी भाषा की उपज हैं। फिर भी 'महाभोज' के नाट्य रूपांतर में जो संवाद आए हैं, उन्हें लिखकर मुझे खास तसल्ली मिली। बासु दा कहा करते थे कि मेरी रचनाओं में जबरदस्त दृश्यात्मकता है। पढ़ते हुए लगता है, कोई फिल्म देख रहा हूँ। वो कहते भी थे कि मैं बहुत अच्छी पटकथा लेखक हो सकती हूँ। उन्हीं के इस प्रोत्साहन पर मैं पटकथा-लेखन में भी चली गई। खैर, क्या पूछ रहे थे आप?

ओमा शर्मा : राजेन्द्रजी ने 'महाभोज' के बारे में अपने सुझाव नहीं दिए?

मन्नू भंडारी : सवाल ही नहीं है। बस वो 'डेप्थ' वाली बात कही थी। यही हाल 'बंटी' के वक्त था। उसे तो इन्होंने किश्तों में पढ़ने तक से मना कर दिया। बोले, जब पूरा छप जाएगा तब पढ़ूंगा।

ओमा शर्मा : यह बात थोड़ी अटपटी लगती है क्योंकि कहाँ तो आप लेखक दम्पत्ति होने की बात करते हो और कहाँ इतनी तटस्थता?

मन्नू भंडारी : खैर यह तो स्वभाव की बात है। अपनी कहानियाँ मैं इन्हें पढ़ने के लिए जरूर देती थी। मगर सुझावों को अपने हिसाब से ही मानती-रिजेक्ट करती थी। वैसे भी मेरी मंशा तो उस लेखकीय माहौल के प्रति थी... नयी से नयी किताबों का

आना, पत्रिकायें, लेखकों से मिलना-जुलना। नामवर जी से मिलना मुझे बड़ा इंस्पायरिंग लगता था। पहले हम मिलते भी काफी थे।

ओमा शर्मा : मुझे आपके 'महाभोज' और मार्खेज के 'क्रॉनिकल ऑफ ए डैथ फोरटोल्ड' में काफी बिंबात्मक समानता दिखती है?

मन्नू भंडारी : कैसे?

ओमा शर्मा : उसमें कथा कहाँ जायेगी, यह बहुत शुरुआत में ही जाहिर हो जाता है। उपन्यास की पूरी कला अब उन स्थितियों को रेखांकित करने और रोचकता बनाये रखने में है। अलबत्ता वह थोड़ा जटिल है।

मन्नू भंडारी : अच्छा। मैंने पढ़ा नहीं है।

ओमा शर्मा : 'महाभोज' की नाट्य प्रस्तुति में आपको ज्यादा काम नहीं करना पड़ा होगा!

मन्नू भंडारी : मैं भी यही सोचती थी। मगर अपने लिखे को जब आप मंच में तब्दील करते हैं, तो बहुत कुछ करना पड़ता है। संवाद बहुत चुस्त करने पड़ते हैं। आठ-नौ महीने फिर भी लग गये थे। मगर वह प्रस्तुति कितनी अद्‌भुत थी। आह! अंतिम दृश्य में परदा गिरने के बाद जब बिंदा को जेल में प्रताड़ित करने की चीखें आती हैं...सारे दर्शक खड़े होकर समवेत तालियाँ बजाने में लगे थे कि ऑडियंस में आगे खड़े होकर एक सज्जन ताली बजाते दर्शकों पर जोर से चिल्लाये—बंद कीजिए ये ताली बजाना! यह आपको ताली बजाने की चीज लगती है? उफ्फ, क्या असर था उसका! मेरी आँखों में तो आँसू आ गए थे। अपनी कृति के बारे में नहीं बल्कि लोगों पर उस कृति के असर को देखकर।

ओमा शर्मा : इसके बाद आपने दोबारा राजनीति पर लिखने जैसा कुछ नहीं सोचा?

मन्नू भंडारी : दोबारा राजनीति तो क्या, किसी भी चीज पर कहाँ लिख

सकी? थोड़ी-बहुत पटकथायें लिखीं, जिनकी एक किताब आई। रचनात्मक लेखन तो ठप ही हो गया जबकि मैं आज भी बहुत-कुछ लिखना चाहती हूँ। मगर यह बीमारी! इसने मुझे कुछ करने लायक ही नहीं छोड़ा। मैं कहीं आ-जा नहीं सकती। सबसे कटकर रह गई हूँ। कभी-कभी तो बड़ी घबराहट हो जाती है...पता नहीं क्या होगा। ये टिंकू भी तो ऑपरेशन के नाम पर एवॉइड करती है। कई डॉक्टर्स कहते हैं कि ठीक हो जाऊँगी...

ओमा शर्मा : लेकिन होता क्या है? क्या यह दर्द आए दिन होता रहता है या...

मन्नू भंडारी : यदि सिडेटिव्स न लूँ, तो हरदम होता है। मुझे रोज करीब 1,000 मिलीग्राम सिडेटिव्स लेने पड़ते हैं। दिमाग सुन्न-सा बना रहता है।

ओमा शर्मा : यह सवाल अकसर मेरे जेहन में आता है कि क्या किसी लेखक की कोई राजनीतिक पक्षधरता होनी चाहिए...बजाय एक निष्पक्ष, स्वतंत्र चेतना के?

मन्नू भंडारी : किसी राजनीति या वाद की पक्षधरता आपकी दृष्टि को कुंठित या सीमित तो करती ही है। एकतरफा देखने की मजबूरी बन जाती है। मुझे तो जिन्दगी को नंगी आँखों से देखना ही ठीक लगता है और वही शायद मैंने अपने लेखन में किया है।

ओमा शर्मा : 'महाभोज' के अंतिम दृश्य में, जहाँ रुक्मा और सस्पैंडेंड एस.पी, सक्सेना रेल में बैठकर दिल्ली जा रहे हैं—लगता है आपने किसी उम्मीद भरे स्वर को सायास दर्ज करना चाहा है...शायद इस सोच के तहत कि रचना को सिनिसिज्म से बचना चाहिए।

मन्नू भंडारी : नहीं। ऐसा बिल्कुल नहीं था। वह उम्मीद का नहीं, विरोध के स्वर का प्रतीक है। मेरा यह मानना है कि विरोध के स्वर को आप कभी नहीं दबा सकते। पहले बिसू और बाद में बिंदा के विरोध का स्वर अब जैसे रुक्मा या सक्सेना के रूप में सम्भावित दिखाया है। मैंने तब नहीं सोचा था लेकिन अब कह सकती हूँ

कि आप 'महाभोज' के समर्पण को पढ़ें—लपकती अग्निलीक जो बिसू और बिंदा तक ही नहीं रुकी—रक्मा और सक्सेना के रूप में वह इसी विरोध की सतत उपस्थिति का प्रतीक है।

ओमा शर्मा : अब मुझे यह बताइए, 'बंटी' को आपने कहाँ से पकड़ा? कितने बंटी थे?

मन्नू भंडारी : एक बंटी तो खैर मोहन राकेश के परिवार से ही था। उनकी पहली पत्नी से। राकेश उसे वापस लाना चाह रहे थे क्योंकि तलाकनामे की शर्तों के मुताबिक यदि माँ दूसरी शादी करेगी तो उसे बच्चे की कस्टडी छोड़नी पड़ेगी। बच्चे की माँ दूसरी शादी करने जा रही थी। मैंने न उस बच्चे को देखा था और न उसकी माँ को, मगर मैंने सोचा, जो बच्चा 12-13 साल की उम्र तक माँ के साथ रहा है, उसे एक नये माहौल में कितनी तकलीफ होगी? राकेश की दूसरी पत्नी के भी बच्चा होने वाला था। मैंने राकेशजी से पूछा कि कैसे करेंगे तो बोले, मैं उसे हॉस्टल में भर्ती करा दूँ। मैंने कहा कि तो फिर जिस माँ के साथ वह रहा है उसी के साथ रहने में क्या बुराई है? लेकिन राकेश नहीं माने। मैं उस बच्चे के बारे में सोचते हुए खूब परेशान हुई। दूसरा एक बंटी धर्मवीर भारती के परिवार से था और तीसरा, आप नहीं जानते, एक परिचित के परिवार से। इन तीनों बच्चों ने गड्डमड्ड होकर, एक सामाजिक समस्या के रूप में एक अलग ही बच्चे को मेरे भीतर जिंदा कर दिया।

ओमा शर्मा : उपन्यास का फोकस बच्चे पर ही है!

मन्नू भंडारी : बच्चे पर भी है और माँ पर भी। माँ की तकलीफ भी कम नहीं है। एक स्त्री के भीतर दो तत्त्व होते हैं : स्त्रीत्व और मातृत्व। जब वह स्त्रीत्व को जीती है तो मातृत्व की अनदेखी हो जाती है। जब वह अपने मातृत्व की बात सोचती है तो स्त्रीत्व की अनदेखी हो जाती है। वह इन दोनों के बीच झूलती-सी रहती है।

ओमा शर्मा : लेकिन माँ की तकलीफ भी बच्चे पर रखे कैमरे से दर्ज कर ली गई है। जैसे एक दृश्य में बंटी गौर करता है कि माँ इन दिनों गुमसुम होकर छत की तरफ देखते पता नहीं क्या सोचती रहती है। या फिर यह सोचना कि जोशी अंकल के आते ही माँ कोई जादू का मुखौटा पहन लेती है।

मन्नू भंडारी : वह अपनी जगह है मगर मत भूलिए कि उपन्यास के तीन चैप्टर्स माँ के नजरिए से लिखे गये हैं।

ओमा शर्मा : क्या आपने इन बंटियों के बारे में कोई नोट्स लिये थे...

मन्नू भंडारी : नहीं। सबको मैं गौर करती थी। राकेशजी वाले बच्चे को तो मैंने देखा भी नहीं था।

ओमा शर्मा : जिस समस्या और मानसिकता पर आपने केन्द्रित किया है, वह पाठक को जकड़ लेती है। मुझे लगा, इस उपन्यास को कितनी भी बार पढ़ा जाए, अनुभूति का वही भीगापन घर करने लगता है।

मन्नू भंडारी : कितने पाठकों ने इसे पढ़कर रो पड़ने की बात स्वीकारी है। लिखते वक्त कई दफा मैं खुद उस स्थिति तक जा पहुँचती थी, मगर मामले को सेंटिमेंटल होने से बचाने के लिए फिर लिखना रोक देती थी।

ओमा शर्मा : 'एक कहानी यह भी' में आपने उस 'मातृत्व पल' का जिक्र किया है जब इसे लिखने के दिनों में आपको टिंकू के निग्लेक्ट किए जाने का अपराध-बोध सा हुआ...जिस पर आपने बमुश्किल काबू पाया, वरना उपन्यास हाथ से चला जाता।

मन्नू भंडारी : बिलकुल सही बात है। टिंकू ने रुआँसी होकर उलाहना दिया था कि आपको हमारी क्या पड़ी है, आप तो जाओ और अपना लिखो।

ओमा शर्मा : कभी लिखना हमें अपनों से ही क्रूरता साधने की माँग करा देता है।

मन्नू भंडारी : हां, कई बार।

ओमा शर्मा : राजेन्द्रजी ने एक बातचीत में मुझझे कहा था कि 'बंटी' बंटी की नहीं, शकुन की कहानी है। आप मानेंगी?

मन्नू भंडारी : पूरी तरह तो नहीं, लेकिन काफी-कुछ। आप यह देखिए कि हमसे पहले की जो पीढ़ी थी, उनके हमें नाम ही मालूम नहीं हैं। मैंने अपने परिवार में ही कितनों से पूछा। किसी को अपनी दादी नानी का नाम नहीं पता। सब दादीसा, नानीसा कहते आए थे और यही उनकी पहचान थी। उस पीढ़ी की अपनी कोई हैसियत नहीं होती थी। वह रिश्तों में जीती थी। किसी की माँ, किसी की बहन, किसी की बुआ। जब स्त्री शिक्षित होने लगी, तो सबसे पहला झगड़ा रिश्तों से होने लगा। जब स्त्री अपनी इच्छा व्यक्त करने लगी तो माँ-बाप तक उससे संबंध तोड़ने पर उतर आए। खुद मैं इसकी गवाह रही हूँ। मेरी शादी के आखिरी वक्त तक उनके (पिता) टेलीग्राम आए थे कि...स्टॉप दिस मैरिज। ये फ्रीलांसर हैं, आर्थिक आधार नहीं है, इस पर तो उनकी आपत्तियाँ थीं हीं, मगर जब उन्होंने पैर की बात सुनी तो... (फुसफुस आवाज में आघात व्यक्त करती हुई मुद्रा के साथ)... क्या पागल हो गई है...कुछ तो देखती...वगैरह-वगैरह। तब तक राजेन्द्र का कोई ऐसा नाम-वाम तो था नहीं। सुशीला ने उन्हें समझाया कि मान लो, कल को ये (उसके पति) कहीं बाहर जाएँ और एक्सीडेंट में पैर खराब हो जाए, तो क्या मैं शादी तोड़ दूँगी? तो इस पर कहने लगे कि मुझझे ऐसी बातें नहीं किया करो... अरे सामने पड़ी मक्खी खाई जाती है क्या?

तो पहले यही सब होता था। स्त्री का पहला संघर्ष अपने माँ-बाप के साथ ही हुआ। फिर पति के साथ क्योंकि माँ-बाप के वर्चस्व से छूटकर वह पति के वर्चस्व के हवाले हो जाती थी। अब वह पति से बराबरी कर रही थी। नौकरी करने लगी थी। सबसे अंत में उसका रिश्ता अपने बच्चों से था तो अब वह

रिश्तों से मुक्त होकर अपना अस्तित्व तलाश रही थी। उसकी स्वतंत्रता उसके संबंधों से टकराने लगी थी—पहले माँ-बाप के साथ, फिर पति के साथ और अंत में बच्चे। यह बात जो मैं कह रही हूँ, मुझे उपन्यास लिखते वक्त नहीं मालूम थी। तब मैं बस लिख रही थी।

(हम लोग एक चाय का ब्रेक लेते हैं। तभी पास आकर बैठी सुधा अरोड़ा बतलाती हैं...कि 'बंटी' को लोगों ने यह कहकर भी खारिज किया था कि बच्चों की जिस समस्या को इसमें उठाया गया है, वह तो हिन्दुस्तान की कोई समस्या है ही नहीं। यह तो पश्चिम की समस्या है...और यह कि 'बंटी' पर हाल ही में मराठी में एक फिल्म बनी है जिसे एक अन्तरराष्ट्रीय फिल्म समारोह में 23 पुरस्कार मिले हैं। सुधाजी यह भी बताती हैं कि 'मासूम' फिल्म भी कितनी 'बंटी' से प्रेरित है। बात चलने पर वे बताती हैं कि एक वक्त गुलजार 'बंटी' पर फिल्म बनाना चाहते थे। भूषण वनमाली शायद गुलजार के सहायक निर्देशक हुआ करते थे। गुलजार को वे 'भाई' कहकर संबोधित करते थे। राजेन्द्र, कमलेश्वर के पास बम्बई गए हुए थे। एक दिन वनमाली ने राजेन्द्र को आकर बताया कि भाई से सब बात हो गई है। आप शाम पाँच बजे घर आ जाना। जो भी लिखा-पढ़ी करनी है, कर लेंगे। मगर राजेन्द्र वहाँ पहुँचे ही नहीं। सात बजे उन्होंने कमलेश्वर के यहाँ फोन किया कि क्या हुआ, राजेन्द्र जी आए क्यों नहीं? कमलेश्वर ने कहा कि यहाँ से कब के निकले हुए हैं। मगर ये वहाँ नहीं ही पहुँचे। अगले दिन भूषण वनमाली ने फोन किया कि आये क्यों नहीं, तो राजेन्द्र ने कहा कि गुलजार को यह भी नहीं पता कि कैसे किसी लेखक को बुलाया जाता है। वनमाली ने पूछा कि कैसे? तो राजेन्द्र ने कह दिया कि गुलजार यदि दिल्ली आएं और उन्हें मेरा नौकर ध्यानसिंह मेरी बिना पर इनवाइट करे तो क्या गुलजार आएँगे? वनमाली ने जवाब दिया कि क्या

आपने मुझे ध्यानसिंह समझ रखा है! खैर, वह फिल्म नहीं बनी तो नहीं ही बनी। मुझे तो यह बात भी किसी तीसरे (योगेश गुप्त) के माध्यम से पता चली। वे बताती हैं कि 'महाभोज' को लेकर भी शायद गुलजार फिल्म बनाना चाहते थे। नाटक में दा साहब की भूमिका निभाने वाले कलाकार मनोहर सिंह ने ही कुछ संकेत दिया था। वे बताती हैं कि 'आपका बंटी' और 'महाभोज' दोनों शीर्षक राजेन्द्र यादव के दिए हुए हैं। दूसरी कई कहानियों के भी।

मैं पूछता हूँ कि अपनी किन समकालीन लेखिकाओं से आपकी ज्यादा मित्रता थी, तो वे सोचने लग जाती हैं। मैं अपनी तरफ से मृदुला गर्ग का जिक्र करता हूँ तो कहती हैं—उन दिनों मृदुला गर्ग की मुझसे नहीं, इनसे यानी राजेन्द्रजी से बड़ी दोस्ती थी। उसने यदि फोन किया और मैंने उठा लिया, तो फौरन कहती, "जरा राजेन्द्रजी को दे दीजिए"। मेरे से पता नहीं क्यों, वह उखड़ी रहती थी। खैर यह उनकी मर्जी थी। एक बार राजेन्द्र मुझसे कहने लगे कि मृदुला गर्ग ने खाने पर बुलाया है। मैंने कहा, अच्छी बात है, हो आइए। इस पर ये कहने लगे कि हम दोनों को बुलाया है। मैंने कहा, मुझे तो नहीं कहा। खैर, मैं अनमने से चली भी गई। उन दिनों मेरी शायद 'असामयिक मृत्यु' छपी थी। हम लोग अभी डाइनिंग टेबल पर बैठे थे कि मृदुला के पतिदेव शुरू हो गए, "मन्नू जी, आपने ये क्या कहानी लिख दी... ऐसी भी कोई कहानी होती है"। इस पर मृदुला उन्हें समझाते हुए कहती कि यह तो लेखक की अपनी समझ की बात है। इस पर वे भड़कते हुए बोले—लेखक की अपनी जो भी समझ हो, लेकिन पाठक भी अपनी तरह से समझने को स्वतंत्र है।...सब-कुछ इतना पूर्वनियोजित...। इसके बाद फिर बातचीत शुरू)

ओमा शर्मा : आपने अपनी आत्मकथा में स्वीकारा है कि आपके ऊपर कहीं न कहीं अपने पिता की छाया है। माँ की नहीं। ऐसा क्यों?

मध्यवर्गीय घरों में अमूमन माँ, बच्चों का ज्यादा बड़ा आदर्श होती है...

मन्नू भंडारी : पिता इसलिए क्योंकि कुछ विशिष्ट करने-कराने की उनके भीतर बड़ी आकांक्षा थी। माँ तो सहनशीलता की मूर्ति थी। एकदम व्यक्तित्वहीन स्त्री जो कभी मेरा आदर्श नहीं रही। पिता हर किसी के प्रति संवेदनशील थे, लेकिन माँ के प्रति नहीं। मेरा पिता के साथ सारा झगड़ा माँ को लेकर ही था। माँ का ऐसा व्यक्तित्व ही नहीं था कि प्रभाव डाल सके।

ओमा शर्मा : क्यों, किसी की सहनशीलता प्रभावित नहीं करती?

मन्नू भंडारी : उस रूप में नहीं।

ओमा शर्मा : क्या आपके पिता, माँ के साथ गाली-गलौज करते या हाथ उठाते थे?

मन्नू भंडारी : नहीं। बिलकुल नहीं। मगर क्रूरता गैर-हिंसात्मक भी होती है। जैसे उन्हें कहीं जाने नहीं देते थे। लोगों को बुला लेते और तरह-तरह के खाने बनवाते। ये भी बना लो, वो भी बना लो। आप हँसी-ठहाके में मस्त हैं और वह रसोई में खट रही होती। आप ऊपर टँगी घड़ी में से टाइम बताकर फिर नीचे चली जाती। खुद गर्दन मोड़कर टाइम देखना उन्होंने जरूरी नहीं लगता था। बात-बेबात कितना गुस्सा हो जाते। बाप रे बाप!

ओमा शर्मा : एक पढ़े-लिखे व्यक्ति में इस तरह की मानसिकता होने को आप किस तरह जोड़कर देखती हैं?

मन्नू भंडारी : यह एक अजीब बात है। वे पढ़े-लिखे थे। पढ़ने-पढ़ाने के शौकीन। हर-एक से खुलकर बराबरी से ही रहते थे मगर माँ के साथ पता नहीं क्यों, उनका बरताव ऐसा था? हम लोग माँ की मदद के लिए रसोई में जाएं तो दुत्कारते कि क्या भटियारखाने में जा रही हो। मगर माँ वहाँ दिन भर भी खटे तो उन्हें खुशी होती। एक बार उन्हें नर्सिंग होम में रखना पड़ा तो नर्स नहीं रखी। माँ जो थी। रात-रात भर उससे पैर दबवा रहे

हैं, कभी ये कभी वो। उसे जरा झपकी लग जाए तो डाँटते कि क्या हरदम सोती रहती हो। और त्रासद बात यह कि उनकी डाँट-फटकार में माँ को कुछ भी असामान्य या बुरा न लगता। आखिरी वक्त में भी उनके...।

ओमा शर्मा : उनकी मृत्यु कब हुई?

मन्नू भंडारी : सन् 1962 में। हाँ, चीन-युद्ध के बाद। बड़े आहत हुए थे। 'नेहरू देश को डुबो देगा' उनके भीतर यही अफसोस भरा रहता। 'देश का क्या होगा' ये उनके आखिरी शब्द थे। किताबों के बड़े शौकीन। एक बार माँ ने कोई कपड़ा मँगाया था। जिस दुकान से लाना था, उसके पहले एक किताबों की दुकान थी। बस घुस गये और ढेर सारी किताबें ले आए। माँ ने पूछा कि कपड़ा कहाँ है तो मुझे कहने लगे, मैं जाकर ले आऊँ। शिक्षा का उनको बड़ा मोह था। संपन्न तो थे ही। आठ-आठ, दस-दस इधर-उधर के बच्चे हमारे घर रहकर पढ़ते थे। तमाम सामाजिक कुरीतियों के खिलाफ खड़े रहते थे। आज से पिचहत्तर साल पहले मेरी बड़ी बहन की शादी बिना दहेज के की थी।

ओमा शर्मा : मन्नूजी, एक बात बताइए। हमारे समाज में हर कोई अपनी संतति अपनी जैसा बनाना चाहता है। कोई वकील है, तो वह अपने किसी बच्चे को लॉ ज़रूर करायेगा। डॉक्टर है, तो डॉक्टरी पढ़ायेगा। आप लोगों के मन में कभी यह इच्छा रही कि टिंकू भी लेखक-कलाकार बने?

मन्नू भंडारी : वह आजकल खूब कत्थक कर रही है।

ओमा शर्मा : ठीक है, मगर उस तरफ भी तो वह बहुत बाद में मुड़ी है।

मन्नू भंडारी : लेकिन अंततः तो वहीं आ गई। फिर हम यह क्यों अपेक्षा करें कि बच्चा जो करना चाहता है, उसे छोड़कर वह करे, जो माँ-बाप चाहते हैं।

ओमा शर्मा : जैसे आपके पास और राजेन्द्रजी के पास इतनी सारी किताबों

का भंडार है। अपनी-दूसरों की। पूरे दौर को समेटती। आपकी इच्छा नहीं होती कि कोई अपना उन्हें सँभाले-पढ़े?

मन्नू भंडारी : मैं सोचती हूँ कि इन किताबों को किसी अच्छी लायब्रेरी में दे दिया जाए तो कहीं अच्छा रहेगा। कुछ लोग तो पढ़ सकेंगे। टिंकू तो हमारी किताबों का एक सेट रख ले वही काफी होगा।

ओमा शर्मा : इन दिनों तो लायब्रेरियों में भी पढ़ने वाले नदारद हैं।

मन्नू भंडारी : इस बारे में मैं ज्यादा नहीं सोचती। पढ़ने वाले नदारद हो रहे हैं, तो मैं क्या कर सकती हूँ। मैंने तो खुद कब से नहीं लिखा। वैसे तो मैं भाग्यशाली ही रही हूँ कि मेरी किताबें आज भी खरीदी और पढ़ी जाती हैं। पिछले दिनों आत्मकथा लिखी, उसका भी सालभर के भीतर दूसरा संस्करण आ गया। वह एस.एन.डी.टी. विश्वविद्यालय के कोर्स में भी लगा दी गई है। फिर भी इस बात से दुःख तो होता है कि इतना बड़ा हिंदी प्रांत और किसी किताब का एक संस्करण हजार, दो हजार प्रतियों का छपता है। दो कारण हैं। एक तो उनकी कीमत इतनी ज्यादा रखी जाती हैं। हिंदी का पाठक मुख्यतः निम्न मध्यवर्गीय ही है। वह उन्हें अफोर्ड ही नहीं कर पाता। फिर छोटी-छोटी जगहों पर किताबों की दुकान तक नहीं होती। न उन्हें वहाँ तक पहुँचाने की काई व्यवस्था है। उज्जैन जैसी जगहों में किताबें नहीं मिलती हैं।

ओमा शर्मा : आपने एक जगह लिखा है कि आपके भीतर जिन चीजों ने करुणा पैदा की, उन पर लिखने से आप बचती रही हैं। आप के मुताबिक लिखने के लिए एक दूरी या निरपेक्षता बनानी होती है लेखक को। लेखन के लिए यह निरपेक्षता अहम है या पैशन?

मन्नू भंडरी : करुणा से विचलित होकर लिखने से बचती रही हूँ। करुणा को वैचारिक आधार भी तो मिलना चाहिए। इसलिए तात्कालिक लेखन नहीं किया। खाली करुणा से क्या होगा? लेखन सेंटिमेंटल होकर रह जायेगा। उससे तो बात नहीं बनती।

ओमा शर्मा : आपने अपने लड़कपन में देश की आजादी के लिए नारेबाजी की थी लेकिन कहानियों में उन अनुभवों का ऐसा कुछ नजर नहीं आता।

मन्नू भंडारी : उस समय के सामाजिक अनुभवों पर तो लिखा ही है।

ओमा शर्मा : ठीक है, मगर आजादी के संघर्ष से जुड़े अनुभवों से कोई रचनात्मक चीज नहीं आई।

मन्नू भंडारी : आजादी की लड़ाई भी तो एक तरह से सामाजिक मंच थी। मुझे याद नहीं आ रही, लेकिन ऐसी एक कहानी शायद है।

ओमा शर्मा : यह कहने के लिए माफ करेंगी मन्नूजी... कि आपकी मानसिकता में एक राष्ट्रवादी के कुछ तेवर दिखते हैं। मैं इसे अच्छे या बुरे किसी भी अर्थ से परे रखकर कह रहा हूँ।

मन्नू भंडारी : मतलब?

ओमा शर्मा : मतलब नेशनलिस्ट...देश के लिए कुछ कर गुजरने जैसा जज्बा....

मन्नू भंडारी : ऐसा मुझे लगता तो नहीं...आप यह क्यों कह रहे हैं?

ओमा शर्मा : जैसे नेहरू की मृत्यु पर आपकी आत्मकथा में राजेन्द्रजी का पीने वाला जो प्रसंग है...मतलब राष्ट्रीय शोक के मौके पर ऐसा कुछ करना या करने की सोचना आपके लिए नागवार ही था।

मन्नू भंडारी : अरे! नेहरू जैसा व्यक्ति मरे और आप शराब पीकर आ रहे हैं! मुझे वाकई वितृष्णा हुई थी। जब चीनी हमला हुआ था, तो आर्थिक रूप से तो हम कुछ नहीं कर सकते थे, लेकिन सामाजिक बैठकों में कुछ करने की बात तय की गई। मैंने कई स्वेटर बनाकर दिए। मेरी बहन सुशीला अपनी सोने की चूड़ियाँ दे आई थी। जीजाजी ने बस इत्ती-सी बात कही कि एक दे आतीं, चारों के देने की क्या जरूरत थी! आप देखिए, उस दिन के बाद से उसने सोना पहनना ही बंद कर दिया... कि आपको अपने सोने की पड़ी है...

ओमा शर्मा : मतलब राष्ट्रवादी प्रवृत्ति आपके परिवार में फैली है।

मन्नू भंडारी : हम देश के लिए चिंतित तो रहते थे।

ओमा शर्मा : यदि मैं आपसे कहूँ कि भारत-चीन युद्ध में पहल भारत ने की थी, तो आपको कैसा लगेगा?

मन्नू भंडारी : नहीं, तब तो चीन ने हमला किया था। इसमें क्या शक है।

ओमा शर्मा : क्यों? गुनार मिर्डल ने अपनी महत्त्वपूर्ण किताब 'एशियन ड्रामा' में इस बात की चर्चा की है कि युद्ध की पहल हमारी तरफ से की गई थी।

मन्नू भंडारी : जो भी हो, मैं ऐसा नहीं मानती। कोई कमजोर व्यक्ति ज्यादा ताकतवर पर क्यों हमला करेगा?

ओमा शर्मा : क्यों? पाकिस्तान हम पर कितनी बार कर चुका है। सत्ता अपनी कमजोरी छिपाने के लिए तरह-तरह की जनश्रुतियाँ फैला देती है। खैर! यदि मैं आपसे कहूँ कि भारत की खुफिया एजेंसियाँ अपने अड़ोस-पड़ोस में वही काम करती हैं, जो पाकिस्तान की आईएसआई करती-कराती है, तो यह बात आपको कितनी हजम होगी!

मन्नू भंडारी : इसके बारे में मैं कुछ नहीं कह सकती, लेकिन सन् 1962 की लड़ाई में हम इस काबिल नहीं थे। आजादी मिले ही तब कितना समय हुआ था? तब हर तरफ निर्माण-कार्य हो रहा था। डिफेंस के लिए बजट ही कितना होता था? सैनिकों के पास जूते तक नहीं होते थे। आज यदि भारत आईएसआई जैसा कुछ न करे, तो उसके पास चारा क्या है।

ओमा शर्मा : वापस लेखन की तरफ चलते हैं। कोई ऐसी कहानी, जिसे आप अपने लेखन के टर्निंग पॉइंट के रूप में देख पाती हों।

मन्नू भंडारी : बड़ा मुश्किल है ये कह पाना। हालाँकि शुरू में लिखी पाँच-सात कहानियों के बाद मुझे लगने लगा था कि मेरी क्या कमजोरी है।

ओमा शर्मा : अपनी कुछ कहानियों को आज पढ़कर आपको लगता है कि वे बेहतर लिखी जा सकती थीं?

मन्नू भंडारी : शुरू की लगभग सारी कहानियां ऐसी हो जाएँगी। लेकिन मैं उनको दोबारा लिखने के बजाय नई कहानियाँ ही लिखना चाहूँगी।

ओमा शर्मा : समकालीन लेखक-लेखिकाओं में कोई खास नाम जिनकी रचनाएँ आपको अच्छी लगती हैं?

मन्नू भंडारी : मैं नाम लेकर इसका जवाब नहीं दूँगी। मुख्यतः इसलिए कि मेरा पढ़ना ही, आप देख रहे हैं, कितना सीमित हो गया है। दूसरे नेम ड्रॉपिंग की यह प्रवृत्ति ही मुझे ठीक नहीं लगती है। आज भी मैं रचना-सुख को साहित्य का परम उद्देश्य मानती हूँ।

ओमा शर्मा : आपने पिछले दिनों आई मैत्रेयी पुष्पा की आत्मकथा पढ़ी?

मन्नू भंडारी : शुरु के कुछ अंश देखे हैं।

ओमा शर्मा : बाद में उसमें आप, राजेन्द्र यादव, हंस और उनकी अपनी रचनाओं को लेकर चर्चा है।

मन्नू भंडारी : मैंने नहीं पढ़ी... एक तो मेरी तबीयत...। किसी ने फोन पर थोड़ा इसी तरह का और इधर-उधर का जिक्र किया था, मगर फिर भी नहीं पढ़ पाई। लेकिन एक बात मैं बतलाऊँ। मुझे तारीखें तो याद नहीं लेकिन मैत्रेयी ने जब लिखना शुरू ही किया था वह मुझसे मिलने आई थी। 'हंस' के लिए रचनाएँ देने के लिए मैंने ही उसे 'अक्षर' जाने के लिए कहा था। उसके पति भी बहुत अच्छे इनसान हैं। खुद तो डॉक्टर हैं ही, तीनों बेटियाँ-दामाद भी डॉक्टर हैं। और सभी बड़े मददगार किस्म के। उसका जब वह उपन्यास 'इदन्नमम' आया था, तब शायद मैं उज्जैन में थी। उसने भिजवाया था। मैंने पढ़ा तो मुझे बहुत अच्छा लगा। मैंने उसे बताया भी था। है जरा-सी बात, लेकिन फिर भी। मैं उज्जैन से वापस आई, तो देखती हूँ कि मैत्रेयी

के यहाँ से कभी संतरों की पेटी आ रही है, कभी आमों की। मिठाइयाँ तो खैर आती ही रहती थीं। एकाध बार तो मैंने जाने दिया, मगर जब यह काफी होने लगा तो मैंने राजेन्द्र को कहा कि देखिए, लेखकों के बीच इस तरह का लेन-देन ठीक नहीं लगती है। या तो हम भी उसे कुछ दिया करें... लेकिन हम कहाँ से देंगे... या फिर यह सब एकतरफा... हमें नहीं लेना चाहिए। राजेन्द्र बोले, जो मुझे देना होता है, मैं देता हूँ। मैंने कहा, आप क्या देते हैं? तो बोले 'इदन्नमम' के मैंने चार ड्राफ्ट करवाये हैं... उसे करते हुए मेरे चश्मे का नंबर बढ़ गया है। मैं यह बात आपसे इसलिए कर रही हूँ कि अपनी आत्मकथा में, जैसा मैंने सुना है, उसने राजेन्द्र यादव के साथ अपने संबंधों की खूब बारीक चर्चा की है लेकिन इस तरह के रचनात्मक योगदान-सहयोग का कोई जिक्र नहीं किया है।

ओमा शर्मा : अपनी कहानियों की आलोचना ने आपको प्रभावित किया होगा?

मन्नू भंडारी : बिलकुल नहीं। अपने बारे में कहीं बात हो तो अच्छा तो लगता था लेकिन मेरे लिए मेरी कहानी की आलोचना सिर्फ मेरे पाठक कर सकते हैं। उन्हें कोई चीज अच्छी लगी तो मैं प्रसन्न होती थी, नहीं लगी तो अगली बार के लिए कोशिश करती। समीक्षकों की राय में मैं क्या हूँ, क्या नहीं हूँ, यह मेरे दिमाग में ही नहीं आता था।

ओमा शर्मा : आप कहानी में सपाटबयानी के तो खिलाफ हैं?

मन्नू भंडारी : देखिए, यह भी कहानी-कहानी पर निर्भर करता है। सबसे पहले आपके पास कहने को कुछ होना चाहिए। बिना किसी केंद्रीय थीम के आप कितने पाठकों को भरमायेंगे?

ओमा शर्मा : मन्नूजी, आप कभी अपनी कहानियों को पढ़ती हैं?...

(वे चुप-सी लगाए रहती हैं। शायद कुछ थकान भी आने लगी है। मैं भी सवाल पर जोर नहीं देता। थोड़ी देर बाद अगला प्रश्न करता हूँ)

ओमा शर्मा : आप चालीस-पचास वर्षों से लेखक-समुदाय के बीच रही हैं। उनके सोच और उनके आचरण के बीच आपको कोई फाँक दिखती रही है?

मन्नू भंडारी : देखिए, मैं तो ऐसा सोचती हूँ कि हम जो सोचते हैं, यदि उसे हम अपने जीवन में नहीं उतार सकते, तो हमें वह नहीं लिखना चाहिए।

ओमा शर्मा : मैं आपकी नहीं, लेखक-समुदाय की बात कर रहा हूँ। जैसे 'एक कहानी यह भी' में आपने भारती की 'मुनादी' कविता का जिक्र किया है... कहाँ तो ऐसी स्वाभिमानी कविता लिखने वाला लेखक और कहाँ इमर्जेंसी लगते ही एकदम विपरीत रंग में...

मन्नू भंडारी : अरे, उस प्रसंग का क्या कहिए। मुझे मालूम तो था मगर चीजों को भूल गई थी। पंकज बिष्ट ने कुछ चीजें मुझे उपलब्ध कराईं तो मैं लिख सकी।

ओमा शर्मा : खुद राजेन्द्र यादव में यह फाँक है?

मन्नू भंडारी : संदर्भ अलग हो सकते हैं। जैसे आपातकाल के संदर्भ में इन्होंने कोई समझौता नहीं किया। आए रोज पत्रकार, संपादक और लेखकों के दस्ते इंदिरा गांधी के दरबार में अपनी हाजिरी लगाने जाते थे। ओमजी तक ने इनसे कहा कि लेखकों में न सही, प्रकाशकों के ग्रुप के साथ चले जाइए... आपको पता नहीं है... रातों-रात कुछ भी हो सकता है... लोगों का पता ही नहीं चलता, कहाँ गायब हो गए। मगर ये किसी के साथ नहीं गए। जो होगा देखा जाएगा, कहकर टाल देते। मुझे तो पद्मश्री तक के लिए पूछा गया जो मैंने मना कर दिया।

ओमा शर्मा : राजनीतिक व्यक्तित्व में न सही लेकिन जो दूसरे पक्ष हैं—दलित और स्त्री-विमर्श...

मन्नू भंडारी : दोनों में ही इनके भीतर गहरी फाँक है। मैंने कितनी बार इनसे कहा होगा—साथ रहते थे तब भी—कि आप ये दलित-दलित

करते रहते हो, आप खुद की जिन्दगी को भी तो देखो! जब तक आपकी सेवा में चार लोग न लगे हों, आपको मजा ही नहीं आता और बात दलितों की करते हैं। ये जो करते हैं उसका झंडाबरदार बनना चाहते हैं। उसी के लिए सारा प्रपंच। इनके समूचे लेखन को देख लो! दलितों के बारे में चार लाइनें भी रचनात्मक स्तर पर लिखीं हों? और वही बात स्त्री-विमर्श के बारे में सच है। अपनी बुनावट में ये– और ये ही नहीं, ये तीनों (यानी मोहन राकेश और कमलेश्वर) गहरे सामंती रहे हैं। सतह से जरा कुरेदने भर की बात है। इन्होंने मेरे सामने बैठकर खुद स्वीकारा है। अभी पिछले दिनों आर्काइव्स(नेशनल) को दिए एक साक्षात्कार में भी माना है कि...मन्नू के प्रति जो मेरी भूमिका रही, यदि वही मन्नू की मेरे प्रति होती तो मैं बरदाश्त नहीं कर सकता था...क्योंकि विचारों में कितना भी साफ-सुथरा और आधुनिक होने के बावजूद मैं कहीं से गहरा सामंती हूँ। इस सबके बावजूद ये फिर-फिरकर अपने को जस्टिफाई करते रहते हैं। खैर, उससे मुझे फर्क नहीं पड़ता। वो एक शेर है ना–'सच घटे या बढ़े तो सच न रहे, झूठ की कोई इंतहा ही नहीं'। कोई आदमी सामंती एक ढंग से नहीं होता, उसके तरह-तरह के रंग और परतें होती हैं। सच पूछा जाए तो पिछले 40-50 साल में स्त्री पुरुष को बरदाश्त नहीं कर पा रही, इसलिए दाम्पत्य से निकल जाती है।

वैसे स्त्री-विमर्श का असली ताल्लुक ड्राइंग रूम में बैठकर जुगाली करना नहीं, वास्तविक जिंदगियों में फर्क डालना है। राजस्थान की एक खबर पढ़ रही थी कि कैसे एक देहात की महिलाएँ अपने पियक्कड़ पतियों को एकजुट होकर सीधा कर रही हैं। जहाँ भी कोई वाकया हो, सब एक-साथ होकर वहाँ पहुँच जाती हैं और...। तो मुझे यह सच्चा स्त्री-विमर्श लगता है।

ओमा शर्मा : 'हंस' का स्त्री-विमर्श', स्त्री-विमर्श नहीं है?

मन्नू भंडारी : वे तो वैसे भी 'देह विमर्श' चिल्ला रहे हैं। यदि स्त्री की आजादी से आपका मतलब सिर्फ उसके अपनी देह के मनमर्जी इस्तेमाल तक से है, तो मैं इसके पक्ष में नहीं हूँ। देह-देह करके आप औरत को वलगराइज कर रहे हैं। ऐसा लगता है कि यह सारी सैद्धान्तिकी पुरुष खुद को सूट करने के लिए ज्यादा बना रहा है। देह के साथ स्त्री कितना जीती है? मित्रों, परिजनों, और सहकर्मियों के साथ उसका संबंध देह पर आधारित होता है? मैं कहती हूँ, हर संबंध की एक नैतिकता और गरिमा होती है। यदि आप पति-पत्नी हैं और एक-दूसरे से मन भर गया तो अलग क्यों नहीं हो जाते? विवाहित होकर विवाहेतर संबंधों के पक्ष में मैं नहीं जाती... आप कह सकते हैं कि मैं थोड़ी कम आधुनिक हूँ।

ओमा शर्मा : आपने एक लम्बा, तनाव भरा दाम्पत्य जिया है... फिर भी छिटपुट कहानियों को छोड़कर रचनात्मक में कहीं इसकी गंध नहीं आती। अपनी निजी कड़वाहट को आपने अपनी सृजनात्मकता का हिस्सा नहीं बनने दिया। यह बहुत सहज तो नहीं रहा होगा।

मन्नू भंडारी : (पहली बार देर तक सोचती हैं)... थोड़ा-बहुत तो खैर आया है, मगर यकीन मानिए कि मेरे साथ यह बहुत सहज रूप से ही हुआ है। यानी मैं तनावग्रस्त भले चल रही होऊँ मगर लिखने बैठी तो उन चरित्रों-स्थितियों में एस्केप कर गई। फिर वापस अपने जीवन में आ गई।

ओमा शर्मा : आत्मदया के भाव से बचने जैसा कुछ।

मन्नू भंडारी : नहीं ऐसा नहीं था। मित्रों को हमारे बारे में पता था। इनके पास कोई नौकरी नहीं थी, तो पहले तो यही था कि कोई विकल्प ही नहीं है। लेकिन जब 'हंस' चल निकला, तो मैंने कह दिया कि अब हम साथ नहीं रहेंगे। मैंने आत्मकथा में इसका जिक्र किया है।

ओमा शर्मा : लेकिन उम्र के जिस पड़ाव पर आप लोग अलग रहने लगे...

तब अकेले रहना... मेरा मतलब है घर में कोई दूसरा है, इसी बात से काफी आश्वस्ति नहीं होती है...बनिस्बत नितांत सन्नाटे के... ।

मन्नू भंडारी : नहीं। किसी के साथ रहकर आप ज्यादा अकेलापन महसूस कर सकते हैं। जब कोई साथ नहीं रहता तो आप इस सत्य के साथ जी लेते हैं, लेकिन... (क्या इस पर कुछ कहना ठीक रहेगा? संकोच और असमंजस के कारण रुक जाती हैं। मैं बस चुप रहकर इंतजार करता हूँ... थोड़ी देर बाद जैसे खुद पर काबू सा पाते हुए वे फिर बोलने लगती हैं)... लेकिन जैसे दफ्तर से शाम को आए। ड्राइवर के साथ हँसी-मजाक हो रहा है। नौकर के साथ ठहाके लगाए जा रहे हैं... और मैं वहाँ चली जाती, यह सोचकर कि दिनभर के बाद मिल रहे हैं, तो सब बंद। एकदम चुप्पी। कोई संवाद नहीं। इससे ज्यादा अपमानजनक स्थिति और क्या होती? बाद में जब मैं इस न्यूरोल्जिया से पीड़ित हुई, तब भी इन पर इसका कोई असर नहीं था। डॉक्टर्स तक हैरान-परेशान कि मैंने क्या बीमारी लगा ली और उधर इनको जैसे कोई वास्ता ही नहीं!

ओमा शर्मा : यह सब थोड़ा चौंकाता है। ऐसी निठल्ली क्रूरताओं की क्या वजह हो सकती है... उनकी कुंठाएँ या...

मन्नू भंडारी : कुंठाएँ तो खैर बहुत थीं लेकिन ओमाजी यह सब मेरी समझ से परे की चीज रही है।

ओमा शर्मा : लेकिन यूँ अकेले रहकर आप भी कभी राजेन्द्रजी से मुक्त तो नहीं हो पाईं!

मन्नू भंडारी : हो सकता है...लेकिन बहुत-कुछ हो भी गई हूँ। पाँच-दस दिन फोन नहीं भी आए, तो ध्यान नहीं रहता है। (थोड़ी उसांस लेकर)... सीधी बात तो ये है और इस पर सुधा ने एक लेख भी लिखा है... कि एक तो यातना शारीरिक होती है... गाली-गलौज, मार-पीट, लड़ाई-झगड़ा वगैरह-वगैरह। और एक यातना अबोले

की होती है। मानसिक। वह यातना भी मारपीट से कम नहीं होती।

ओमा शर्मा : यह संवादहीनता क्या इतनी एकतरफा हो सकती है, मेरा मतलब है, आप संवाद बनाए रख सकती थीं?

मन्नू भंडारी : पता नहीं क्यों, सारा मामला बड़ी अजीब तरह से एकतरफा था। मैं तो इनके कमरे में बातचीत करने की नीयत से जाती थी और ये किसी मित्र के साथ फोन पर बात करते हुए सिर्फ 'हां हूं हां हूं' किए जा रहे हैं। या किताबों में उलझे पड़े हैं। एकतरफा संवाद कब तक मुमकिन हो सकता है?

ओमा शर्मा : क्या मीता की उपस्थिति इस सेंस ऑफ रिजेक्शन के लिए उत्तरदायी हो सकती थी?

मन्नू भंडारी : एक तरह से था भी। टिंकू के पैदा होने के एक-दो साल बाद ही हमारे संबंध भी जैसे खत्म हो गए थे। लेकिन यह कोई बड़ी बात नहीं है अगर आपके भावात्मक संबंध ठीक हैं। मीता के साथ फिजिकल संबंध हो सकता है, अच्छे रहे हों लेकिन मैं समझती हूँ कि भावात्मक संबंध ठीक नहीं रहे होंगे वरना इन पर उस तरफ न जाने की कोई बंदिश नहीं थी।

ओमा शर्मा : मन्नू जी, एक बात बताएँ। आपने न लिखने का इतना लंबा अरसा खाली भोगा है। मोटे तौर पर पच्चीस साल से ज्यादा...

मन्नू भंडारी : 'महाभोज' का नाट्य रूपांतर सन 82 में आया था। उसके बाद सिर्फ 'कथा-पटकथा' और अभी-अभी आत्मकथा आई है। यह न लिखने की जो तकलीफ है, बहुत सताती है। मेरा लिखना शुरू हो जाए तो मेरी सारी तकलीफें खत्म हो जाएँगी। मुझे दुनिया में और किसी चीज की जरूरत नहीं है।

ओमा शर्मा : हाँ, मगर उस तकलीफ से निकलने के लिए कभी प्रार्थना करती हैं, या करेंगी?

मन्नू भंडारी : मैं नास्तिक नहीं हूँ, मगर पूजा-पाठ का आडंबर भी नहीं करती

हूँ। मन में तो बहुत इच्छा रहती है कि ठीक हो जाऊँ तो कितना अच्छा हो। मगर यह बीमारी ही ऐसी है। लाइलाज। दुनिया भर में इस पर रिसर्च हो रही है, मगर अभी तक कुछ नहीं हुआ।

ओमा शर्मा : मन्नूजी, आपने शायद वह फिल्म देखी हो। 'जंजीर'। अमिताभ-जया वाली। उसमें अमिताभ अकेला रहता है। जया उससे पूछती है कि तुम इस कमरे में अकेले कैसे रह लेते हो? अमिताभ कहता है, बस रह लेते हैं, आदत पड़ गई है। इस पर नायिका कहती है कि नहीं साब, अकेले कौन रहना चाहता है? यह तो एक मजबूरी होती है। मतलब यही कि अकेला रहना कभी हमारा चुनाव नहीं रहता। वह सिर्फ मजबूरी होती है।

मन्नू भंडारी : आप ठीक कह रहे हैं। कोई अकेले नहीं रहना चाहता। माना। मगर सवाल ये है कि जो साथ था, क्या वाकई वह 'साथ' था? क्या उसे साथ कहेंगे? उस साथ से तो यह अकेलापन कहीं अच्छा है।

ओमा शर्मा : आपकी दिनचर्या क्या रहती है मन्नू जी?

मन्नू भंडारी : अरे मत पूछिए। दिनचर्या दवाइयों के हवाले है। सुबह उठी। फ्रैश-व्रैश हुई। चाय-वाय पी। नौ, सवा नौ तक नहा-वहा कर नाश्ता किया। दवा ली। उसी के साथ फिर नींद आने लगती है। लंच तक सोई। लंच किया, फिर दवा ली, और सो गई। करीब पाँच बजे फिर उठती हूँ। उस समय का खालीपन मुझे अखरता है। थोड़ा-बहुत कुछ पढ़ने की कोशिश करती हूँ। टी.वी. के सामने बैठ जाती हूँ। कुछ हल्का-फुल्का सा खाना खाया और ग्यारह बजे तक फिर सो गई।

ओमा शर्मा : थोड़ा-बहुत टहलना वगैरह नहीं होता है?

मन्नू भंडारी : पैर भी तकलीफ दे रहा है। इसकी वजह से टहल नहीं पाती। ड्राइवर है, जिसे मैं किसी के साथ शेयर करती हूँ। मगर कहीं आने-जाने के नाम से ही डरती हूँ। (थोड़े विराम के साथ)...

अपनी तरफ से मैं ये ही कह सकती हूँ कि अपनी जिम्मेदारी निभाने में—अपनी पारिवारिक, सामाजिक जिम्मेदारी—मैंने कभी कोई कमी नहीं छोड़ी है... चाहे वह टिंकू को पालने की बात हो, घर सँभालने की बात हो या फिर कॉलेज में पढ़ाने की बात... मैं तो हर चीज में पूरे मन से थी।

ओमा शर्मा : आपको फिल्में देखना अच्छा लगता है? आपकी प्रिय फिल्में कौन-सी हैं?

मन्नू भंडारी : पहले तो फिर भी कभी-कभार देख लेती थी, मगर अब तो बंद ही है। आँखों की भी तो तकलीफ रही है। पहले की फिल्में आज भी अच्छी लगती हैं, मगर आज तो ज्यादातर कूड़ा ही आ रहा है। 'रेनकोट' मुझे बहुत अच्छी लगी थी।

ओमा शर्मा : प्रिय अभिनेता-अभिनेत्री?

मन्नू भंडारी : वे भी पहले के ही होंगे। स्मिता पाटिल, मीना कुमारी। शबाना भी अच्छी है। वैसे उस दौर के सभी अच्छे थे।

ओमा शर्मा : अभिनेताओं में?

मन्नू भंडरी : मुझे 'तीसरी कसम' में राजकपूर बहुत अच्छे लगे थे। वैसे ऐसा ऐक्टर तो शायद कोई नहीं रहा, जिसकी कोई भी फिल्म देखने को इंतजार करती थी। सिनेमा से ज्यादा लगाव भी नहीं रहा है।

ओमा शर्मा : क्रिकेट देखती हैं?

मन्नू भंडारी : हाँ हाँ। लेकिन एक दिवसीय ज्यादा। अभी भारत ने आस्ट्रेलिया को हराया, फिर इंग्लैंड को हराया...

ओमा शर्मा : खाने में क्या पसंद है?

मन्नू भंडारी : मुझे नमकीन चीजें पसंद हैं। शाकाहारी हूँ। मुझे बहुत सारी चीजें बनानी आती हैं, मगर मैं किचन में कम ही जाती हूँ। यह 'लक्ष्मी' जो मेरे साथ रहती है, उसे ट्रेन कर रखा है। एक दिन टिंकू का फोन आया कि कहीं बाहर चलते हैं खाने। मैंने कहा यहीं आ जाओ, जो खाना हो बन जाएगा। वह मुँह बनाने

लगी कि घर का खाना...। लेकिन जब आई और खाया तो इतनी खुश हुई कि मत पूछिए।

ओमा शर्मा : लेखन की प्रक्रिया से आई बोरियत या अड़चनों से उबरने के लिए या तरोताजा होने के लिए क्या करती हैं... मतलब चाय-कॉफी जैसा!

मन्नू भंडारी : नहीं। मुझे कभी किसी चीज की जरूरत नहीं लगी। देर से लिख रही हूँ और थक गई हूँ तो तरीका बस यही था कि कुछ देर के लिए लिखना बंद कर देती। थोड़ी देर बाद फिर शुरू कर देती। अटकना तो कम ही होता था क्योंकि जब तक मन में एक खाका-सा नहीं होता था, मैं लिखना ही शुरू नहीं करती थी। एक बार किसी थीम के साथ मेरा जुड़ाव हो जाए, तब मुझे कुछ नहीं चाहिए होता... उसी सब को तो आज इतना मिस करती हूँ और चाहती हूँ, कैसे भी मेरा लिखना शुरू हो जाए।

ओमा शर्मा : लिखने के लिए किसी भी खास चीज की जरूरत नहीं लगती?...

मन्नू भंडारी : ऐज सच तो नहीं लेकिन मैं अकसर नहा-धोकर कलफ लगी साड़ी पहनकर लिखने बैठा करती थी। मुझे बस अपने लिखने का एक अलग कोना चाहिए।

(कहते हुए वे दोनों हाथों के इशारे से मानो उस कोने का चाहत भरा दायरा बनाती हैं... कोई चाहे तो देख ले कि कलात्मक मार्मिकता की हद क्या होती है!)

ओमा शर्मा : किसी खास तरह के कागज-कलम की दरकार?

मन्नू भंडारी : ये है कि मुझे निब का पेन चाहिए होता है।

ओमा शर्मा : जगह या शहरों में कोई पंसद?

मन्नू भंडारी : कलकत्ता होगा। शहर के कारण नहीं बल्कि इसलिए कि वहाँ मेरे अपने लोग बहुत हैं। बहुत अपनत्व है वहाँ।

ओमा शर्मा : किसी चीज से खटका या डर-सा लगता है?

मन्नू भंडारी : ऐसे तो नहीं मगर कभी लगता है कि यह बीमारी और तो नहीं बढ़ जाएगी। 900 मिलीग्राम तक जब मेरी दवा थी, तब मैं फिर भी लिख-पढ़ लेती थी। 1000 मिलीग्राम के बाद मुश्किल हो गया है... कहीं 1100 मिलीग्राम करनी पड़ गई तो मेरा क्या होगा!

ओमा शर्मा : मृत्यु से डरती हैं?

मन्नू भंडारी : नहीं। सोचती भी नहीं हूँ। पूरी उम्र तो पा ही चुकी हूँ। हाँ, बस ये है कि जो चीजें अधूरी पड़ी हैं... एक उपन्यास और 5-6 कहानियाँ, उन्हें पूरा कर लूँ। बस इतना ही। ज्यादा कुछ नहीं।

ओमा शर्मा : दूसरों में कौन-सी चीज माफ कर देंगी, कौन-सी नहीं?

मन्नू भंडारी : सब-कुछ। मुझे गुस्सा आता है मगर सब-कुछ बहुत जल्दी ठंडा भी हो जाता है। जिसे कहते हैं 'बैर बाँधना', वह मुझसे नहीं होता। राजेन्द्र और मैंने जब अलग होने का फैसला कर लिया, तब भी हमारे किसी मित्र को पता नहीं लगा कि इतनी बड़ी घटना हो गई है। मैं महीने भर के लिए बम्बई चली गई थी। कई दिनों के बाद मैंने सुधा (अरोड़ा) को बताया कि ऐसे-ऐसे हो गया है। टिंकू तक को नहीं बताया। मैं बम्बई से दिल्ली पहुँची तो ये और टिंकू एयरपोर्ट पर लेने पहुँचे हुए थे। मेरा माथा ठनका। घर पहुँचे। मैं डर रही थी कि कहीं इनका सामान अभी भी यहीं तो नहीं है। खैर, देखा तो सामान शिफ्ट हो चुका था। आज भी मेरे मन में इनके प्रति कोई गुस्सा नहीं है। जो हो गया, सो हो गया। ये ज़रूर किसी कार्यक्रम वगैरह में 'मन्नू-मन्नू' कहकर सायास अधिकार-सा दिखाने लग जाएंगे जो मुझसे नहीं होता।

ओमा शर्मा : आपके दुःख?

मन्नू भंडारी : न लिख पाने का दुःख है। और वैसे कहूँ तो राजेन्द्र ने मुझे बहुत दुःख दिए हैं। बहुत रातें मैंने रोकर काटी हैं। इतने तनाव

में रही हूँ। डॉक्टर्स ने यही पूछा कि क्या बहुत तनाव में रहती थीं? क्योंकि मुझे दूसरी कोई शिकायत—बी.पी, शुगर या हार्ट की—कभी नहीं रही। इस बीमारी का मुख्य कारण तनाव ही बताया गया है। मैं राजेन्द्र से यही कहती हूँ कि आपने मुझे और कुछ दिया हो या न दिया हो, यह बीमारी जरूर दे दी है।

ओमा शर्मा : लेकिन आप उनसे नफरत तो नहीं करतीं? उनके बीमार होते वक्त आप उनकी सेवा में बाकायदा हाजिर दिखी थीं?

मन्नू भंडारी : नफरत तो राजेन्द्र क्या, मैं दुनिया में किसी से नहीं करती हूँ। ये जब बीमार हुए, तो एम्स में दाखिल कराए गए थे, जो यहाँ (हौजखास) से एकदम पास है। घर से सूप वगैरा कुछ भेजना हो तो मयूर विहार दूर पड़ता था। मैं उनके साथ भी रही थी, मगर जब अस्पताल से छुट्टी मिलने का समय आया तो राजेन्द्र हौजखास ही आकर रहना चाहते थे। मैंने मना कर दिया (मैं उनकी निर्भीकता पर मुस्कराता हूँ तो वे जोड़ती हैं)... अरे हाँ, मैं वह सिलसिला फिर से शुरू करना नहीं चाहती थी।

ओमा शर्मा : हमारे समाज में अमूमन पुरुष ही स्त्री को घर से बाहर निकालता है। आपका वह विरला केस है जहाँ स्त्री ने पुरुष को...

मन्नू भंडारी : आप सोचिए, औरत कितना बरदाश्त करती है? इससे पुरुष की ईगो कितनी हर्ट होती है। औरत की ईगो की कोई बात नहीं होती?

ओमा शर्मा : मन्नूजी, आपका कोई गिला...

मन्नू भंडारी : मुझे पारिवारिक सुख-शांति की बड़ी चाहत थी। मेरे भाई-बहनों के परिवार में सब-कुछ इतने सद्भावपूर्ण वातावरण में होता रहा है कि... मुझे पैसे से मोह नहीं है। मैंने राजेन्द्रजी को भी कह दिया था कि आप आर्थिक पक्ष मुझ पर छोड़ दो। मैं सब सँभाल लूँगी। मगर जो सोचा था वह नहीं हो सका... इसका गिला तो है।

ओमा शर्मा : आपके जीवन के हाई पॉइंट्स क्या होंगे? किन पलों ने आपको प्रगाढ़ तृप्ति दी है?

मन्नू भंडारी : वे तो रचनात्मक ही हैं। मन में जो चीज है, उसे लिख डालने से जो तृप्ति मिलती है, वही। मुझे छपने और प्रशंसा में उतनी रूचि नहीं रहती जितनी इस रचनात्मक प्रस्तुति से मिलती है। दोनों उपन्यासों के साथ ऐसा ही हुआ था। मुझे पाठकों का जितना स्नेह मिला है, मेरे जितने अनुवाद हुए हैं, वह सब तो बस हैरान करता है। भारतीय भाषाओं में ही नहीं, एक से एक विदेशी भाषा में भी। आए रोज किसी न किसी विदेशी शोधार्थी का कोई पत्र आ जायेगा।

ओमा शर्मा : अपने जीवन पर एक नजर डालने पर ऐसा कोई काम जो आपने किया, मगर छूट दिए जाने पर नहीं करेंगी...

मन्नू भंडारी : राजेन्द्र यादव से विवाह! (एक मुक्त संयुक्त ठहाका)... लेकिन एक चीज आपको बतलाऊँ... जिस ढंग से तब राजेन्द्र ने चीजों को रखा था, जितना गहरा लगाव उनके प्रति मेरे मन में था उस पर अविश्वास करने का कोई प्रश्न ही नहीं था।

(2009)

मक़बूल फ़िदा हुसेन

मक़बूल फ़िदा हुसेन

जन्म 17 सितम्बर 1915 को पंढरपुर (महाराष्ट्र) में। बाल-काल इंदौर में। संघर्ष-भूमि बंबई। शीर्षस्थ आधुनिक भारतीय चित्रकार, जिन्हें भारत का पिकासो भी कहा जाता है। विलक्षण जीनियस। चित्रकार सूजा के साथ बॉम्बे आर्ट ग्रुप के सह-संस्थापक। चित्रकारी के विभिन्न माध्यमों में 30,000 से ज्यादा कृतियों का सृजन। 'दो स्त्रियों का संवाद', 'जमीन', 'मकड़ी और लैंप के बीच', 'दुपट्टों में तीन औरतें', 'नीली रातें', 'घोड़ा' जैसी सैकड़ों मील का पत्थर पेंटिंगें ।

ऐसा चित्रकार जो कला-आंदोलन का पर्याय बना। देश-विदेश की शीर्ष कला दीर्घाओं म्यूजियमों में कला-कृतियाँ संग्रहित। चार दीर्घाएँ भारत में स्थापित। अनेक राष्ट्रीय, अन्तरराष्ट्रीय म्यूरलों के सर्जक। चित्रकारी के अलावा रेखांकन, फोटोग्राफी और डिजाइनिंग में भी वही कलागत दक्षता।

देश-विदेश में चित्रकला के बाजार को नए शीर्ष मुहैया कराता कलाकार।

महात्मा गांधी, मदर टेरेसा, रामायण, महाभारत और भारतीयता संस्कृति के धूसर और जन-पक्षों को अपनी कूची से अमरतत्व प्रदान करता कलाकार। सन 1973 में पिकासो के साथ ब्राजील में संयुक्त प्रदर्शनी। 'थ्रू द आईज ऑफ ए पेंटर' (1967), 'गज-गामिनी' (2000) और 'मीनाक्षी : ए टेल ऑफ थ्री सिटीज' (2004) जैसी फिल्मों के निर्माता-निर्देशक।

भारत सरकार द्वारा पद्‌म श्री, पद्‌म भूषण और पद्‌म विभूषण से अलंकृत। राज्य-सभा सदस्य।

परम्पराओं की तोड़-फोड़ और बोहेमियन जीवन-चर्या के लिए विख्यात।

कुछ चित्रों पर हिंदुवादियों का बवाल। सन 2006 में दुबई-प्रस्थान, वहीं से सन 2010 में कतर गणराज्य में शरण तथा वहाँ की नागरिकता। ताउम्र बोहेमियाई, विवादास्पद और फराखदिल। एम एफ हुसेन की कहानी अपनी जबानी (आत्मकथा)।

9 जून 2010 को लंदन के एक अस्पताल में मृत्यु।

'मैं अपना जीवन दोबारा जीना चाहूँगा ...इसी तरह' : हुसेन

भारतीय चित्रकला और विवादों का पर्याय बने मक़बूल फ़िदा हुसेन का साक्षात्कार लेना-करना आसान नहीं था। वे अपनी बिंदास वृत्ति, कला और वार्धक्य में रमी सनक के चलते कब क्या कह-कर दें, इसका कोई भरोसा नहीं। इस बातचीत के साथ भी कुछ ऐसा ही हुआ। शुरुआत में ही जब मैं उस तरफ यानी उन पेंटिंग्स के मंतव्य पर, जिन पर हिन्दू-अतिवादियों ने उपद्रव मचा रखा था और जिनसे तात्कालिक निजात पाने के लिए तब वे दुबई में रह रहे थे (नागरिकता के खयाल से कोसों दूर), तो वे यकायक भड़क पड़े, अप्रत्याशित और असहनीय ढंग से। टेपरिकॉर्डर को धक्का देकर फेंकने लगे। हैरान तो मैं था ही, डर भी गया था कि जिस प्रमुख कार्य को करने दुबई आया था, वह गया खटाई में। वह गुस्सा किसी अतिवादी की तरह ही विवेक-च्युत था। किसी तरह मिन्नतों से उन्हें समझाया गया कि जनाब, ये सवाल मेरे नहीं, तमाम आम लोगों और तैयब मेहता (तब वे जिन्दा थे) जैसे कलाकारों की ओर से भी हैं जो आपसे यहाँ किये भर जा रहे हैं। इसमें पर्सनल कुछ नहीं है।

मगर वे पर्सनल रूप से बहुत आहत थे। विवादों में बीता उनका जीवन कभी इस कदर आक्रांत नहीं हुआ था। घुमक्कड़ी अब उनकी आदत या शौक नहीं, मजबूरी हो गई थी। उनके भीतर उस पंछी की तड़प लक्ष्य की जा सकती थी जो देर तक उड़ान भरने के बाद अपने जहाज (मुल्क) पर लौटने पर सुकून महसूस करता था और आज जिसे वह मुहैया नहीं था। एक जलावतन हुए बूढ़े कलाकार की पीड़ा का अंदाजा लगाना मुश्किल था क्योंकि जीवन-शैली और बाकी ताम-झाम में सब-कुछ पूर्ववत-सा ही था। वे जीवन की हर छोटी-बड़ी चीज का आनंद उठाने का हौसला रखते। किसी रेस्टोरेंट में खाने की मेज पर

रखे मेन्यू-कार्ड को किसी कस्बाई युवक की जिज्ञासा से पढ़ते और पसंद न आने पर दूसरी डिश ऑर्डर करते और उसका लुत्फ लेते हुए बताते कि यह सबसे अच्छी कहाँ मिलती है। नब्बे पार करती उम्र में जीवन के प्रति उनका उत्साह देखते बनता था। "अभी यहाँ (दुबई में) इस्लामिक हिस्ट्री को पेन्ट करने का बड़ा प्रोजेक्ट है, फिर भारतीय सिनेमा के इतिहास को पेन्ट करूँगा...लंदन में" यानी उम्र के शतक पार तक तो इधर-उधर कुछ देखने तक की फुरसत नहीं! हमारे यहाँ साठ पार तीसमार खाँ भी अकसर मुफ्त में अध्यात्म बाँटते रहते हैं और अस्सी पार वाले के तो अंजर-पंजर ही नहीं, जिजीविषा भी गँधाने लगती है। मगर हुसेन साब, क्या कड़क अपवाद थे! उनकी चाल-ढाल, रोब-रुतबा और खान-पान सब हर लिहाज से किसी युवक के-से थे। उन्हें देखकर यकीन हो जाता था कि दुनिया में कुछ लोग वास्तव में एक सौ दस, एक सौ बीस की वय पाते हैं! अपनी शख्सियत से वे आपको पूरा एन्टरटेन करते... "सन तिहत्तर में पिकासो के साथ मेरी प्रदर्शनी हुई थी, अगले साल बेचारे की डैथ हो गई... मेरे जैसे औसत की संगत का सदमा कहाँ बरदाश्त होता..." बतलाकर वे तबीयत से खुद पर हँसते, बात-बेबात छेड़ते, लतीफे शेयर करते और माकूल शेर सुनाते! हलके-फुलके मिजाज में उनका सुनाया एक दुअर्थी शेर आज भी याद आता है : दुख़्तरे दर्जिन का सीना देखकर, जी करता है कि मलमल दूं!

यह बातचीत उनके सुझाव पर मुम्बई में मेरे घर पर होनी थी मगर बिना किसी सूचना या योजना के वे दुबई चले गये। इसमें कुछ भी अप्रत्याशित नहीं था। घुमक्कड़ी उनका स्वभाव ही नहीं, जीवन भी था और इसके लिए उन्होंने खुद को पूरी तरह ढाल रखा था। कोई तैयारी या पैकिंग नहीं, अंग-वस्त्र भी नहीं। एक अदद बेंत-नुमा ब्रश और पासपोर्ट उठाया और लो, हो गई दुनिया मुट्ठी में... कैनवस से लेकर कमीज, कौन-सी चीज कहाँ नहीं मिलती? अन-अफोर्डेबिलटी जैसा कुछ रहता नहीं था। राजेन्द्र यादव की तरह समाज-दर्शन की लत थी सो दुबई में भी उन्होंने अपने ठिकाने बना लिये थे। वे ऐसे कलाकार थे जो चित्रकारी का सूफियाना आनंद लेते हुए जीवन के दूसरे सुखों में पिछड़ना नहीं चाहते थे। जीवन की दैनंदिनी के बीच रहकर ही मानो वे अपनी कला के सबलाइम पहलुओं की शिनाख़्त करते थे।

दूसरी कलाओं की तरह चित्रकला में मेरी विद्यार्थीनुमा दिलचस्पी है। प्रभु

जोशी और जेपी सिंघल जैसे समकालीन दिग्गजों की सोहबत नसीब रही है मगर चित्रकला की बारीकियों, खासियतों या उसके इतिहास से लगभग अनभिज्ञ ही हूँ। संवाद-साक्षात्कार कला-शिक्षा का माध्यम हो भी नहीं सकता इसलिए मेरे जेहन में जाहिरा किस्म के सवालों पर उनकी राय और मुमकिन हो तो उस लम्बे कला-जीवन के कुछ अक्स उकेरने की बात ज्यादा थी लेकिन हुसेन जैसे जीनियस, वन मैन आर्ट मूवमेंट को समझना, डॉन की तर्ज पर, मुश्किल ही नहीं नामुमकिन है। उनकी मेधा, परतों और अंतर्विरोधों की चकचौंध, उनके बारे में जतन से बनाये नतीजों पर पुनर्विचार करने को बाध्य कर जाती है। समझ को बार-बार रिवाइज करने के बावजूद मुँह की खानी पड़ती है। एक जीवनीकार ने उन्हें महाभारत के पात्रों का मिला-जुला रूप माना है...अर्जुन की तरह एकाग्र निशानेबाज, अभिमन्यु सा अकेला लड़ने वाला, कर्ण की तरह तन्हा और बेजार, भीष्म की तरह जख्म खाया और कृष्ण की तरह कूटनीतिज्ञ! हमारे एक कॉमन मित्र ने यूँ ही नहीं कह डाला था – ही इज ए मास्टर हू कैन गिव मार्किटिंग टिप्स टू पीटर ड्रकर एंड कोटलर। और सच, यह बात मेरे गले कभी नहीं उतर पाती कि अरसे से भारतीय चित्रकला के सिरमौर और दुनिया भर में शोहरत हासिल कर चुके इस चित्रकार को किसी टैक्सी वाले को अपना परिचय देना क्यों गुदगुदाता है, अमिताभ बच्चन के मुम्बई के लीलावती अस्पताल में दाखिल हो जाने पर संजीवनी बूटी लिये हनुमान की पेन्टिंग के साथ अखबारी सुर्खियों में शामिल होना क्यों लुभाता है, 'गजगामिनी' जैसी नितान्त कथ्यहीन, बिंबात्मक फिल्म बनाने वाला और सत्यजीत राय की फिल्म-कला का मुरीद 'विवाह' और 'हम आपके हैं कौन' जैसी वैडिंग वीडियोज पर घोर आसक्त कैसे हो सकता है? या फिर एक घोर उत्तर-जीवी को डीजे जोशी, विष्णु चिंचालकर और ची पी हुंग के जिक्र में क्या असुरक्षा सता सकती है...

यकीनन एक पहेली थे हुसेन। अलबत्ता, इस उस्ताद बहुमुखी चित्रकार की शख्सियत में सादादिली और बड़प्पन भी खूब-खूब भरा था। दोस्तों के साथ भरे बाजार नुक्कड़ की चाय की चुस्की लेना उनका शगल था जो अन्त तक कायम रहा। खाकसार समेत शायद ही कोई मित्र हो जिसे फराखदिली में उन्होंने अपने मूल 'हुसेन' से खुशहाल न किया हो। रचनात्मक ही नहीं, उनमें मानवीय ऊर्जा भी अकूत थी।

जिस मानसिकता के साथ उनसे मुठभेड़ करने की तैयारी मैंने की थी, उनके 'उखाड़फेंकू' रवैए ने छिन्न-भिन्न कर दी। एक टेस्ट मैच को टी-20 में सिकोड़ना पड़ा। कितने सवाल यूं ही पड़े रह गए। यही वजह थी कि जनवरी 2007 में की गई यह बातचीत बरसों टेप पर ही पड़ी रही। सोचा था, कभी उनकी कला और व्यक्तित्व की खूबियों और जटिलताओं पर सम्यक लिखते वक्त उनकी कही इन बातों का उपयोग करूंगा, लेकिन इतना अवकाश नहीं मिल सका। "जब कहीं छपे तो एक कॉपी भेजना जरूर... मैंने इतनी देर किसी से बात नहीं की है," उन्होंने ताकीद की थी। हुसेन साब, सॉरी, आपकी यह जायज उम्मीद पूरी नहीं हो सकी!

साक्षात्कार

ओमा शर्मा : हुसेन साहब, पंढरपुर जैसे कस्बे से चलकर बम्बई आया एक मामूली सा लड़का भारत का ही नहीं, दुनिया का एक मकबूल चित्रकार बनता है। उसके ट्रांजीशन के बारे में बताइए?

हुसेन : मैं जो पेंटिग करता हूँ, वह मेरे काम का दस प्रतिशत हिस्सा है। मैं खूब घूमता हूँ, लोगों से मिलता हूँ, किताबें पढ़ता हूँ। मेरी कोई पेंटिंग ऐसे ही नहीं हो जाती। वह मेरे उस तमाम घूमे-फिरे, देखे-पढ़े का निचोड़ होती है। मैं सबके लिए टाइम देता हूँ...इकोनॉमिक्स, पॉलिटिक्स, सोसाइटी सब होता है उसमें...

ओमा शर्मा : वह ठीक है। उस पर हम बाद में बात करेंगे, लेकिन मॉडर्निज्म जिस सहज तरीके से आपकी पेंटिंग्स में आया है, उसके सूत्र क्या रहे... मेरा मतलब है कि पहले फर्नीचर की दुकान या फिल्मों के होर्डिंग्स लगाने से लेकर आधुनिक चित्रकार बनने की यात्रा...

हुसेन : जो पेंटिंग मैं कर रहा था, वह सचेतन तो नहीं कर रहा था। एक वो शेर है : यही जाना कि कुछ नहीं जाना, वो भी एक उम्र में हुआ मालूम (मीर)। मैंने कभी कोई प्लान नहीं बनाया। कोई छलाँग लगाने की नहीं सोची। बस, सब-कुछ यूँ ही होता चला गया। कभी सोचा भी नहीं कि क्या होगा। मुझे याद है जब मैं आठवीं में था, तभी मैंने अपने पिताजी को कहा कि मुझे पढ़ना नहीं है, पेंटिंग करनी है। फिल्मों का मुझे तभी से ऑब्सेशन है। घर वाले परेशान हुए कि ये क्या सोचा है। उस जमाने में किसी आर्टिस्ट की क्या हैसियत होती थी? ऐसे आदमी के साथ कौन अपनी लड़की ब्याहेगा, इसकी चिन्ता थी। मगर मेरे पिता को संगीत और कला का

शौक था। मैं जो करता रहता था, वह उन्हें अच्छा लगता था। उन्होंने इजाजत दे दी। मान सकते हैं कि वह एक छलाँग थी। छह बरस का था मैं तब। हरदम पेंटिंग करता रहता था। जब ग्यारह साल का हुआ, तो वे मुझे एक कॉलेज में ले गये। वहाँ जो अन्तिम बरस के छात्र थे, जो चार-पाँच साल पेंटिंग सीखने में लगा चुके थे, मैंने कहा कि मैं उनसे बढ़िया चित्र बना सकता हूँ। उन्होंने कहा, बनाओ, और मैंने बना दिया। वाकई। लेकिन मैंने उनसे कहा कि मुझे कोई डिग्री नहीं चाहिए। मुझे नौकरी नहीं करनी। सिर्फ पेंटिंग करनी है। मेरे हाथ में ब्रश है, कुछ नहीं होगा तो दीवारें पेंट करके पेट भर लूँगा...

ओमा शर्मा : आप पाँच-छह लोगों ने मिलकर जो बॉम्बे ग्रुप बनाया, उससे कुछ पुश मिला...ब्रेकिंग पॉइंट जैसा कुछ...

हुसेन : तब तो मैं चालीस छू रहा था। वह मेरा ब्रेकिंग पॉइंट नहीं था। उससे मुझे कुछ नहीं मिला। असल चीज तो उससे पहले स्कूल में हुई। वहाँ—इन्दौर में—न कोई गैलरी थी और न कोई देखने वाला, बस दीवानगी थी जिसके तहत मैं पेंटिंग करता जाता था। तभी हॉलीवुड की एक फिल्म आई थी 'रेम्ब्रां', जो मास्टर रेम्ब्रां पर थी। उसे देखकर मैं पागल हो गया था। मुझे लगा कि मुझे यही करना है, क्योंकि इनसानी भावनाओं के साथ जो चित्र वह बनाता था या जो भावनाएँ उसके चित्रों में उभरकर आती थीं उनका कहीं कोई मुकाबला नहीं था। लगा, मुझे भी वैसा ही करना चाहिए। वह मेरा गुरु हो गया। वह जबरदस्त पोर्ट्रेट बनाता था। सन् 1953 में जब पहली बार मैं यूरोप गया तो सबसे पहले एम्सटरडम में उसकी पेंटिंग्स ही देखने गया। किसी ने यदि मुझे छुआ है तो बस रेम्ब्रां ने। वहाँ उसकी एक पेंटिंग थी 'नाइटवॉच', ग्यारह बाई ग्यारह की, मैं उसे देखने लगा और देखता रह गया। उसे देखकर मैं रोने लगा, फूट-फूटकर रोने लगा...

ओमा शर्मा : क्यों, रोने क्यों लगे?

हुसेन : उस पेंटिंग से जो ताकतवर इनसानी भावनाएँ उभरकर आ रही थीं, उसे महसूस करके... उस चित्र में अन्यथा कुछ खास नहीं था। कोई औरत नहीं थी जिसमें मैं अपनी माँ ढूँढ़ता। उसमें सिर्फ क्रिएटिव पावर थी.. देखकर कि ऊपर वाला जो सर्जक है वह कैसे देता है। उसमें कुछ भी सेंटिमेंटल नहीं था, फिर भी इट वाज प्योर क्रिएटिव पावर। स्टार्क! कभी लोग कहते हैं कि कला जिन्दगी से प्रेरित-प्रभावित होती है, कलाकार अपने आसपास से उठाता है, यह सब बकवास है। दुनिया को देखकर आप चित्र बनाएँगे, तो वह ज्यादा दिन नहीं चलेगा। कभी अकाल पड़ा, लोगों ने उसे पेंट किया। ऐसे ही विश्वयुद्ध को लेकर लोगों ने खूब पेंटिंग्स कीं। लेकिन कला के इतिहास में ऐसे मकाम ज्यादा मानी नहीं रखते। क्रिएटिव पावर से जो होता है, वही टिकता है। रेम्ब्रां में थी यह पावर। रेनेसाँ काल में भी खूब दिखती है...

ओमा शर्मा : रेम्ब्रां के अलावा कोई और चित्रकार... मसलन पिकासो का कुछ प्रभाव?...

हुसेन : पिकासो का भी सम्पूर्णता में कोई प्रभाव नहीं है।

ओमा शर्मा : आपके साथ जो बॉम्बे ग्रुप के लोग थे...आरा, सूजा... उनसे कुछ जानने-सीखने को मिला?...

हुसेन : नहीं। बिलकुल नहीं। पेंटिंग के स्तर पर हम सब अपने आपमें ही रहते थे।

ओमा शर्मा : आपके रंग-संयोजन में इन्दौर के डीजे जोशी का असर दिखता है।

हुसेन : डीजे जोशी तो थर्ड रेट पेंटर था। उसकी कोई सिग्निफिकेंस ही नहीं। उसका क्या असर होता? उसका तो जिक्र भी न करें...

ओमा शर्मा : विष्णु चिंचालकर?

हुसेन : आप ऐसे नाम मत गिनाइए... इससे कुछ नहीं होने वाला.. आपको चीजों को समग्रता में देखना आना चाहिए। बड़ा विज़न चाहिए होता है।

(मैं स्पष्ट करता हूँ कि यहाँ अभिप्राय किसी के प्रभाव में आने या नकल से नहीं, बल्कि अपने कला-मकाम की राह में मिले उस 'उधार' से है, जो हर कोई जाने-अनजाने ग्रहण करता है। वे नुनखरी अदा में चुप रहते हैं। उस चुप्पी को कुछ देर जीते हुए मैं अगला सवाल करता हूँ)

ओमा शर्मा : आपके मुताबिक कला का कोई सामाजिक सरोकार होता है?

हुसेन : मैं आपको संगीत का उदाहरण देता हूँ। क्या उसमें कोई सामाजिक सन्देश होता है?

ध्रुपद को सुनिये, जहाँ एक भी शब्द नहीं है। उसे सुनकर आपके भीतर कुछ होने लगेगा, जो आपकी भीतरी ताकत को इनवोक करेगा। विशुद्ध संगीत आपके भीतर उतर जाता है। किसी ट्रेजेडी पर लिखी कविता को गाना संगीत नहीं है। ये तो रोजमर्रा की बातें हैं।

ओमा शर्मा : आपके लिए कला के क्या मायने हैं?

हुसेन : दुनिया में जितना कुछ है—विज्ञान, संगीत, नृत्य, तकनीकी, व्यापार या जो कुछ भी, उस सबका निचोड़ है कला... और वैसे दस हजार साल तक आप सरोद बजाते रहिये, तब भी उससे कुछ होने वाला नहीं है। जो जीवन के बारे में सोचता है और किसी रूप में अभिव्यक्त करता है, वही कलाकार है। रियाज वहाँ किसी सुर का नहीं, जीवन का होता है। बाकी सब तो टैक्नीक है। वो कहते हैं न कि... वो किसी चीज का मोहताज नहीं, जिसको जीने का हुनर आता है... आप यदि जीना नहीं सीखे हैं तो कुछ भी नहीं कर सकते।

ओमा शर्मा : यह तो खैर बहस का मुद्दा है। हमारे आसपास कितने ही

लोग हैं जो किसी कला को जाने-सराहे बगैर मजे से जी रहे हैं...

हुसेन : अब जैसे बिल गेट्स है, खूब पैसा है उसके पास, खूब चैरिटी करता है वह। मगर आज से दस हजार साल बाद क्या वह सिग्निफिकेंट रहेगा? गांधी, बुद्ध या महावीर की तरह क्या वह रहेगा? मैं यह नहीं कहता कि ऐसे लोगों को नहीं होना चाहिए... जो उथल-पुथल हो रही है, हो सकता है उसमें उनकी जरूरत या भूमिका हो, मगर जो ताकत दुनिया को चलाती है, क्या उसमें वह शामिल होगा? तो मैं कहता हूँ, नहीं होगा।

ओमा शर्मा : क्या आप यह कह रहे हैं कि हमारे जीवन में जो नैतिकता घोल रहे हैं, सिर्फ वही बचेंगे?

हुसेन : पिकासो ने एक अच्छी बात कही है कि उसके समय में जो भी पाँच-दस हजार कलाकार थे, वे सब उसकी वर्कशॉप थे, उनकी भी अहमियत थी। उन हजारों लोगों के काम का जो अर्क है, उसे वह व्यक्ति इस्तेमाल करता है जो इन्लाइटेंड है।

ओमा शर्मा : आम आदमी को कला की क्या जरूरत है? उसका काम तो उसके बगैर चलता ही है।

हुसेन : यह ठीक है। हिन्दुस्तान में सौ करोड़ से ज्यादा लोग हैं। दुनिया भर में छह सौ करोड़ जैसे होंगे। इनमें जो वाकई खराब कहे जायें, उनकी तादाद दस हजार भी नहीं होगी... तो बात यह नहीं है कि कला हमको कितना बेहतर या ह्यूमनाइज करती है। उसकी जरूरत हमारे भीतर पैदा की जाने वाली चर्निंग से है। कला हमारे भीतर क्या स्पार्क जगा दे, यह बताना मुश्किल है लेकिन ये है कि जो काम कला करती है, वह अन्यथा नामुमकिन है...

ओमा शर्मा : धर्म भी तो वही काम करता है...

हुसेन : हाँ, हो सकता है। आध्यात्मिक स्तर पर यह सच हो। आप समझ ही नहीं रहे। कोई आइंस्टीन की लैब में भी चला जाता, तो भी उसके हुनर और हासिल से अछूता रह जाता...

ओमा शर्मा : आप पर एक इलजाम है कि आप मध्यवर्ग से निकले कलाकार हैं मगर आज मध्यवर्ग का आदमी आपको न तो एप्रिशिएट करता है ओर न वह आपको अफोर्ड कर सकता है...

हुसेन : अच्छा! (सवाल की चुभन झलक रही है) आप मुझे यह बताइए, लता मंगेशकर कितनी बड़ी आर्टिस्ट है? बच्चा-बच्चा उसके नाम और गायन से वाकिफ है, है न? और सुब्बुलक्ष्मी? उसे कितने जानते है? बिना सब्सटैंस के आप कब तक चला लेंगे? चालीस-पचास साल तक आप लोगों को यूँ ही बेवकूफ बना सकते हैं? चित्रकारी दरअसल एक विजुअल साइंस है जिसका तार आपके दिमाग से जुड़ा होता है। इसके अन्दर बड़ी गहराइयाँ होती हैं, संगीत की तरह। खाली सिरों की गिनती से किसी की अहमियत कम-ज्यादा नहीं होती। सुब्बुलक्ष्मी ज्यादा दिनों तक रहेंगी। वे ज्यादा बड़ी कलाकार हैं। एक फूल में कितना एसेंस होता है? मगर वही पूरे चमन को महकाता है, फूल का बाहरी ताम-झाम नहीं। आर्ट की जरूरत हर चीज में होती है। माचिस की तिल्ली बनाने के लिए भी हुनर चाहिए...

ओमा शर्मा : लेकिन जिसे हम आधुनिक कला कहते हैं, उसके मायने इतने गड्डमड्ड रहते हैं ओर लोगों से अपेक्षा की जाती है कि वे उसमें मायने तलाशें!

हुसेन : (सामने इशारा करके) आप उसे देखिए, यह नीम का पेड़ है। कोई कहे, यह नीम का क्यों है, इसे तो आम का होना चाहिए! इसकी पत्तियाँ हरी क्यों हैं, इन्हें तो लाल होना चाहिए! यह वैसी ही बात है...

ओमा शर्मा : लेकिन जब चित्रकार कुछ बनाता है, तो उसके मन में कुछ

तो होता होगा... मंतव्य के स्तर पर कोई निर्धारित कोण, लोग उसे चाहे कैसे भी देखें...

हुसेन : गालिब भी कहता था कि शेर भले मैं लिखता हूँ, मगर अकसर पढ़ने वाला बताता है कि उसके मानी क्या हैं... कुछ ऐसा, जो उसने नहीं सोचा था। तो क्रिएटिव प्रॉसेस तो जटिल होती है।

ओमा शर्मा : वो है, मगर यह भी है कि वह अकेलेपन या आइसोलेशन में पनपती है, जब कलाकार स्वयं के भीतर घुसता है...

हुसेन : अकेलेपन में वह अपने भीतर लाखों को लेकर घुसता है। आप उसे कैसे भी देखिए मगर यह मत भूलिये कि अकेले तो आदमी रह ही नहीं सकता। अकेलेपन में उसे तमाम चीजों की छँटनी करने का अवकाश होता है। पहले आप अपने भीतर अच्छा-बुरा, काला-सफेद सब भर लेते हैं, फिर उसे छाँटते हैं, छोटा करते हैं, तभी पूर्णता आती है... इसी को तो नेति-नेति कहते हैं।

ओमा शर्मा : मेरा सवाल यह था कि कलाकार की दुनिया तो उपेक्षा और अकेलेपन की दुनिया होती है मगर आपके सन्दर्भ में वह बाजार और सुर्खियों से जुड़ी है। आप बाजार की नब्ज खूब पहचानते हैं...

हुसेन : इसमें बुरा क्या है? क्या गलत है, जो मैं बाजार को अपनी कला के लिए इस्तेमाल करता हूँ? क्या मैं लोगों को धोखा देता हूँ? मिट्टी को सोना कहकर बेचता हूँ? अगर मेरे पास कुछ नहीं होता, तो क्या यह सब मुमकिन था? आप कलाकार हैं, तो क्या जरूरी है कि आप अँधेरे में ही रहें? पहले कला कहाँ रहती थी... सबसे पहले वह गुफाओं में आई, उसके बाद मन्दिरों ओर गिरजों में। औद्योगिक युग आने के बाद वह संग्रहालयों में आई और उसके बाद वह रोजमर्रा की जिन्दगी का हिस्सा बनी...तो रोजमर्रा की जिन्दगी में आप बाजार के जरिये ही तो पहुँच सकते हैं...

(वे बोल रहे थे। मैं इत्मीनान से सुन रहा था, कुछ-कुछ अगले सवाल की तैयारी करते हुए। उन्होंने टोका, नहीं, आप मुझे सिर्फ सुनिये मत, देखिए भी! उनकी यह अदा वाकई दिलचस्प ओर मोहक थी। मैं सिमटा तो वे पुनः एकाग्र हुए।)

आप घर बैठे दुनियाभर की चीजें देख सकते हैं, महसूस कर सकते हैं। कैसे हो पा रहा है यह सब? ज्ञान के लिए पहले आप गुरु के पास जाते थे, आज बाजार आपको यह सब मुहैया करा रहा है। तो बाजार तो जरिया है। वह आधुनिक गुरु है।

ओमा शर्मा : आपका मकसद सृजन है तो क्या पहली नजर व्यापार पर रहेगी? यदि हाँ, तो कला सफर नहीं करेगी?

हुसेन : तो मान लीजिए कि मैं कलाकार हूँ ही नहीं (कटाक्ष से भरकर)।

ओमा शर्मा : आपके कलाकार होने से इनकार नहीं है... मैं उसके अन्तर्विरोधों को समझना चाहता हूँ...

हुसेन : वही तो मैं कह रहा हूँ...आप क्यों नहीं मानते कि कोई कलाकार बाजार को भी सँभाल सकता है। दोनों की जरूरत है। एक ही आदमी यदि दोनों को कर सकता है तो इसमें बुरा क्या है? (थोड़ी देर की चुप्पी। उनकी भीतरी बेचैनी झलक रही है। मैं सिर्फ उन्हें सुन रहा हूँ, गौर से देखते हुए...एक अन्तराल के बाद वे फिर कहने लगते हैं...) ये जो दिमाग है (उँगली के इशारे से कनपटी इंगित करते हुए), उसमें खाने हैं, जो अलग-अलग काम कर सकते हैं। व्यास के बारे में कहते हैं कि उन्होंने ऐसे लोगों को चुना जो उनके सोचने के मुताबिक न सिर्फ लिख सकें बल्कि उस लिखे को समझ भी सकें... कहते हैं, शेक्सपीयर एक-साथ कई नाटकों पर काम करते थे। क्यों? क्योंकि वे कर सकते थे। मेरे साथ बस ये है कि मैं दोनों मोर्चों पर काम कर

लेता हूँ। आप आलसी हों तो कुछ भी नहीं कर सकते और साधना कर लो तो क्या मुमकिन नहीं है...

ओमा शर्मा : व्यापार के रास्ते एक वाजिब खटका यह रहता है कि आपको अपनी कला के साथ समझौता करना पड़ सकता है।

हुसेन : नहीं, यदि आप एनलाइटेंड हैं, तो ऐसा नहीं होगा। कमतर कलाकार उसमें बह सकता है। जो कलाकार सच्चा है, वह चट्टान की तरह खड़ा रहेगा।

ओमा शर्मा : आप खड़े रहे हैं?

हुसेन : हाँ, बिलकुल।

ओमा शर्मा : आपने इमरजेंसी का समर्थन नहीं किया था...

हुसेन : बिलकुल नहीं किया था... मीडिया ने मुझे ऐसे पेश किया था। मैंने इंदिरा गाँधी का कभी कोई पोर्ट्रेट नहीं बनाया। जो तीन पेंटिंग्स उन्हें दी थीं, वे उस उथल-पुथल को लेकर थीं जो उस समय चल रही थी। लोगों की ईर्ष्या थी ...उन्होंने मीडिया की आड़ में मुझ पर आक्रमण किया। रास्ते चलते मुझे सुनना पड़ता कि यह मैंने क्या कर डाला।

ओमा शर्मा : इतने सारे लोग-कलाकार जो यह कह रहे थे, गलत थे?

हुसेन : नब्बे प्रतिशत तो उनमें कलाकार थे ही नहीं। स्यूडो थे। ब्रश पकड़ लेने से कोई पेन्टर नहीं बन जाता। और गिनती पर तो आप कभी जाइए ही मत। वे सब गधे थे। मेरे आसपास के चन्द लोग जानते थे कि हकीकत क्या है और एक बात यह भी देखिए कि यदि वह सच होता, तो बाद में कला की दुनिया ने मुझे क्यों अपना लिया? उसके बाद कोई बात ही नहीं चली, क्यों? क्योंकि वह झूठ था, प्रायोजित था...

ओमा शर्मा : अपने कला-व्यापार के लिए आपने माधुरी दीक्षित का इस्तेमाल किया क्योंकि उन दिनों वह लोकप्रियता के शिखर पर थी।

हुसेन : आप यह बताइए, क्या मैं माधुरी को उसके घर से उठाकर

लाया था? मीडिया तो मुझे रोज नुस्खे देता था कि मैं यह-वह खाकर उसके साथ हम-बिस्तरी करूँ...इतने गलीज दिमाग।

ओमा शर्मा : विवादों में बने रहना तो माशाअल्ला आपको सूट करता है।

हुसेन : सवाल ये है कि विवाद पैदा ही क्यों होता है? आप अपना काम करें तो तमाम लोग विरोध में आ खड़े होते हैं। क्या उससे डरकर काम बन्द कर देना चाहिए? ये जो पंडित किस्म के लोग थे... राय किशनदास, कन्हैयालाल मुंशी... इन्होंने स्कूल-कॉलेज के बच्चों तक को मना करवा दिया था कि प्रोग्रेसिव आर्ट ग्रुप के जो हम लोग थे, उनसे न मिलें। उनकी हरमजदगियों को मीडिया ने कभी नहीं उभारा, बल्कि मीडिया को वे अपनी तरह से हाँकते रहे। वे कहते थे कि हम लोग भारतीय संस्कृति को नष्ट कर रहे थे, जबकि बाहर वाले लोग हमें सपोर्ट कर रहे थे। हमारे चित्र बॉम्बे आर्ट सोसाइटी में लिए ही नहीं जाते थे। हम खुद अपने पोस्टर लगाते थे। यह कोई शिकायत नहीं है रेनेसाँ (ज्ञानोदय) काल में जब इम्प्रेसनिज्म (प्रभाववाद) आया...जब पता लगा कि जो रोशनी है, उसमें सात रंग छिपे होते हैं और जिनका इस्तेमाल हो सकता है, जो उन्होंने किया, तो लोगों को लगा कि उनकी तौहीन की जा रही है। लगा, जैसे प्याले के रंगों को उनके चेहरे पर उड़ेल दिया गया है, और याद रहे, वे सब पढ़े-लिखे लोग थे! मोरारजी देसाई जो उन दिनों बम्बई के मुख्यमंत्री थे, उन्होंने अपने एक भाषण में कहा था कि हम लोगों की आर्ट को खदेड़ दिया जाना चाहिए। मैंने तब मोरारजी को एक बन्दर की तरह पेन्ट किया था। तब कम से कम इतनी आजादी तो थी। आज ऐसा करने लगूँ तो पता नहीं क्या हो जाये। स्तन पर रखे हाथ के चित्र—ऐज ए सिम्बॉलिक प्रोटेक्टर—बनाने वाले को पुलिस पकड़ ले गई लेकिन हम लड़े और जीते। क्या हमारी संस्कृति में लिंग को

पूजा नहीं जाता? खुजराहो क्या है? वह रियलिस्टिक थोड़े है, एक मैटाफर है। वो कहते हैं न कि पढ़े-लिखे की इग्नोरेंस बड़ी भयानक होती है...

ओमा शर्मा : इन पंडित किस्म के जीवों को कुछ हद तक आपने भी मौका दिया—सीता और सरस्वती के न्यूड्स बनाकर...

हुसेन : आप कितनी ही जगह ये सब देख सकते हैं, मन्दिरों में, गुफाओं में...

ओमा शर्मा : इससे आपको उनको इस तरह दिखाने का आर्टिस्टिक लाइसेंस मिल जाता है?

हुसेन : लाइसेंस की बात नहीं, आर्ट की बात है... (इसके बाद जैसे वे दुर्वासा हो उठे...ये सब बन्द कीजिए... क्या वाहियात सवाल है, ये रिकॉर्ड नहीं होना चाहिए, ऐसे सवाल करने वाले जानते ही नहीं कि कितने बड़े बेवकूफ हैं! वे एक बार फिर उठ खड़े हुए और कहने लगे कि क्या मैंने कुमार स्वामी की किताब 'इंडियन ईस्थैटिक्स' पढ़ी है? मैंने ना में सिर हिलाया तो बोले, फिर तो मुझे उनके पास तक बैठने का हक नहीं है। मैं उन्हें मनाता हूँ और समझता हूँ कि वे जो भी कहना चाहें, पूरे हक से अपना पक्ष रखें क्योंकि उनकी पेंटिंग्स को लेकर हिन्दूवादी तोड़फोड़ पर उतर आते हैं और बुद्धिजीवी स्टूडियो या लेखों के जरिए सिर्फ बहस करते हैं। भारतीय संस्कृति और कलागत आजादी की अनन्त बहस के बीच हुसेन कहाँ खड़े हैं, यह किसी को खबर नहीं। एक चाय के ब्रेक ने बात को थोड़ा सँभाला मगर उनके भीतर मेरे लिए एक संशय तो स्थायी जगह ले चुका था। कला और समकालीनता को लेकर हमारे बीच मुम्बई में जीवन्त बातचीत होती रही थी लेकिन उस सबके भेस में मैं 'और' भी कुछ हूँ, यह 'यकीन' उन्हें अब जाकर हुआ। वे उखड़ गये और उसके बाद भी जब कई मौके आये, मैंने अपनी सहनशीलता और दिल्लगी नहीं

छोड़ी जिसके कारण लगभग समाप्त होती बातचीत फिर से जुड़ सकी। उनका तेवर-कलेवर ठंडा होने में वक्त अलबत्ता लगा। एकबारगी लगा था कि वे मुझ पर हाथ न उठा दें। खैर, मैं हिम्मत करके उन्हें फिर मुद्दे पर लाता हूँ) आप यह सवाल कला-मर्मज्ञों से कीजिए। वे इसका उत्तर देंगे, मैं क्या जवाब दूँ? मैं तो कलाकार हूँ।

ओमा शर्मा : हुसेन साहब, आपकी किसी पेंटिंग को देखकर—उस पर चाहे आपके दस्तखत न भी हों—पता चल जायेगा कि यह आपकी है...।

हुसेन : ये कोई सवाल है?

ओमा शर्मा : सवाल अभी पूरा नहीं हुआ है।

हुसेन : अभी तक तो आपके सवाल ऐसे ही रहे हैं (खिन्नता-बोध)।

ओमा शर्मा : आप धैर्य तो रखें।

हुसेन : आप जैसे पढ़े-लिखों की जाहिलियत है ये...

ओमा शर्मा : पूरा सवाल सुने बगैर ऐसा फतवा हुसेन साहब?

हुसेन : आप ऐसे सवाल बिलकुल मत कीजिए। मैं कला के बारे में आपको जवाब दे सकता हूँ। दस घंटे तक बोल सकता हूँ। मगर यह सब मत कीजिए।

ओमा शर्मा : सवाल जैसे भी हों, आप तो अपनी तरह जवाब दे सकते हैं, समझा सकते हैं?

(इतनी जल्दी वे फिर भड़क जाएँगे, यह मैंने उम्मीद नहीं की थी। ऐसा कम होता है कि मौके के बावजूद मैं प्रतिकार-प्रतिरोध न करूँ, लेकिन मैं प्रतिबद्ध था कि जो काम है, उसे पूरा करना है। फिर हुसेन जैसा दिग्गज कलाकार! उस समय शान्त रहकर यदि वे जवाब देते, अपनी बात कहते तो हिन्दूवादी-बजरंगियों की अतिवादिता को ध्वस्त-परास्त करने

का उन्हें अवसर रहता, मगर हुसेन तो हुसेन थे, अपनी तरह से जीने वाले, अपनी तरह से चलने वाले। बहरहाल, मेरा अधूरा छूटा सवाल किसी चित्रकार की पहचानगत विशिष्टता और टाइप्ड हो जाने के फर्क को लेकर था, जिस पर उन्होंने आने ही नहीं दिया। बातचीत फिर अपने अन्त के कगार पर थी। हम दोनों इधर-उधर देख रहे थे—वे गुस्से से और मैं लज्जित होकर। मगर कर क्या सकते थे। इससे उबरने के लिए मैंने बातचीत की दिशा बदल ली मगर अपने सामान्य, बिन्दास स्वरूप में वे आ ही नहीं सके। वे वहाँ थे, मगर हर बात को ताबड़-तोड़ खारिज करने की मुद्रा में। मैंने सोचा, जो भी है, ग्रहण करना चाहिए। मैदान छोड़कर भागने से तो बेहतर है।)

ओमा शर्मा : हुसेन साहब, 6 मई 1991 का जिक्र आपने अपनी आत्मकथा में किया है, जब आप सत्यजीत रे से मिले थे, उस मुलाकात के कुछ इम्प्रेशंस...

हुसेन : वह हमारी आखिरी मुलाकात थी। हमने एक-दूसरे के स्कैचिज बनाये थे (कहकर वे रूठी रानी की तरह फिर चुप। उस महान फिल्मकार जिसकी कला के वे प्रशंसक हैं, उसके बारे में बटोरी किसी भी छवि पर जैसे हाथ ही नहीं रखना चाहते।)

ओमा शर्मा : बंगाल स्कूल के चित्रकारों के बारे में, उनकी कला के बारे में आपको कैसा लगता है?

हुसेन : बंगाल स्कूल या फ्रेंच स्कूल जैसा कला में कुछ होता ही नहीं है! कला या तो बढ़िया होती है या खराब। यह काम आर्ट क्रिटिक्स का है। हम तो यही देखते हैं कि जो भी अच्छी है, हमारी है। वह कहीं की भी हो।

ओमा शर्मा : फिर ये ग्रुपिज्म क्यों बन रहा है? हम तो ऐसा ही कुछ पढ़ते-सुनते आये हैं...

हुसेन : यह आप आर्ट हिस्टोरियन्स से पूछिए। हमारे लिए तो आर्ट

इज आइदर गुड और बैड। वह आज का हो या दस हजार साल पुराना।

ओमा शर्मा : और इस गुड-बैड का फर्क करने का पैमाना क्या है?

हुसेन : वे हर जमाने के हिसाब से बनते रहते हैं... पहले मिनिएचर आर्ट खूब चलती थी, आज बनाने लगो तो उसके कोई मायने नहीं...

ओमा शर्मा : सूजा ने कहा है कि आर्ट इज एन एलीटिस्ट एक्टीविटी, क्या कहेंगे?

हुसेन : उसके लिए होगी, मेरे लिए नहीं।

ओमा शर्मा : आप कोई पेंटिंग शुरू करते हैं तो उसका सबसे चुनौतीपूर्ण पक्ष क्या होता है?

हुसेन : फिर वही सवाल!

ओमा शर्मा : वही किस तरह?

हुसेन : इस सवाल का कोई जवाब नहीं।

ओमा शर्मा : मुश्किल तो नहीं है!

हुसेन : मुश्किल नहीं बेवकूफी भरा है।

ओमा शर्मा : कैसे?

हुसेन : मैंने कहा ना कि कला के सृजन को समझाना मुश्किल है। न यह दुनिया को देखकर होती है, न कि किसी और को...

ओमा शर्मा : आपके मुताबिक भारतीय कला और यूरोपीयन कला भी अलग नहीं होगी?

हुसेन : बिलकुल! कोई फर्क नहीं है। ग्लोबलाइजेशन के दौर में तो यह बात और भी मौजूँ हो गई है। आज सारे बंधन टूट गये हैं।

ओमा शर्मा : बद्रीविशाल पित्ती की आपके जीवन में क्या भूमिका रही?

हुसेन : सन 1962 में उनसे मिलना हुआ था। हिन्दी की जितनी सेवा उन्होंने की, किसी और ने नहीं की होगी। 25 साल तक वे

एक पत्रिका 'कल्पना' निकालते रहे। आज कोई हिन्दी वाला उनका नाम लेता है?

ओमा शर्मा : आपको दोस्त कैसे पसन्द हैं?

हुसेन : दोस्त या तो अच्छे होते हैं या बुरे।

ओमा शर्मा : स्त्रियाँ कैसी अच्छी लगती हैं?

हुसेन : स्त्रियाँ दो तरह की होती हैं, वे जो सुन्दर हैं या फिर जो सुन्दर नहीं हैं। सुन्दरता किसे अच्छी नहीं लगती? सुन्दरता के अपने-अपने मायने हैं, यह खाली चेहरे की सुन्दरता की बात नहीं है।

ओमा शर्मा : हमारे एक कवि के मुताबिक स्त्रियाँ असुन्दर होती ही नहीं।

हुसेन : नहीं? कुछ स्त्रियाँ केकयी होती हैं कि नहीं? क्या वह सुन्दर थी?

ओमा शर्मा : आपका पसन्दीदा शहर या जगह, जहाँ आपको बार-बार जाना अच्छा लगता हो?

हुसेन : यह दोस्तों से तय होता है। जहाँ अच्छे दोस्त हों, वह जगह अच्छी। अच्छे दोस्त जंगल में भी हों, तो वह अच्छा लगेगा।

ओमा शर्मा : फिर भी?

हुसेन : मुझे बदलाव हमेशा अच्छा लगता है। कश्मीर में भी कुछ दिन रहने पर ऊब जाऊँगा। अच्छे से अच्छा खाना खाकर बोर हो जाता हूँ...

ओमा शर्मा : पीछे मुड़कर देखने पर किन दोस्तों को याद करके खुशी होती है?

हुसेन : यह सवाल व्यक्तिगत है।

ओमा शर्मा : पेंटिंग के अलावा किन छोटे-छोटे कामों को करना सुख देता है?

हुसेन : मुझे लोगों से मिलना-जुलना बहुत अच्छा लगता है। वहाँ मैं चूजी नहीं हूँ। सबसे मिलता हूँ, पान वाले से, ड्राइवर से। यह निजी स्वभाव की बात है। रामकुमारजी का स्वभाव इससे अलग है, लेकिन इसका मतलब यह नहीं कि वे अच्छे इनसान नहीं हैं।

ओमा शर्मा : दूसरों की कौन-सी चीज माफ कर देंगे?

हुसेन : यह मेरे हाथ में नहीं है। माफ करने वाला मैं कौन होता हूँ... ऊपर वाला है ना!

ओमा शर्मा : बकाया हसरतें क्या हैं?

हुसेन : हजारों ख्वाहिशें ऐसी कि...एक प्यास, एक तड़प मेरे भीतर अब भी है...उसे जहाँ पानी मिल जाये, मुझे गुरेज नहीं। वो कहते हैं न कि... प्यास न देखे धोबी धाट, नींद न देखे टूटी खाट। तो प्यास रहनी चाहिए। अच्छी सेहत के लिए मैं ये मानता हूँ कि भूख लगने पर तुरन्त और भरपेट नहीं खाना चाहिए, हो सकता है, कुछ और अच्छा आने वाला हो...

ओमा शर्मा : कभी उदास होते हैं?

हुसेन : कई बार! उदास होकर रोना भी कभी अच्छा लगता है। दिक्कत ये है कि खुदा ने सब-कुछ तो दे दिया है। शिकायत भी नहीं कर सकते। रोयें किस मुँह से? सच, अब मुझे रोने में मुश्किल होती है। आपको एक बात बताऊँ? माँ को याद करके मैं कभी नहीं रोया। मुझे उसकी कोई याद ही नहीं है... क्योंकि डेढ़ साल का था, जब वह दुनिया से चली गई। अपनी आपबीती में माँ पर मैंने जो चैप्टर लिखा है, वह फ्लोरेन्स के रेलवे प्लेटफार्म पर लिखा गया था। शब्द की ताकत क्या होती है, इसके लिए यह बता रहा हूँ... मुझे रेलवे प्लेटफार्म बहुत पसन्द हैं। वहाँ जो चहल-पहल और जीवन होता है, मुझे आकर्षित करता है। किसी नये शहर की तीन चीजें मैं ज़रूर देखता हूँ – वहाँ का रेलवे स्टेशन, चिड़ियाघर और रेड लाइट एरिया। इन

तीनों से मुझे शहर की नब्ज पता लगती है। हाँ, तो मैं माँ वाले चैप्टर के बारे में बता रहा था... मैं स्टेशन की बेंच पर बैठकर लिखता रहा, लिखता रहा... ढाई घंटे तक जब लिख लिया और फिर उसे पढ़ने लगा तो अस्सी बरस की उम्र में पहली बार मैं माँ को याद करके रोया! तो ये शब्द की ताकत होती है!

ओमा शर्मा : मदर टेरेसा की पेंटिंग्स में आपने अपनी माँ को ही याद किया है—उन्हें चेहराविहीन दिखाकर...

हुसेन : बिलकुल।

ओमा शर्मा : लेकिन आपके दादाजी चित्रकारी में कम दिखते हैं।

हुसेन : नहीं, ऐसा नहीं है। उन्हें भी मैंने खूब पेंट किया है। दिक्कत यही है कि पेंटिंग्स इतनी जगह बिखरी पड़ी हैं कि उनकी तरफ कम ध्यान गया है।

ओमा शर्मा : ऊपर वाले में यकीन रखते हैं?

हुसेन : नहीं रखता तो यहाँ नहीं बैठा होता। जबरदस्त।

ओमा शर्मा : आपकी पसन्दीदा पेंटिंग्स?

हुसेन : मेरा जो बॉडी ऑफ वर्क है, उससे मैं खुश तो हूँ, मगर संतुष्ट नहीं...कोई पेंटिंग कभी पूरी नहीं होती।

ओमा शर्मा : बनाते वक्त असंतुष्ट होकर कभी डिस्कार्ड की है?

हुसेन : खूब! खासकर शुरू के दिनों में।

ओमा शर्मा : रेम्ब्रां के अलावा किसी दूसरे चित्रकार की पेंटिंग अच्छी लगी?

हुसेन : नहीं, रेम्ब्रां के अलावा कोई नहीं हैं।

ओमा शर्मा : जिन्दगी के उत्कर्ष पल कौन से रहे हैं?

हुसेन : मुझे तो अपना सारा जीवन ही ऐसा लगता है। मैं अपना जीवन दुबारा जीना चाहूँगा... इसी तरह।

ओमा शर्मा : किसी युवा चित्रकार को क्या सलाह देंगे?

हुसेन : कोई सलाह नहीं। देनी हुई तो यही कि अपने मन का काम करो, अपने संस्कारों को जानो, अपने समय की नब्ज पकड़ो। वैसे मैं खुद को अभी युवा चित्रकार ही मानता हूँ। मेरा सब-कुछ उन्हीं जैसा है।

ओमा शर्मा : एक फिलॉस्फर ने कहा है कि दुःख (पेन) ही सारी क्रिएटिविटी का स्रोत है, आप सहमत हैं?

हुसेन : उस बेचारे को दर्द रहता होगा (हँसकर) शारीरिक दुःख...

ओमा शर्मा : नहीं, ऐसा नहीं था, पूरी उम्र पायी थी उसने...

हुसेन : मेरे साथ कभी ऐसा नहीं हुआ कि दुःख से गुजर रहा हूँ और उससे निजात पाने के लिए पेंटिंग करने लग गया। नैवर।

ओमा शर्मा : आप हिन्दी कविता-कवियों को पसन्द करते हैं?

हुसेन : हाँ, मुझे कविताएँ पसन्द हैं। बचपन में खूब शायरी लिखता था मैं, 'हया' के तखल्लुस से। जब पेंटिंग करने लगा तो मित्रों ने कहा, अब तुम अपना नाम बदल लो : 'हया' की जगह 'बेहया'! (संयुक्त ठहाका)

ओमा शर्मा : हुसेन साहब, पेंटिंग एक दृश्य कला है, आपकी कोई पेंटिंग सामने हो और उसका हूबहू प्रिंट सामने हो—ऐसा प्रिंट, जिसका रंग-संयोजन मूल के प्रति फेथफुल हो—तो देखने वाले के भीतर तो दोनों का असर एक-सा ही होगा... तो फिर मूल के लिए चित्रकला की दुनिया में इतना प्रीमियम क्यों है?

हुसेन : ऐसा हो ही नहीं सकता। प्रिंट में वह बात आ ही नहीं सकती, जो ओरिजनल में होगी। कैनवास का जो टैक्सचर होता है, वह प्रिंट में कहाँ मिलेगा? आप कोई चीज देखते हैं, तो सबसे पहले छूकर परखते हैं...

ओमा शर्मा : लेकिन इस दृश्य-कला की अहमियत तो उस रंग-संयोजन और चित्रांकन में है, जो दोनों में समान रूप से मौजूद है, दर्शक

के भीतर सम्वेदना जगाने का माल-ओ-असबाब तो कमोबेश वही है...

हुसेन : ये आप कैसे कह सकते हैं? दोनों अलग चीजें हैं। इसका मतलब है, मीडियम के बारे में आप कुछ नहीं जानते। एक मूर्ति को आप लकड़ी पर बनायें, उसी को पत्थर पर बनायें और वही मैटल पर... तो आपके मुताबिक तीनों में कोई फर्क नहीं होगा? मैटीरियल का अपना चरित्र होता है, उसकी अपनी पहचान होती है...

ओमा शर्मा : मैंने आपकी मदर टेरेसा वाली मूल पेंटिंग्स तो नहीं देखी, मगर कैलैंडर पर उनके प्रिन्ट देखे हैं। मुझे लगा, मदर टेरेसा को लेकर जो भावनाएँ मूल पेंटिंगों में जगेंगी, वही उन कैलेंडर-प्रिंट्स में जग रही थीं...

हुसेन : ये आपका सवाल है या इसे भी लोग पूछते हैं? (वे खुफिया की तरह मेरी तरफ एकाग्र होते हैं।)

ओमा शर्मा : यह मेरा सवाल है, एक मासूम संदेह...

हुसेन : बहुत घटिया सवाल है। अफसोस, आपको कला की तमीज ही नहीं है। कला को छोड़िये, आप कपड़ों को देखिये (वे अपनी पैंट, जैकिट और तकिये को पोटुओं से सहलाकर जतला रहे हैं) आप तो कपड़ा ही नहीं देख रहे...

ओमा शर्मा : तो क्या कला की अहमियत उसके माध्यम पर ज्यादा निर्भर है बनिस्बत उसकी अन्दरूनी विषय-वस्तु के, जिसे वह अभिव्यक्त करती है?

हुसेन : मीडियम इज द मैसेज। यदि आप मीडियम को नहीं समझते हैं, उस कृति तक कभी जा ही नहीं सकते। कोई इनसान आपसे मिलने आता है, तो सबसे पहले आप क्या देखते हैं...उसका रंग, उसकी चाल, उसका तौर-तरीका... वह क्या कहता है, वह सब बाद की चीज है।

ओमा शर्मा : तो उस लिहाज से पेंटिंग का सरोकार उस इनसान की चाल-ढाल और रंग रूप से है या उसके चरित्र, उसकी सोच-समझ से?

(इसका वे कोई जवाब नहीं देते हैं। मेरी समझ को एक बार फिर कोसते हैं। कुछ अन्तराल के बाद मैं पूछता हूँ कि वे हिन्दी के किन लेखकों को पढ़ते हैं?)

हुसेन : निर्मल वर्मा को। उन्होंने मेरी किताब की जो भूमिका लिखी, उसे पढ़कर मैंने उनसे यही कहा कि इसके बाद मुझे और कुछ लिखने की जरूरत नहीं है।

ओमा शर्मा : निर्मल वर्मा के अलावा?

हुसेन : मुक्तिबोध को पढ़ा है।

ओमा शर्मा : आपके घोड़े जग-जाहिर हैं। इसका कोई मंतव्य?

हुसेन : अरे भाई, एक खूबसूरत जानवर है, दुनिया भर में पाया जाता है, हर सभ्यता में मिलता है।

ओमा शर्मा : चित्रकला की दुनिया में कुछ परिचित थीम रहे हैं जैसे लास्ट सपर...पता नहीं कितने चित्रकारों ने बनाया है, दृश्य भी लगभग एक-सा होता है... इसके पीछे क्या मंशा होती है?

हुसेन : सबकी सोच अलग होती है। अब जैसे कोई पेड़ है, हर चित्रकार अपने ढंग से बनाता है।

ओमा शर्मा : आर्ट हमारे यथार्थ की अभिव्यक्ति ही नहीं होती, वह उसमें कुछ जोड़ती भी है, ठीक है?

हुसेन : ये मैंने नहीं कहा।

ओमा शर्मा : यह मैं कह रहा हूँ, आप सुनिये तो...

हुसेन : ओके।

ओमा शर्मा : इस सन्दर्भ में मेरी विद्यार्थीनुमा जिज्ञासा यह है कि अमूर्त कला हमारे यथार्थ में क्या जोड़ती है?

हुसेन : आप किताबें पढ़िये, सब पता चल जायेगा।

ओमा शर्मा : एक चित्रकार के तौर पर आप अपनी बात बताइए।

हुसेन : मुझे कुछ नहीं कहना है। किसी म्यूजीशियन से आप संगीत की बारीकियाँ पूछेंगे? ये काम क्रिटिक्स का है, हमारा नहीं। (कुछ देर रुकने के बाद फिर कहते हैं)... कला का उद्देश्य है हारमॅनी... उसी से सारी चीजें निकलती हैं। वह अमूर्त कला के लिए भी सच है। दुनिया में पॉजिटिव और नेगेटिव दोनों शक्तियाँ होती हैं और रहेंगी। दोनों की जरूरत भी है। समुद्रमंथन के लिए देवता काफी नहीं होते थे। राक्षसों का सहारा लेना पड़ा था।

ओमा शर्मा : बहुत खूब। अब ये बतायें कि आपसे यदि पेंट-ब्रश छीन लिया जाए, तो क्या करेंगे?

हुसेन : जिसने छीना उसके सिर पर एक भी बाल नहीं बचेगा... (फिर संयुक्त ठहाका। उनके सहायक ने बताया कि एक बार सीधे हाथ में चोट लग जाने से जब उससे ब्रश नहीं पकड़ा जा रहा था, तो उन्होंने बाएँ हाथ से पेंटिंग शुरू की थी)।

ओमा शर्मा : आपके मुताबिक आपकी चित्रकला का कौन-सा पहलू बचा रहेगा?

हुसेन : यह कोई नहीं कह सकता। ऐसी चीज दुनिया में बनी भी नहीं है। ऐसा हो तो आदमी ख़ुदा न हो जाए...

(अभी तक हमारी बातचीत उनकी खूबसूरत फाइव स्टार 'हट' में हो रही थी। काफी देर हो गई थी। उन्हें कहीं और भी जाना था या थकावट के कारण ऐसा कह रहे थे, पता नहीं। हम लोग उठ खड़े हुए। बाहर खुली हवा में आते ही उनका मिजाज कहीं ज्यादा खुशगवार और सामान्य हो गया। जिस बंगाल स्कूल की कला के बारे में उन्होंने पहले कुछ भी कहने से कन्नी काट ली थी, अब उसके सीक्रेट्स बतियाने लगे और यह भी कि कैसे उनके ग्रुप ने बंगाल स्कूल के भारतीय कला

पर बने आ रहे वर्चस्व को तोड़ा। हुसेन साहब को बम्बइया फिल्मों के जिक्र से भी भरमाया जा सकता है। बम्बइया फिल्में उनके अन्दर किसी पहले प्रेम की-सी कसक जगाती हैं। वहीं पहली बार मैंने उनके जलरंग देखे। बहुत बारीक काम करने का उन्हें अवकाश नहीं होता हो, मगर एक उस्ताद का स्पर्श तो वहाँ भी खूब था। छोटे फ्रेम की ये खेल-खेल में की गई चित्रकारी थी... चटख और गैर-मिलावट के रंगों से की गई चित्रकारी। जलरंगों के साथ मैं सिर्फ प्रभु जोशी को याद कर पाता हूँ जिनका काम कहीं ज्यादा बारीक और जटिल होते हुए भी लगभग अज्ञात पड़ा है। हमारी गाड़ी एक सपाट हाइवे पर है। मेरे भीतर कुछ कुनमुना रहा है कि जो कुछ छूट गया है, उसकी भरपाई यहाँ कर लूँ। एक बार मेरा हाथ दबाकर जब उन्होंने कहा, "कुछ गलत मेरे मुँह से निकल गया हो तो माफ कीजिये, मेरा इरादा नहीं था" तो मेरे भीतर रही-सही शिकायत काफूर ही नहीं हो गई, नये सिरे से बातें करने का हौसला भी आ गया। इस बार वे न सिर्फ अधिक सुलझे हुए, मुक्त और ज्यादा शालीन थे, बल्कि हल्के अपराध-बोध में भी लगे। मुझे ऐसी स्थिति सूट नहीं करती। सहमति-असहमति के क्षेत्र जो भी हों, हैसियत, समझ और ज्ञान का लॉरेन्ज वक्र जैसा भी हो, मानसिक धरातल पर तो सिर्फ बराबरी ही संवाद का आधार बन सकती है। चन्द लतीफों ने यह मुमकिन करा दिया तो हम झगड़ालू प्रेमियों की तरह फिर शुरू हो गए।)

ओमा शर्मा : आपके कुछ चित्रों को लेकर चन्द लोगों में जो गुस्सा है, यदि वह गलत या नाजायज है तो उसे समझा-बताकर दूर नहीं किया जाना चाहिए?

हुसेन : मैं किस को कहाँ तक समझाऊँगा? मेरे भीतर इतनी ताकत नहीं है अब। और है भी तो मैं उसे अपनी कला के लिए बचाकर रखूँगा।

ओमा शर्मा : पेंटिंग के अलावा आपने फिल्में भी बनाई हैं। फिल्म को आपने कहानी से बरी कर दिया, इसे क्या समझा जाए?

हुसेन : फिल्मों में कहानी है लेकिन वैसी नहीं है जैसी आप दूसरी तमाम फिल्मों में देखते हैं। दुनियाभर में ऐसे कलाकार हैं जो ऐसा काम कर रहे हैं। अभिव्यक्ति का यह अपना तरीका है। पिछले सौ बरसों में दुनिया का हासिल इसी तरफ तो गया है।

ओमा शर्मा : लेकिन दर्शकों को आपकी फिल्मों का अभिप्राय ही स्पष्ट नहीं होता...

हुसेन : आप जिन फिल्मों की सोचकर यह सवाल कर रहे हैं, वे क्या हैं? रंडियों का नाच! उनकी कहानी? जीरो! सत्यजीत रे या दो-तीन औरों को छोड़कर बाकी तो गधे ही हैं। हमारे यहाँ साल में 600 से ज्यादा फिल्में बनती हैं, यानी रोजाना की दो... तो वो तो घास की तरह ही बनेंगी। बदकिस्मती से हमारे यहाँ घास खाने वाले बहुत हैं। उनको चारा चाहिए तो ये फिल्म वाले देते हैं।

ओमा शर्मा : आपको इस बात की चिन्ता नहीं कि उन फिल्मों को लोग देखते नहीं हैं?

हुसेन : नहीं, कतई नहीं है। मुक्तिबोध की कविताओं को कौन समझता था? क्या उन्होंने लिखना बन्द कर दिया, या ऐसा लिखा जो ज्यादा समझ आने लायक हो? सही कलाकार को इसकी चिन्ता नहीं करनी चाहिए।

ओमा शर्मा : हुसेन साब, एक आखिरी सवाल और...आप चाहें तो टेपरिकॉर्डर उठाकर फेंक सकते हैं... मैं इसलिए कह रहा हूँ कि आप मानसिक रूप से तैयार रहें...

हुसेन : नहीं, ऐसा नहीं होगा। अगर सवाल ठीक नहीं लगेगा तो मैं चुप रहूँगा।

(मैं उनसे उनकी विवादास्पद पेंटिंग्स के बनाये जाने की मंशा के बारे में पूछता हूँ। वे हँस पड़ते हैं। एक सहमी प्रतिबद्ध हँसी। फिर चुप लगा जाते हैं। इतना ज़रूर है कि वे इसका जवाब नहीं देना चाहते या जवाब देकर किसी और विवाद में फँसना नहीं चाहते। मुमकिन है कि पहले हुई बदमजगी की पुनरावृत्ति न करने के लिए उन्होंने चुप्पी साधी हो। कुछ देर इन्तजार करने के बाद मैंने भी जाने दिया और अगला सवाल किया।)

ओमा शर्मा : हुसेन साब, कला क्यों जरूरी है?

हुसेन : कला किसी समाज किसी देश की पहचान होती है। मैंने यहाँ (दुबई) के शेख को यही कहा कि आपने इमारतें तो खूब आलीशान बना लीं, पैसा भी बहुत है यहाँ मगर कला-संस्कृति का क्या, जो आपके वजूद, आपकी सभ्यता की पहचान होती है? पैसा तो आयेगा, चला जायेगा। सिर्फ कला-संस्कृति ही बचेगी। मुगलों को हम आज भी याद करते हैं... साहित्य, संगीत, वास्तु, चित्रकारी...उन्होंने सबको बढ़ावा दिया।

ओमा शर्मा : लेकिन चित्रकला के वर्तमान सन्दर्भ में मुझे अकसर ख्याल आता है कि अपने समय और सोच को कोई चित्रकार कैनवस पर आकार देता है, मगर उस तैयार माल को तो कोई रईस ग्राहक खरीद ले जाता है—अपने निजी कक्ष में सजाने के लिए ...अपने समय से मुठभेड़ करती कला किसे नजर आयेगी?

हुसेन : देखिये, किसी चित्रकार की दस फीसदी पेंटिंग्स भी यदि संग्रहालयों तक चली जायें, तब भी उनका अपेक्षित काम हो जायेगा। बिकी हुई पेंटिंग तो बेशक एक कमोडिटी है, वह उस ग्राहक की है जिसने उसे खरीदा है। संग्रहालयों में वह सुरक्षित रहती है, इसलिए संग्रहालय महत्वपूर्ण होते हैं।

ओमा शर्मा : आपको कभी कला के ज्यादा कम्यूनिकेबल होने की जरूरत का ख्याल आता है?

हुसेन : देखिये, कम्यूनिकेशन के लेवल्स होते हैं। जैसे साहित्य है, वह

बहुत गहरे तक जाता है। रीजनल आर्ट का दायरा सीमित होता है। संगीत और चित्रकला की पहुँच अलग है। इन सबके बीच एक और माध्यम है, जिसकी पहुँच सबसे ज्यादा है, सिनेमा। सिनेमा इस दौर का सबसे सशक्त माध्यम है, लेकिन वह ऐसे लोगों के हाथ में है जो उसे सिर्फ मिसयूज करते हैं, इससे माध्यम तो खराब नहीं हो जाता।

ओमा शर्मा : आप खुद को कैसा फिल्मकार मानते हैं?

हुसेन : इसका मैं क्या जवाब दूँ? मगर ये है कि पहली फिल्म 'थ्रू द आइज ऑफ ए पेंटर' लंदन विश्वविद्यालय के कोर्स में लगी है। दो-तीन अमरीकी विश्वविद्यालय भी उसे पढ़ाते हैं। मैं तो कहीं बेचने नहीं गया था...

ओमा शर्मा : हमारे सिनेमा में दो स्थितियाँ दरपेश हैं—बिना सिर-पैर वाली व्यावसायिक फिल्में और सिर के ऊपर से जाने वाली आपके जैसी कला फिल्में। आप सिनेमा की पहुँच और व्यावसायिकता को अपनी कला के लिए नहीं भुना पाये।

हुसेन : उस तरह मैं खुद को अच्छा फिल्मकार नहीं मानता, तभी तो थोड़ी-बहुत आजमाइश करके छोड़ दी। वो शेर है ना... चलो अच्छा हुआ काम आ गई दीवानगी अपनी, वरना हम दुनियाभर को समझाने कहाँ जाते!

ओमा शर्मा : आप कभी कुमार स्वामी से मिले थे?

हुसेन : मिला नहीं हूँ, मगर भारतीय कला पर जबरदस्त काम है उनका। लेकिन आप यह देखिये कि भारतीय कला पर जो उनका काम है, संग्रह है, हमारे पास नहीं है। बोस्टन (अमरीका) में एक अमरीकी है होरिट्ज। वह हर साल यहाँ के कलाकारों की पेंटिंग्स खरीदकर ले जाता था। हमारी भी लीं। उसके पास हमारी एक हजार पेंटिंग्स होंगी। वह चाहता था कि उनमें से कोई दो सौ जो वाकई अच्छी हैं, भारतीय चित्रकला की पहचान हैं, उन्हें भारत में ही रहना चाहिए।

वह मुफ्त में किसी संग्रहालय को देने को तैयार था, लेकिन ऐसी कोई व्यवस्था नहीं हो सकी। उसकी शर्त यही थी कि वह सरकारी क्षेत्र से बाहर हो! ये जो गोदरेज, अम्बानी हैं, इनसे भी पूछा गया। कोई आगे नहीं आया। नतीजन, वे अब भी बोस्टन में ही हैं। महाभारत पर बनी मेरी 21 पेंटिंग्स बोस्टन में हैं। अपने राष्ट्रीय संग्रहालय ने पिछले बीस सालों से मेरी कोई पेंटिंग नहीं ली।

ओमा शर्मा : आजकल उपभोक्तावाद का जो दौर है, उसके बीच कला की कहीं जगह बची है? किसे पड़ी है कला की? वह कैसे बचेगी?

हुसेन : मुझे नहीं पता कि वह कैसे बचेगी, लेकिन कला ज़रूर बची रहेगी। वैन गॉग के वक्त कोई उसकी कला को नहीं पहचानता था, मगर अपना मुल्क नहीं पहचानेगा तो वह कहीं और चली जायेगी। ब्रिटेन, मिस्र और भारत की कला का सर्वश्रेष्ठ आज अमरीका में है, ना कि इन मुल्कों में। हमने अपने बेहतरीन मूर्तिशिल्पों के सिर काटकर दूसरों को बेच दिए...

ओमा शर्मा : परिदृश्य निराशाजनक है?

हुसेन : निराशा तो जीवन के हर क्षेत्र में है, मगर पिछले दिनों मैंने एक फिल्म देखी 'विवाह'। भारतीय संस्कृति से जुड़ी एक-एक रस्म, रिवाज और दूसरा बहुत-कुछ देखने को मिला। उसे देखकर मैं पगला गया। कई बार देखी। एक बार तो पूरा थियेटर बुक करवाकर सब मित्रों को दिखाई... तो संस्कृति, कला के तौर पर बहुत-कुछ बचेगा...

ओमा शर्मा : फिल्म के तौर पर 'विवाह' बचेगी?

हुसेन : आप चीजों को रिड्यूस कर देते हो! मैं यह नहीं कह रहा कि 'विवाह' कोई बड़ी फिल्म है, मगर उसमें हमारी संस्कृति की बहुत सारी चीजें ली गई हैं, जैसे विवाह-संस्था की पवित्रता है, वह बचेगी। उसमें आपको अपना देश दिखेगा...

ओमा शर्मा : एक कलाकार को देश-काल मायने रखते हैं?

हुसेन : हाँ-हाँ। कलाकार जिस भौगौलिक इलाके में रहता है, जिस वातावरण में साँस लेता है, वह तो उसकी कला में आयेगा ही। मिस्र की कला, चीन की कलाएँ... सब क्या हैं? उससे हटकर कुछ बना देंगे, तो उसकी पहचान क्या होगी?

ओमा शर्मा : लेकिन आप ही अभी कह रहे थे कि कला, कला होती है... अच्छी या बुरी... वह किसी देशकाल की नहीं होती?

हुसेन : वो अलग बात थी... उसके कारण अलग थे।

ओमा शर्मा : कोई ऐसा कलाकार, जिससे आपका मिलने का मन करता हो?

हुसेन : कलाकार ही क्यों, मुझे तो आम लोगों में भी ऐसे मिलते हैं, जिनसे मिलने का मन करता है।

ओमा शर्मा : किसी व्यक्ति में क्या अच्छा लगता है?

हुसेन : बताना मुश्किल है। रहस्य है यह।

ओमा शर्मा : आपकी प्रिय पेंटिंग्स?

हुसेन : मेरे छह बच्चे! आप छह बच्चों के बाप बनकर देखिये, आपको पता चल जायेगा।

ओमा शर्मा : जब बच्चे छोटे रहे होंगे, तो पेंटिंग्स के लिए समय कैसे निकालते थे?

हुसेन : मेरी पेंटिंग का सारा श्रेय मेरी पत्नी को जाता है। पूरी गृहस्थी को लगभग अकेले उन्होंने ही सँभाला। उसने मुझे पूरी छूट दी। मैं तो अकसर घूमता-फिरता था। एक शेर मुलाहिजा हो : सैयाद की नजर में वो नश्तर से कम नहीं, एक जुम्बिश-ए-खफी जो मेरे बालो-दम में है...

(हम एक होटल में कॉफ़ी शॉप में जा पहुँचते हैं। मैं देखता हूँ कि एक 'स्टार' की हैसियत वे दुबई में भी बना चुके हैं। काफी संश्लिष्ट माने जाने वाले होटल के बेयरे और कुछ ग्राहक

उनकी तरफ ऑटोग्राफ माँगने आते हैं। वे किसी को निराश नहीं करते। थोड़ी बूँदा-बाँदी हो चुकी है। कॉफ़ी के साथ अब वे मुम्बई की बातें करने निकल पड़े हैं। मैं देख रहा हूँ कि निर्वासन कैसे-कैसे सालता है।)

(संवाद वर्ष 2007, प्रकाशन वर्ष 2011)

एम.एफ. हुसेन द्वारा ओमा शर्मा को पहली मुलाकात के समय बनाकर दिया गया स्मृति-चित्र।

शिवमूर्ति

शिवमूर्ति

जन्म 11 मार्च 1950 को उत्तर प्रदेश के सुल्तानपुर जिले में।

समकालीन हिन्दी साहित्य में ग्रामीण यथार्थ के बहुप्रशंसित और जनप्रिय कथाकार।

कम किन्तु विशिष्ट लिखकर प्रेमचंद-रेणु की परम्परा में समादृत लेखक।

'त्रिशूल', 'तर्पण' और 'आखिरी छलाँग' जैसे तीन उपन्यासों के रचयिता।

लगभग दर्जन भर कहानियाँ, जो दो संग्रहों 'केशर-कस्तूरी' और 'बनाना रिपब्लिक' में शामिल।

सभी कहानियाँ अनेक भाषाओं में अनूदित।

दो कहानियों पर 'कसाईबाड़ा' व 'तिरिया-चरित्तर' फीचर फिल्में। दूसरी कई कहानियों पर भी फिल्में।

'कसाईबाड़ा', 'तिरिया-चरित्तर' और 'भरतनाट्यम' कहानियों के देश भर में मंचन।

'सृजन का रसायन' (सृजन-प्रक्रिया)।

'मेरे साक्षात्कार' (साक्षात्कार)।

कथाक्रम सम्मान, हंस पुरस्कार, सृजन सम्मान, अवधभारती तथा लमही सम्मान।

निवास : 2/325, विकास खंड, गोमतीपुर, लखनऊ।

‘लेखन एक मैराथन दौड़ है’ : शिवमूर्ति

शिवमूर्ति हमारे समय के ऐसे लेखकों में समादृत हैं जिनकी हर रचना का पाठक इंतजार करते हैं। उनके पाठकों का एक विशाल और स्थायी वर्ग है। यूँ परिमाण के लिहाज से उन्होंने ज्यादा नहीं लिखा है, बमुश्किल आठ-दस कहानियाँ और तीन लघु उपन्यास ही उनकी तीस बरसों से ऊपर की लेखकीय यात्रा के हासिल हैं। लेकिन ‘कसाईबाड़ा’, ‘अकालदंड’, ‘भरतनाट्यम’, ‘सिरी उपमा जोग’, ‘तिरिया चरित्तर’, ‘केसर-कस्तूरी’, और हाल ही में प्रकाशित ‘ख़्वाजा, ओ मेरे पीर!’ सभी कहानियाँ ऐसी हैं जिनको लेखकी के सर्वश्रेष्ठ सरोकारों से लैस होकर ही लिखा जा सकता था—न किसी तरह का अनावश्यक विस्तार और न कोई चकाचौंध पैदा करने का टोटका। फोकस में सिर्फ कहानी और उसका कहानीपन, जो अपनी बुनावट में वाद-विवाद या विचारधारा के लालच या पचड़े से मुक्त होकर रचे जाने की सलाहियत चाहता है। ‘कसाईबाडा’, ‘अकालदंड’ और ‘तिरिया चरित्तर’ जैसी व्यवस्थागत-राजनीतिक कहानियाँ हों या निजी-पारिवारिक संबंधों और संघर्ष-आत्मसंघर्ष को दर्ज करती ‘भरतनाट्यम’, ‘सिरी उपमा जोग’, ‘केसर-कस्तूरी’ और ‘ख़्वाजा, ओ मेरे पीर!’ जैसी कहानियाँ—सभी में विषयगत सम्वेदना और कहानी-कला का उत्कर्ष नजर आता है। कोई ताज्जुब नहीं कि प्रकाशन के बरसों बाद भी उनकी कहानियों की मानक की तरह खूब चर्चा होती है। अमूमन सभी के नाट्यांतरण और फिल्मांकन भी हुए हैं। उनके उपन्यासों में ‘त्रिशूल’ और ‘तर्पण’ समकालीन भारत के बेहद मौजूँ मुद्दों से मुठभेड़ करते हैं, तो ‘आखिरी छलाँग’ में नव-यथार्थवाद के दौर में किसानों की उत्तरोत्तर बिगड़ती दशा पर उँगली रखी गई है। यूँ शिवमूर्ति ग्रामीण जीवन के कथाकार हैं लेकिन आम-जन को लेकर वे जिन कथा-स्थितियों को रचते हैं, उनकी सार्वभौमिक व्याप्ति है। इधर डेढ़-दो दशक से पनपे भूमंडलीय यथार्थ और उत्तर आधुनिकतावादी

विमर्श ने भी शिवमूर्ति को अपने ग्रामीण जीवन के कथा-इलाके से विचलित नहीं किया, जो एक अर्थ में उनके लेखन की सीमा भी लगती है।

अपने लेखकीय जीवन की शुरुआत में ही मुझे उनके इकलौते कहानी-संग्रह 'केशर-कस्तूरी' को पढ़ने का सौभाग्य मिल गया था। ऐसा विरले ही होता है कि किसी संग्रह की सभी कहानियाँ न सिर्फ स्तरीय हों बल्कि बेहद पठनीय भी। जल्द ही उनसे मुलाकात का संयोग भी बन गया। मैं उनकी कहानियों से अभिभूत था इसलिए उनकी स्थितियों और रचना-प्रक्रिया समेत लेखकी के इतर पक्षों पर उनसे तभी यानी सन 1996 में ही बतियाना चाहता था। मगर यह हो न सका। शायद रचनाओं की तरह ख्वाहिशों को भी पकने के लिए एक मियाद दरकार होती है। पिछले आठ-दस बरसों में शिवमूर्तिजी के साथ दोस्ताना मेल-मुलाकात और संवाद के कई मौके आए, जिनमें 'संगमन' का मंच भी शामिल था। शिवमूर्ति बेहद दिलचस्प, जिंदादिल और जमीनी इंसान हैं। वरिष्ठ कथाकार संजीव ने जीवन के जिस अंदाज को 'शिवमूर्तियाना' करार दिया है, उसकी हिंदी साहित्य में अन्य मिसाल दुर्लभ है—बगैर किसी हड़बड़ी या चिंता के जीवन से मुकाबिल होना तथा अपनी फुरसत, रफ्तार और शर्तों के साथ उसमें शामिल होना। वे कहीं कुछ भी प्रिटेंड करते नहीं दिखते हैं। जो है, जैसा है, सामने है। 'शिल्प' को उन्होंने ना अपने लेखन में तरजीह दी है और न जीवन में। किसी चर्चित किताब (संदर्भ 'आखिरी कलाम') की बात हो रही हो, जो उन्होंने नहीं पढ़ी है तो इसे सरेआम स्वीकारने में वे संकोच नहीं करेगें। उनकी किसी रचना (संदर्भ 'आखिरी छलाँग') की कमजोरियों की बात होने लगे, तो वे समर्पण भाव से कह देंगे कि दरअसल अभी वह अधूरा है—जिस मूल बात को लेकर वह लिखा गया था, वह तो उसमें अभी आई ही नहीं है। दूसरी तरफ वे जिन चीजों के बारे में गहराई से सोचते हैं, उन पर खूब डटे रहते हैं चाहे तार्किकता के पैमाने पर पिलपिले हों (संदर्भ न्यूनतम सपोर्ट प्राइस बनाम एमआरपी का मुद्दा) क्योंकि यहाँ उनका मंतव्य व्यवस्था द्वारा किसान-समाज को टिपाए जा रहे पक्षपाती रवैये से है जिसके खिलाफ उनका पूरा व्यक्तित्व शिद्दत से हस्तक्षेप करने को बेचैन रहता है। साहित्यिक गोष्ठियों में भी वे अपनी इसी गँवई, छद्‌महीन और बिंदास भागीदारी से सबका मन मोह लेते हैं। वे मानो अपनी ही धुन के बने हैं। किसी को प्रभावित करने या कुछ नया कर दिखाने

के आत्मबोझ से कोसों दूर... न लेखन में, न जीवन में। अलबत्ता, जीवन की सर्वाइवल इंसटिंक्ट्स (पढ़ें चालाकियाँ) उनके इतर-बितर गोचर हो जाएँगी। लेकिन यह उनका विशुद निजी और गैर लेखकीय आयाम है।

शिवमूर्तिजी के कई साक्षात्कार हुए हैं जिनमें सर्वाधिक चर्चित और महत्त्वपूर्ण भाई गौतम सान्याल के खाते में जाएगा। उनके जीवन-संघर्ष और सोच-पद्धति को लेकर एक मुकम्मल तसवीर उसमें दिखती है। रही-सही कसर उनका 'मैं और मेरा समय' पूरी कर देता है जिसमें उन्होंने पूरे संयम और मनोयोग से अपने जीवन और समय की व्याधियों तथा विडम्बनाओं को उकेरा है। इसके मद्देनजर यह मुठभेड़ उनके जीवन और रचना-कर्म के विविध पहलुओं की पड़ताल और उनके बीच संभावित सामंजस्य तलाशने का प्रयास है।

साक्षात्कार

ओमा शर्मा : आपने कहानी लिखना कब शुरू किया?

शिवमूर्ति : लिखने की शुरुआत के बारे में सोचता हूँ तो मेरी उम्र तेरह साल की रही होगी। मैंने कक्षा सात पास की थी जब मैंने पहली कहानी लिखी थी। वह कॉपी अभी मिली है। उसका एक चरित्र है मँगली। हमारे गाँव का ही एक लड़का था, जिसकी कहानी मैंने लिखी थी। कृषि की कॉपी पर, जिसकी एक साइड कृषि-यंत्रों के चित्र बनाने के लिए प्लेन रहती थी, उसी भाग पर लिखी थी। पैन्सिल से। वही मेरा पहला प्रयास था।

ओमा शर्मा : तब आपके भीतर लेखक जैसा कुछ बनने की तमन्ना थी या यूं ही लिखना शुरू कर दिया?

शिवमूर्ति : उसके पहले मैं पढ़ता था। मेरे साथ इसका एक और कारण था कि हमारे साथ हमारी एक फुफेरी बहन रहती थी। वो गीत और किस्से सुनाया करती थी। ननिहाल में एक ममेरी बहन थी, वह भी किस्से-कहानियाँ सुनाया करती थी। पिताजी रात में रोज रामायण बाँचते थे जो कथा का ही एक रूप होती है। इन चीजों को मिला करके शायद मेरे मन में कहानी के प्रति कुछ लगाव-सा हुआ होगा। अलावा इसके दर्जा पाँच में ही मुझे एक जासूसी उपन्यास पढ़ने को मिल गया। मैं एक निमंत्रण में गया था। जिस कॉपी पर वे लोग पैसे और नामों का हिसाब लिख रहे थे, उसके नीचे जासूसी उपन्यास था। उन्होंने हिसाब लिखकर जैसे ही किताब एक तरफ रखी, मैंने लोगों की नजरों से बचाकर उसे कमीज के भीतर दबा लिया और घर ले आया। घर में भी मैंने उसे अपने बस्ते या किताबों के रखने की जगह पर नहीं रखा कि कहीं वे लोग उसे ढूँढ़ते

आएँ और यहाँ खोजें तो भी वह मेरे कब्जे से न जाए। उसे मैंने पढ़ा। उसमें एक स्त्री की हत्या हो जाती है। वह हत्या मेरे दिमाग में इतनी बस गई थी कि उन दिनों मैं रात में डर जाता था। उसकी कहानी ने ऐसा पकड़ा कि पढ़ने की ललक जाग उठी। इसी तरह दर्जा तीन में जब मैंने ट्रॉय की कथा पढ़ी, इसका मैंने अन्यत्र भी जिक्र किया है, तो दूसरे किस्म की उत्सुकता जगी कि काठ के घोड़े के भीतर बैठे सैनिकों ने अपना निबटान कैसे किया होगा? सस्पैंस के प्रति जिज्ञासा मेरे भीतर शुरू से रही है। फिर जब कहानियाँ पढ़ने लगा तो भीतर यह विश्वास भी आया कि ऐसा जोड़-घटाव तो मैं भी कर सकता हूँ।

ओमा शर्मा : कहानी पढ़ने की जिज्ञासा एक चीज है और उसे अभिव्यक्त करना दूसरी। इतनी जल्दी अपने को अभिव्यक्त करने का साहस आपको कैसे हुआ?

शिवमूर्ति : हो जाता है। इसमें साहस जैसी कोई बात नहीं। गाँव-देहात में बच्चे अपने घर-बाहर के बारे में बढ़ा-चढ़ाकर बखान करने के वैसे ही आदी होते हैं। उसी से कभी कल्पनाशीलता बढ़ती है। जो नहीं है वह भी अपना। कहानी-उपन्यास आखिर क्या है? झूठ का जहाज ही तो चलाना होता है! न ढाँचा है, न तेल है, न पानी है, मगर फिर भी आप क्या-क्या माल-असबाब लादे चले जा रहे हैं...

ओमा शर्मा : ये तो हुई 13-14 साल की उम्र की बातें। उसके बाद अगले पाँच-सात साल क्या रहा, क्योंकि आपकी प्रकाशित पहली कहानी 'कसाईबाड़ा' तो शायद 28-30 की उम्र में आई थी।

शिवमूर्ति : मेरी पहली कहानी आगरा से निकलने वाले एक मासिक 'युवक' में सन् 68 में छपी थी। उसका शीर्षक था 'मुझे जीना है'। तब मेरी उम्र 18 वर्ष थी। पिछले दिनों वीरेन्द्र कुमार बरनवालजी

बता रहे थे कि उनका मुझसे परिचय उसी कहानी की मार्फत हुआ था। उसमें एक सिपाही और व्यापारी मिलकर गल्ले का नम्बर दो का काम करते हैं। उन्हीं दिनों मैंने एक उपन्यास भी लिखना शुरू कर दिया था, जिसका नाम था 'माटी की महक'। कोई साढ़े चार सौ पेज का। वह अब दुनिया का मुँह नहीं देखे, लेकिन हमारे पास है।

ओमा शर्मा : कहानी को लिखने के बाद कहाँ छपाएँ इसका इल्म आपको कैसे आया?

शिवमूर्ति : 'युवक' हमारे यहाँ सुल्तानपुर में आती थी। उसी में संपादकीय पता लिखा था, सो भेज दिया। स्वीकृति आ गई। छप भी गई। दूसरी कहानी मैंने 'वातायन' को भेजी जो डागा बिल्डिंग, बीकानेर से छपती थी। चर्चित पत्रिका थी उन दिनों की। हरीश भदानी उसके संपादक थे। कहानी का नाम था 'पान फूल'। जब एक चर्चित पत्रिका में मेरी कहानी छप गई तो थोड़ा विश्वास आ गया कि मैं भी लिख सकता हूँ। तीसरी कहानी लखनऊ से उन दिनों निकलने वाली एक पत्रिका 'कात्यायनी' में भेजी। उसका ग्राम-कथा विशेषांक था। अश्विनी कुमार द्विवेदी उसके संपादक थे। उन्होंने उसे प्रमुखता से श्रेष्ठ कहानी के बतौर पहले नम्बर पर छापा। विवेकी राय उन दिनों अपना शोध-प्रबंध लिख रहे थे। उन्होंने उस कहानी पर उसमें लम्बी टिप्पणी लिखी है। पिछले दिनों हाथ से लिखे नौ पेजों की वह कहानी मुझे अपने पुराने बक्से से हासिल हुई।

ओमा शर्मा : यानी ये शुरुआती तीनों कहानियाँ आपके पास हैं?

शिवमूर्ति : पांडुलिपि के रूप में एक है। 'वातायन' वाली को खोजा सकता है। 'युवक' वाली नहीं है।

ओमा शर्मा : इन्हें जब आप लिख रहे थे, तो कहीं ऐसा प्रतीत होता था कि कुछ रच रहे हैं?

शिवमूर्ति : उसकी जो कथावस्तु है, उसे देखकर तो लगता है। शोषण

के प्रति मेरे भीतर शुरू से ही एक वितृष्णा थी। 'वातायन' वाली कहानी में एक मातहत अपने बॉस को भेंटस्वरूप एक ट्रांजिस्टर देता है। उस मातहत के बच्चों को मैं ट्यूशन पढ़ाया करता था। तीसरी कहानी में होली का समय है। गाँव में फगुआ गाया जा रहा है और एक मजदूरनी कट चुके खाली खेत में बालियां बीन रही है। उसे एक बिल दिखाई देता है, जिसमें कई बालियाँ दिख रही हैं। वह उसमें हाथ डालती है तो उसे साँप काट लेता है। उसका बच्चा पेड़ के नीचे लेटा है। काटे जाने पर भी वह पेड़ के पास आकर अपने बच्चे को उठाती है, थोड़ी दूर चलती है फिर गिर जाती है। उधर गाँव में खेतिहर लोगों के बच्चे होली मनाने और फगुआ गाने में लगे हैं। उसकी दो लाइनें हैं : भारत नगरिया का लेकर संदेसवा, उड़जा ओ पंछी अमरपुर देसवा, बापू से जाकर सुनाओ। इस कहानी में यह था कि गाँव के दबंग ने उस महिला के खेत पर जबरन कब्जा कर लिया था और वह अपने ही खेत में फसल कट जाने के बाद बालियाँ बीनने गई थी। किशोर मन पर जो शोषण का असर होता है, उसी को लेकर लिखी गई थी।

ओमा शर्मा : शोषण के अलावा किसी वास्तविक अनुभव से प्रेरित थी?

शिवमूर्ति : पूरी तरह से तो नहीं, मगर हमारे पड़ोस में एक हरिजन महिला थी जो इस तरह बालियाँ बीनने जाती थी। कहानी की बाकी चीजें मेरी कल्पना ही थी।

ओमा शर्मा : फिर एक अन्तराल के बाद, राष्ट्रीय स्तर पर सन् 1980 के आसपास आपकी कहानी छपती है।

शिवमूर्ति : उन दिनों मैंने दो कहानियाँ और एक रिपोर्ट लिखी थी। पहली लिखित कहानी 'भरतनाट्यम' थी और दूसरी 'कसाईबाड़ा'। रिपोर्ट 'दिनमान' में सन् 1976 में छपी थी। सन् 1977 में जब मैंने सेल्स टैक्स की नौकरी जॉइन की, तो ये कहानियाँ मैंने बलराम को दे दीं। वे लोग कानपुर में गोष्ठी वगैरा किया

करते थे। बलराम ने 'कसाईबाड़ा' को भारतीजी को भेज दिया। धर्मयुग के लिए। भारतीजी को कहानी बहुत पसंद आई और उन्होंने कहा कि मैं इसे विशेषांक में छापूँगा। उन्होंने दूसरी कहानी भी माँगी तो बलराम ने 'भरतनाट्यम' भी भेज दी। उन्होंने कहा कि इसमें गालियाँ हैं, औरत (पत्नी) के भागे जाने वाली बात पर उन्हें आपत्ति थी।

ओमा शर्मा : यानी 'भरतनाट्यम' पहले धर्मयुग को भेजी गई थी।

शिवमूर्ति : हाँ। उन्होंने कहा कि हमारी पत्रिका पारिवारिक है। उन्हें सामाजिक सरोकारों वाली 'कसाईबाड़ा' जैसी कहानी चाहिए थी, यौन संबंधों वाली नहीं। तभी बलराम 'सारिका' में चले गए थे। उन्होंने कहा कि अब ये 'सारिका' में छापी जाएगी। तब यह और लम्बी थी, मगर कन्हैयालाल नंदनजी ने उसके कुछ हिस्सों को सम्पादित कर दिया। कोई सात-आठ पेज कम किए। जो कम किए, वो कौन-से थे, यह मुझे नहीं पता क्योंकि मेरे पास तो उसकी प्रति थी नहीं। तो आप समझ लीजिए कि जो छपी है, वही मूल है।

ओमा शर्मा : चलिए 'भरतनाट्यम' से ही शुरू करते हैं। यह बहुत आत्मकथात्मक कहानी है।

शिवमूर्ति : हाँ, बहुत हद तक। तब जीने-खाने का कोई ठिकाना नहीं था। अनुभव तो और पुराने थे। मन में आता था कि क्या हमें जीने का हक नहीं है? जब कुछ नहीं है, तो सोचा चलो नरेश डाकू के साथ ही कुछ करते हैं। मैं उसके पास गया भी। उसने कहा कि भैय्या, तुम ये काम नहीं कर पाओगे। तुम जो पढ़-लिख रहे हो, वही ठीक है। पहले इस कहानी का अन्त दूसरा था—खरबूजे के खेत में नाचने का न होकर पगडंडी और सड़क के कोने पर आए एक आदमी को चाकू की नोंक पर लूटने-मारने का। उसके पास मानो बाकी सारे विकल्प खत्म हो गए हैं और बस अपराध का रास्ता बचा रह गया है।

ओमा शर्मा : लेकिन उस चरित्र को तो लाइसेंस मिल जाता है?

शिवमूर्ति : यह तो कहानी में बाद में किया गया, जब मेरा इधर सलैक्शन हो गया था। मूल रूप में लिखी कहानी में ऐसा नहीं था। तब नायक को रहजनी करता दिखाया गया था। उसके अन्त के साथ मेरी निजी मान्यता थी, मगर फिर यही लगा कि लोगों को वह पसंद नहीं आएगा।

ओमा शर्मा : आपको 'भरतनाट्यम' नृत्य जैसी कला का पता था तब?

शिवमूर्ति : हाँ, पता था। तब तक मेरे तीन बेटियाँ हो चुकी थीं, जैसा कि उस चरित्र के हैं। जिन दिनों यह कहानी लिखी, मैं बेरोजगार था। मगर आप यह देखिए कि उसमें मैंने सेक्स क्रोमोसोम के तेईसवें जोड़े के बारे में लिखा है। उसकी पत्नी फिर भी मानती है कि पुरुष तगड़ा होगा तो बेटा होगा। वह चरित्र इसीलिए और कशमकश में रहता है कि क्या करे। वह युवक समस्याओं से घिरा पड़ा है। उसमें आई कुछ घटनाएँ वास्तव में मेरे जीवन से जुड़ी हैं। आपका सवाल क्या था?

ओमा शर्मा : शीर्षक के बारे में था। कहानी जहाँ एक बेहद कड़वे यथार्थ के बारे में चलती रहती है, उसके मुकाबले अन्त एकदम कलात्मक है।

शिवमूर्ति : नहीं। यह उस चरित्र की निराशा का नाम है। उसकी पत्नी भाग गई है। उसने पहली बार पी भी ली है। गर्मी का महीना है। वह होश में है नहीं। होता तो शायद आत्महत्या कर लेता। वह बदहवास है। भरतनाट्यम तो सैटायर की तरह आया है।

ओमा शर्मा : पठनीय ही नहीं, गहरे डिटैचमैंट से लिखी कहानी है। बहुत काम किया गया होगा इस पर?

शिवमूर्ति : बताया तो कि पहले इसका अन्त कुछ और था, बाद में कुछ और हुआ। छोटी भी की गई।

ओमा शर्मा : नहीं, बात छोटे करने या अन्त बदलने की नहीं है...।

शिवमूर्ति : पहले उसके जरायम पेशे में जाने वाली बात वास्तविक भले लगे, बहुत ठीक नहीं है। देखिए बेरोजगारी-दरिद्रता में भी एक उदात्तता होती है। भाग गई पत्नी को भी वह गाली नहीं दे रहा है, बल्कि सोच रहा कि यदि उसे बेटा हो जाए तो वह खिलौने लेकर जाएगा। आप इस बिन्दु पर भी सोचिए।

ओमा शर्मा : इन दोनों बिन्दुओं में तो गहरा विरोधाभास है। वह इस उदात्तपन में होता तो बदहवास होकर खेत में ऊट-पटाँग होकर क्यों भटकता? उसका उदात्तपना नेचुरल है या उसकी छटपटाहट?

शिवमूर्ति : दोनों नेचुरल हैं। वह अपनी सोच में उदात्त है। वह बेरोजगार है। पिता से प्रताड़ित है। व्यवस्था से प्रताड़ित है। लड़का पैदा नहीं कर पा रहा। पत्नी भाग जाती है। ये सारे घाव झेलते-झेलते वह अन्दर से असंतुलित हो गया है। निर्जन में नृत्य उसकी छटपटाहट को दिखाता है।

ओमा शर्मा : यानी उसका उदात्तपन प्राकृतिक नहीं है।

शिवमूर्ति : हो सकता है।

ओमा शर्मा : मुझे लगता है, आपने कहानी में दूसरी चीजें उसके मेलोड्रामा को बढ़ाने के लिए डाली हैं?

शिवमूर्ति : जैसे?

ओमा शर्मा : पत्नी के सन्दर्भ में... बड़े भाई के साथ उसके शारीरिक संबंध...।

शिवमूर्ति : हो सकता है। चूँकि यह पहली कहानी थी इसलिए इस बारे में ज्यादा नहीं सोचा होगा। पात्र के दर्द को ज्यादा मुखर करने के लिए हो सकता है, यह जरूरी लगा हो।

ओमा शर्मा : कहानी में एक वाक्य आता है : यथार्थ को बदलना कठिन है, लेकिन आदर्श बदलने में क्या जाता है। जीवन का यह व्यावहारिक सत्य जो कहानी में पकड़ा गया है, आपके जीवन का भी कमोबेश सत्य लगता है?

शिवमूर्ति : जी हाँ। यह मेरे जीवन का भी सत्य है। अपने सर्वाइवल के लिए कुछ गलत भी जीवन में शामिल रहता है। कुछ नेगेटिव, कुछ पॉजिटिव रहते हैं। कुछ झूठ बोलकर, थोड़ा धक्का देकर भी हम चीजों को प्राप्त करते हैं। कहानी में वह कहता है कि मिट्टी के तेल का लाइसेंस लेने के लिए उसे आज घूस देनी पड़ी। क्या यही उसे यही पढ़ाया गया था? उसे तो पढ़ाया गया था कि कैसे राणा प्रताप की लम्बी चौड़ी मूँछें थीं, शिवाजी कितने बहादुर थे, सत्यवादी राजा हरिश्चंद्र को अपना बेटा बेचना पड़ा मगर तब भी वे सत्य पर कायम रहे। क्या वह भी अपना हश्र हरिश्चंद्र जैसा होने दे या जो हो रहा है, उसमें शामिल होकर जिन्दा बचा रहे? वह कहता है कि शुरू से ही उसे यदि जयचन्द के छल-कपट के बारे में पढ़ाया गया होता तो घूस देने के बाद जो वह अपना मन मसोस रहा है, नहीं मसोसता। तब वह खुशी-खुशी वह काम करता। स्कूल में सिखाते कुछ हैं, जबकि जीवन में कुछ और ही होता है। इस कारण लोग टूट जाते हैं।

ओमा शर्मा : एक रूप में यह एक गिल्ट को सेलिब्रेट करने की कहानी है। आदर्श छोड़ने के बाद व्यावहारिकता की कोई सीमा होती है क्या?

शिवमूर्ति : वह दुविधा में पड़ा है। आज ही वह आदर्श से हटा है और आज ही उसकी पत्नी भाग गई है। इसलिए वह द्वंद्व में है। इधर आदर्श से समझौता किया है और उधर जीवन की लड़ाई हार गया है। उसके पास कुछ भी नहीं रह गया है।

ओमा शर्मा : आप इस बात के हिमायती हैं कि जीवन में आदर्शों को ज्यादा सहेजकर-पुचकारकर रखने की जरूरत नहीं है?

शिवमूर्ति : इससे आपका अभिप्राय?

ओमा शर्मा : वह यानी आदर्श अहमियत रखता है तो उसके लिए एक जिद्द की तरह डटे रहना, कोई निजी परेशानी होने की स्थिति में भी उस पर अडिग रहना...

शिवमूर्ति : मैं मध्यमार्गी हूँ। आदर्श आवश्यकता है, लेकिन सिर्फ आदर्श नहीं। गलत गलत है। जीवन न केवल आदर्श से चलता है, न गलत से। वामिक जौनपुरी की एक पँक्ति है—आहन (लोहा) नहीं कि जैसे चाहे मोड़ दीजिए। पत्थर हूँ, झुक तो सकता नहीं, तोड़ दीजिए। एकदम पत्थर होने से काम नहीं चलेगा। टूटने का विकल्प कोई विरला ही अपनाता है। ज्यादातर लोग लोहा बनना पसंद करते हैं। लोहे की कीमत भी पत्थर से ज्यादा इसीलिए मानी जाती है कि वह जरूरत भर मुड़ सकता है। जैसे सौ प्रतिशत खरा सोना किसी काम का नहीं, जब तक कि आप उसमें सुहागा न मिला दें। तभी वह गहने बनाने लायक होता है। जीवन का सत्य इसी के आसपास है।

ओमा शर्मा : जीरो से सौ के बीच दो सीमान्त हैं जिनके बीच आपको खड़े होना है, आदर्शों से विचलन करने, उन्हें तिलांजलि देने में कितना समय लगेगा?

शिवमूर्ति : जिस समाज से आप अपने चरित्र उठाते हैं यदि आप उन्हें आदर्शवादी दिखा दें, तो यह तो गलत होगा। बेमानी होगा। अपनी स्वीकार्यता में आप उनसे कुछ छूट ले सकते हैं। बहुत ज्यादा आदर्शीकृत होते ही वे पाठकों में अस्वीकार्य और अविश्वनीय रह जाएँगे। सिद्धान्तों से जीवन नहीं बना है, जीवन से सिद्धान्त बने हैं। जैसे हाइड्रोजन-ऑक्सीजन के खास अनुपात से पानी बनता है, लेकिन पानी के गुण उन दोनों गैसों से भी अलग हो जाते हैं। जिसे सृजन कहते हैं, वह उस अनुपात का ही प्राप्य है। जैसे मुर्गी अण्डे को सेती है, तभी अण्डे के अंदर का पदार्थ जीवन में बदलता है..उसी तरह सृजन की प्रक्रिया है।

ओमा शर्मा : नुक़ताचीनी नहीं... कहानी की बुनावट के स्तर पर नायक की पत्नी का उसके बड़े भाई के साथ जो संबंध दिखाया है, उसका कोई दृष्टांत आपके सामने था?

शिवमूर्ति : एक नहीं, कई थे। बेटा पाने के लिए कई बार स्त्रियाँ अपने

ससुर का उपयोग कर लेती हैं, मामियाँ अपने भानजों का। बहुत होता है। सेक्स को लेकर जो टैबूज हम बना लेते हैं, ग्रामीण जीवन में उतने नहीं हैं। वहाँ गिल्ट भी नहीं है। स्त्रियाँ पंचायत तक में कह देती हैं कि मैं पति से गर्भ नहीं धारण कर सकती, तो क्या मुझे माँ बनने के सुख से वंचित रह जाना चाहिए? ऐसे जीवंत उदाहरण मेरे सामने रहे हैं। उन पर मैंने लिखा भी है मगर उसको अन्तिम रूप देने से डर जाता हूँ। मैं ऐसी स्त्रियों के बारे में जानता हूँ, जो बेबाक कहती हैं कि यदि उसका पति मर गया है या उन्हें बेटा नहीं दे सकता है, तो वे कहती हैं कि वे येन-केन प्रकारेण बेटा क्यों पैदा नहीं कर सकतीं? हमारे ग्रामीण-पिछड़े इलाकों में जहाँ बेटा होना सामाजिक जरूरत है, यह बहुत सहज वाजिब स्थिति है।

ओमा शर्मा : आपकी स्त्रियाँ अमूमन इस तरह के विकल्पों की तरफ अग्रसर नहीं होतीं, जैसा इस कहानी में हुआ है।

शिवमूर्ति : यहाँ भी नहीं हुआ है बल्कि बेटा न पैदा करने के लांछन से बचने के लिए उसने यह पहल की है। मेरी पत्नी ने अपनी एक सहेली का किस्सा बताया था, जिसके बच्चा नहीं होता था। सहेली की सहेली ने बताया कि वह उसके पति को 'टैस्ट' करेगी कि समस्या कहाँ है। आज किसी शहरी पाठक को यह अजीब लग सकता है, मगर गाँव-देहात की कुछ स्त्रियों में अपनी तरह से समस्या सुलझाने की कूवत होती है।

ओमा शर्मा : कहानी में पिता-पुत्र का द्वन्द्व भी समांतर चलता है। बेरोजगारी और व्यवस्था की दमघोंटू स्थितियाँ अपनी तरह से मार कर रही हैं। कहानी में आपका मंतव्य क्या था?

शिवमूर्ति : पहली कहानी थी तो लेखकीय मंतव्य जैसा क्या होता? जो मेरे पास था, कह दिया।

ओमा शर्मा : कहानी के पिता-पुत्र की और आपकी स्थितियों में काफी साम्य-सा दिखता है?

शिवमूर्ति : ऐसा भले आपको लगे, मगर वास्तव में वह गढ़ा ज्यादा गया है : कॉन्ट्रास्ट पैदा करने के लिए। किसी भी एक वास्तविक जीवन से आप कहानी का कॉन्ट्रास्ट पैदा नहीं कर सकते। जैसे 'तिरिया चरित्तर' की विमली एक नहीं तीन-चार अलग जीवनों को लेकर बनायी गई है।

ओमा शर्मा : इस पर पाठकीय प्रतिक्रियाएँ क्या रही थीं?

शिवमूर्ति : कुछ लोगों को पसंद आई, मगर कुछ लोगों ने कहा कि मैंने इतने अच्छे भाई को गंदला कर दिया, इतनी अच्छी पत्नी थी उसे भ्रष्ट कर दिया, पिता को भी घृणित दिखाया। मैंने किसी के साथ न्याय नहीं किया। कुछ लोगों ने सराहा कि बेरोजगारी और गरीबी से जन्मी सामाजिक स्थितियों को अच्छे ढंग से कहानी में बताया गया है। लेकिन असहमतियों की तादाद कहीं ज्यादा थी। जो सहमत थे, वो भी कहानी के अतिरेक से असहमत थे। लेकिन लोगों का असहमत होना पता नहीं क्यों मुझे सुख देता था।

ओमा शर्मा : चर्चा में खूब रही थी।

शिवमूर्ति : चर्चा में तो खैर रही ही। संजीव जैसे लेखक तो यह कहते हैं कि ऐसी बढ़िया कहानी मैं इस जीवन में दूसरी नहीं लिख पाऊँगा।

ओमा शर्मा : इस सब के मद्देनजर क्या तब ऐसा महसूस हुआ कि एक लेखक के तौर पर आइ हैव एराइव्ड?

शिवमूर्ति : मैं अपने ऊपर कम भरोसा करता हूँ। मैं कितना ही अच्छा लिख लूं मगर दो-चार लोगों ने भी कह दिया कि क्या कूड़ा लिखा है तो मैं डूब जाता हूँ। सोचता हूँ कि आगे से उनकी बातों का ध्यान रखूँगा, लेकिन जब लिखता हूँ तो वह सब थुक्का-फजीहत एक तरफ धरी रह जाती है और मैं अपनी वाली ही कर बैठता हूँ। मेरे साथ यही सब चलता रहता है।

ओमा शर्मा : लेकिन शुरू की ये कहानियाँ एक-दूसरे से काफी भिन्न हैं। एक लगभग राजनीतिक कहानी है जबकि दूसरी एकदम पर्सनल-पारिवारिक। दोनों कहानियों की पाठकीय स्वीकृति ने आपके आत्मबल को बढ़ाया होगा?

शिवमूर्ति : यह सच है। दोनों पर खूब प्रतिक्रियाएं आईं। 'कसाईबाड़ा' पर तो धर्मयुग में साल भर से ऊपर पत्र छपते रहे। बम्बई के पृथ्वी थिएटर में उसके मंचन हुए। मनहर चौहान उसे लेकर देश के दूसरे हिस्सों में भी गए।

ओमा शर्मा : जरा 'कसाईबाड़ा' की स्थितियों के बारे में बताएँ।

शिवमूर्ति : तब इमर्जेंसी का दौर था। हर सरकारी मुलाजिम को नसबंदी के केस देने होते थे। कोई प्रधान किसी दरोगा को नसबंदी का केस दिला दे, तो फिर वह उससे जो चाहे काम करवा लेता था। लोगों की तनख्वाहें रुकी रहती थीं। गाँव में कोई सरकारी गाड़ी आ जाए तो सन्नाटा छा जाता था। लोग घरों को छोड़ खेतों में भाग जाते थे। औरतें मोर्चा निकालने लगी थीं। एक बार तो औरतों ने एक कानूनगो को जकड़ लिया और बोलीं कि ऐंठ दे दाड़ीजार का पोता। हवा थी कि यह सब इंदिरा गांधी करा रही है। वे सोचती थीं कि इंदिरा गांधी को खुद पति का सुख पूरा नहीं मिला, तो वह किसी औरत को सुखी नहीं देखना चाहती है। बाकी गाँव की चीजें तो गाँव में सनातन से चली ही आ रही हैं। उस औरत की जो इज्जत थी, वह चली गयी लड़की के रूप में और जो दौलत थी, वह चली गयी खेत के रूप में।

ओमा शर्मा : 'कसाईबाड़ा' की स्थितियाँ अभी भी बरकरार हैं...

शिवमूर्ति : हाँ। काफी हद तक। एक आदमी है—लाल बिहारी 'मृतक'। वह जिन्दा है, मगर उसे मृतक घोषित कर दिया। कितने लोग हैं, जिनकी जमीन पर दूसरों ने कब्जा कर रखा है, खतौनी में नाम चढ़वा लिया है। सत्तर से ऊपर की उमर है, शहर का

मुंह नहीं देखा है। कचहरी-वकील का मुँह नहीं देखा है। वे कैसे मुकदमा लड़ें, जिनकी सुनवाइयाँ बरसों चलती हैं? ऐसे हजारों केस हैं। गाँव अभी भी कसाईबाड़ा बने हुए हैं। शोषण के टूल्स और ज्यादा शार्प हो गए हैं।

ओमा शर्मा : 'कसाईबाड़ा' के मंचन भी आपने देखे होंगे। इसके रूपांतरण से संतुष्ट रहे?

शिवमूर्ति : देखिए नाटक वाले किसी कहानी को अपनी तरह से कन्सीव करते हैं। थोड़ी-बहुत छूट उन्हें लेनी होती है। जैसे पिछले दिनों आजमगढ़ में हुआ, तो उन्होंने वहाँ का एक लोकगीत डाल दिया। कहानी में इतनी जल्दी दृश्य-परिवर्तन होते हैं कि नाट्यांतरण में दिक्कतें आती हैं... तो उन्हें उसे अपने हिसाब से उसे संयोजित करना पड़ता है।

ओमा शर्मा : बुनावट में बहुत सान्द्र कहानी है 'कसाईबाड़ा'।

शिवमूर्ति : इसे मैंने थोड़ा लम्बे रूप में लिखा था, लेकिन बाद में खुद ही छोटा किया। मैं अपने फाइनल ड्राफ्ट में कहानी को छोटा करता हूँ। उसके एक-एक पैरा और वाक्य की जाँच करता हूँ कि क्या ये कथा के लिए जरूरी है। लिखने में चाहे कितनी भी मेहनत-मशक्कत की गयी हो लेकिन अन्तिम रूप को मैं पठनीयता के लिहाज से बहुत निरपेक्ष होकर संपादित करता हूँ।

ओमा शर्मा : 'अकालदंड' भी व्यवस्था की कहानी है। उसमें आयी अकाल की स्थितियाँ आपकी देखी हुई थीं?

शिवमूर्ति : हमारे यहाँ सन् 65-66 में और 67-68 में लगातार अकाल पड़ा था। उस समय मिर्जापुर में बिजली के खंभे गड़ रहे थे। मेरे पिताजी चूँकि घर पर कम रहते थे, तो उन दिनों मैं भी वहाँ दिहाड़ी करने अपने एक पड़ोसी के साथ चला गया था। तब मैंने ये दारुण स्थितियाँ देखी थीं। आप किसी को एक रोटी दे दीजिए, खाना दे दीजिए और जो मर्जी काम करवा

लीजिए। उन दिनों सूखा पर ठाकुर प्रसाद सिंह का एक लेख 'धर्मयुग' में आया था। उसकी दो पक्तियाँ मुझे आज भी याद है : केहि विधि दरसन पाऊँ मैया तोहरी सँकरी दुअरिया। मैया के दुआरे एक भूखा पुकारे, देहु अन्न घर जाऊँ, मैया तोहरी सँकरी दुअरिया। लोग पूजा-पाठ करते थे कि पानी बरसे। तो मैंने अकाल की वह छाया वहाँ देखी थी।

ओमा शर्मा : यह कहानी कब लिखी थी।

शिवमूर्ति : सन् सतहत्तर में बलराम ने मुझसे कहा कि वे 'भूमिका' नाम की एक पत्रिका शुरू कर रहे हैं, उसके लिए कोई कहानी दो। छोटी।

ओमा शर्मा : लेकिन ये तो छोटी कहानी नहीं है।

शिवमूर्ति : नहीं, पहले यह छोटी थी। चार पेज की। बाद में बड़ी हुई।

ओमा शर्मा : तो आप की पहली प्रकाशित कहानी 'अकालदंड' हुई।

शिवमूर्ति : नहीं, चौथी। बाद में यादव जी ने ताना मारा कि एक 'तिरिया चरित्तर' लिखकर बैठे रहोगे, कोई और कहानी दो ...तो फिर उसे मैंने लम्बा करके लिखा। लेकिन उसका आदि और अन्त वही है।

ओमा शर्मा : यह दुबारा कब छपी?

शिवमूर्ति : सन 1991 में 'हंस' में।

ओमा शर्मा : यानी यह दो रूपों में दो जगह प्रकाशित हुई...

शिवमूर्ति : हाँ। कुछ लोगों को उसका छोटा वाला रूप बहुत अच्छा लगा। कुछ हद तक मुझे भी लगता है कि विस्तार के कारण उसका असर कम हो गया है। 'तिरिया चरित्तर' भी दो रूपों में लिखी। पहले यह उपन्यास का हिस्सा थी। मेरे पास चरित्र रहते हैं, उनकी स्थितियाँ बदल जाती हैं। मऊ में उत्तमचंद जैसे लेखक थे, अब्दुल बिस्मिलाह भी थे। उन्होंने एक पत्रिका शुरू की 'कदम' नाम से और मुझसे कहानी माँगी, तो मैंने

लिखे उपन्यास से निकालकर वह छोटी-सी कहानी उन्हें दे दी। उसका नाम रखा था 'खरीद-फरोख्त'।

ओमा शर्मा : उस पर थोड़ी देर में बात करेंगे। अभी 'अकालदंड' पर बात करते हैं। यह एक व्यवस्था विरोध की कहानी है, लेकिन जब आपने इसे लिखा, तब व्यवस्था की बहुत समझ तो नहीं रही होगी आपको?

शिवमूर्ति : ज्यादा समझ नहीं थी, लेकिन जितनी थी, वही कहानी में आयी है।

ओमा शर्मा : ये भी है कि जिन लोगों के बीच आप रहते थे, उनकी ज्यादतियों- चालाकियों को आप अरसे से देख रहे थे।

शिवमूर्ति : बिलकुल। एक लेबर की तरह मैंने उनके बीच काम किया था। गाँव में रहने वाला दस साल का बच्चा भी वहाँ के हालात काफी समझ लेता है।

ओमा शर्मा : भट्ठे वालों के संदर्भ में हिन्दी में किसी और लेखक की कहानी मुझे नहीं दिखी। आपको इसका अनुभव कैसे मिला?

शिवमूर्ति : भट्ठा मेरे जीवन में बहुत पहले से था। हमारे घर से एक कोस दूर एक भट्ठा था, जिसे वर्माजी चलाते थे। हमारे गाँव के लोग वहाँ मजदूरी करने जाते थे और बताते थे कि वर्माजी बड़े अच्छे आदमी हैं। लोगों की मदद करते हैं। मुझे एक फार्म भरने के लिए 27-28 रुपए चाहिए थे। मैं प्याज बेचने बाजार गया था। वह बिकी नहीं तो मैं उनके पास चला गया और वहाँ के माहौल को देखता रहा ... कोई ट्रक आ रहा है... कोई औरत मिट्टी ढो रही है... कोई बच्चा मदद कर रहा है। नैन-मटक्का भी हो रहा था। बाद में जब मैं सेल्स टैक्स में आ गया, तो पूर्वांचल के जिस इलाके में तैनाती थी, वहाँ के एक-एक जिले में 200-300 भट्ठे हुआ करते थे, जिनसे टैक्स आता था। उसकी हमें जाँच करनी होती थी। ज्यादातर भट्ठे वाले दो नंबर का काम करते ही हैं।

ओमा शर्मा : भट्ठों पर लगने वाले सेल्स टैक्स का रेट क्या था?

शिवमूर्ति : आठ परसेंट। आप ये देखिए, सोने-गहने पर यह एक परसेंट है और ईंटों पर आठ। हम यह कहते हैं कि जहाँ गाँव के लोगों को रोजगार मिलता है, जो असंगठित हैं, उनसे सरकार इतना ज्यादा टैक्स वसूलती हैं और संगठित शहर के सर्राफों से इतना कम। यह अन्याय नहीं है तो क्या है?

ओमा शर्मा : आप भट्ठे के अनुभवों की बात कर रहे थे...

शिवमूर्ति : हाँ, तो ऐसे ही मैं एक बार भट्ठे की जाँच करने गया था। वहाँ गया तो एक आदमी मड़ई में लेटा कुछ गा रहा था। वहाँ भट्टे के नम्बर दो वाले कागज तो नहीं मिले, लेकिन जो गीत मिला, मैंने सोचा वह भी कम काम की चीज नहीं है... टुटही मडहिया के हम हैं राजा, करीला गुजारा थोरे मा तोर मन लागे न लागे पतरकी मोर मन लागल बा तोरे मा...। मैंने सोचा, हम किस वाहियात बहीखाते को ढूँढ़ने आये थे ओर हमें तो मोती मिल गया। मैंने तुरंत छोटे-से कागज पर उसे नोट कर लिया। थोड़ी देर बाद हम उसके पास गए, तो पूछा कि तुम कौन हो तो बोला, हम तो साहब जा रहे थे, धूप के कारण सुस्ताने लग गए। हमने कहा, कोई बात नहीं, पर जो तुम गा रहे थे, वह तो पूरा सुना दो। उसने कहा कि वह तो यूँ ही मुँह से निकल गया, हम कोई गवैए थोड़े हैं। एक दूसरे भट्ठे पर गए, तो एक ट्रक आया था। पास की झोंपड़ी से एक लड़की निकली और ट्रक के मडगार्ड पर पैर रखकर ड्राइवर को धमकाते हुए बोली ‘अब आए हो सरऊ’। वह ड्राइवर उतरा और उसे लेकर दूसरी तरफ चला गया। यह बिम्ब मेरे भीतर रह गया। दूसरा बिम्ब हमारे घर काम करने वाली तेरह साल की लड़की का था जिसे ससुराल जाने पर उसके जेठ ने भोगा था। तीसरा बिम्ब...हमारी रिश्ते की ममेरी बहन थी जिसे अवैध गर्भ ठहर गया था। उसकी पंचायत हुई थी। लड़की ने उस लड़के के बारे में बताया, मगर पंचों ने उसे नहीं माना क्योंकि लड़के

के पिता ने पंचों को खरीद लिया था। तो पंचायती अन्याय की बात मेरे मन में वहाँ से रह गयी। एक बार मेरे मन में आया भी था कि उस बाल-विधवा के जरिए बिसराम की पोल खुलवा दूँ, मगर फिर यही लगा कि पंचों के अन्याय को दिखाना जरूरी है।

ओमा शर्मा : व्यवस्था द्वारा लोगों को लूटने-खसोटने की प्रवृत्ति का प्रतिरोध किसी तड़प की तरह आपके भीतर मौजूद रहता है?

शिवमूर्ति : हाँ। क्योंकि मैंने अपने आसपास यही होते देखा है।

ओमा शर्मा : 'अकालदंड' का अंत चौंकाता है। बोबिटिंग से बहुत पहले ऐसा सोचना आम बात नहीं थी। यह पाठकों को चौंकाने के लिए था या इसका भी कोई आधार था—प्रतिरोध के रूप में?

शिवमूर्ति : ऐसा अनुभव तो नहीं देखा-सुना था, लेकिन कुछ महिलाओं को कहते सुना ज़रूर था...कि फलाने का नाती ज्यादा उधिराया हो तो दातें काट ले... हंसिया से काट ले। मुझे लगा यह प्रतिरोध का रूप हो सकता है...

ओमा शर्मा : इस कहानी में आपकी नायिका अपनी यौन-शुचिता पर अडिग रहती है, जबकि प्रलोभन उसके पास भी है। यहाँ खासी आदर्शवादी स्थिति है।

शिवमूर्ति : देखिए, यह निर्भर करता है कि आप क्या रेखांकित करना चाहते हैं। कॉन्ट्रास्ट बनाने के लिए आपको अलग-अलग शेड्स लगाने होते हैं। एक जैसे शेड्स से कॉन्ट्रास्ट नहीं बनता।

ओमा शर्मा : यानी आपके यहाँ न यथार्थ ऊपर हैं न आदर्श, महत्त्वपूर्ण है कहानी कला की जरूरत!

शिवमूर्ति : कहानी का लेखन एक आर्ट हैं। आर्ट के अलावा यह एक क्राफ्ट भी है। उसके लिए आपको ऐसे मोड़ों की जरूरत पड़ती है।

ओमा शर्मा : आपके ज्यादातर चरित्र बड़े सयाने किस्म के हैं। उनकी कई सतहें हैं। सीधा-सादा कोई नहीं है?

शिवमूर्ति : सीधे-सादे चरित्रों से कहानी क्या निकलेगी, ड्रामा क्या निकलेगा। पाठक को उनकी जरूरत नहीं है।

ओमा शर्मा : तो जिस आमजन की आप कहानियाँ लिखते हैं, वह सीधा-सादा नहीं है?

शिवमूर्ति : आमजन सीधा-सादा नहीं है। आमजन शोषित है, लेकिन कोई जरूरी नहीं है कि हर शोषित व्यक्ति सीधा-सादा हो। उसी तरह व्यवस्था शोषक हो सकती है लेकिन उसके पुर्जे आदर्शवादी हो सकते हैं। नक्सलाइट और पुलिस बलों की भिड़ंत होती है। दोनों एक-दूसरे के दुश्मन हैं जबकि दोनों शोषित वर्ग से हैं। पुलिस बल में किसी टाटा-बिड़ला का बच्चा नहीं होता। वहाँ सर्वहारा ही सर्वहारा को काट रहा है। एक तगड़ा रिक्शे वाला कमजोर रिक्शे वाले का हिस्सा मार लेता है...तो, जीवन की कई परतें होती हैं।

ओमा शर्मा : आपकी ज्यादातर कहानियाँ व्यवस्था के वीभत्स रूप को दिखाती हैं जबकि आप स्वयं उसका हिस्सा रहे हैं।

शिवमूर्ति : नहीं, मेरे दिमाग में यह था। पहले मैं सोचता, तो कि कुछ दिनों बाद मैं नौकरी ही छोड़ दूँगा। मैंने मुड़कर नहीं देखा और व्यवस्था के विरोध में लिखता रहा। आप ये देखिए कि जैसे-जैसे मेरी समझ बढ़ी है, व्यवस्था के विरोध का स्वरूप और मुखर होता गया है। मैंने जो लिखना चाहा, लिखा। व्यवस्था का हिस्सा होने के बावजूद मैं झिझका नहीं। कभी-कभी आदमी नादानी या रोमांस में ऐसा कर लेता है। डर ने मुझे नहीं रोका।

ओमा शर्मा : लेकिन व्यवस्था के भीतर से आपको कोई कहानी नहीं मिली?

शिवमूर्ति : हाँ, कई बार प्रश्न आया है। यहाँ से मिला है... जैसे जमीन या

वसूली आदि की बात है, हमने विभागीय अनुभव से लिखा है। सिपाही, दरोगा आए हैं। विभाग की कुछ चीजें आई हैं।

ओमा शर्मा : विभाग की मार्फत व्यवसायों के भीतर जाने की जो बातें रही होंगी, किस तरह शोषण होता है, वे नहीं आयी हैं?

शिवमूर्ति : मेरी प्राथमिकता गाँव और किसान-मजदूर के जीवन को दर्ज करने की रही है। मेरे पात्र चूँकि शोषित और दलित रहे हैं इसलिए उन्हीं पर लिखना अच्छा लगा। मैंने कोई तैंतीस साल विभाग में नौकरी की है, लेकिन मैंने कभी अपने को उससे जुड़ा महसूस नहीं किया।

ओमा शर्मा : खास आर्थिक-सामाजिक स्थितियों की कहानियाँ हैं आपके पास—भूख, गरीबी, शोषण, अत्याचार। समय बदलेगा, समाज बदलेगा, आर्थिक-सामाजिक संपन्नता आ जाने के बाद क्या बचेगा इन कहानियों में?

शिवमूर्ति : बहुत अच्छा हो कि यह यूटोपिया साकार हो जाए। गरीबी दूर हो जाए। शोषण मिट जाए। जातिवाद नष्ट हो जाए। तब ये कहानियाँ इतना तो बताएँगी कि हमारे समाज में कभी ऐसा भी होता था।

ओमा शर्मा : 'तिरिया चरित्तर' की बात करते हैं। शुरू से आखिर तक कहानी अतिरेकों पर टिकी लगती है। इसके चरित्र बड़े काले-सफेद किस्म के हैं। कोई एकदम अच्छा है, कोई बुरा।

शिवमूर्ति : देखिए, कॉन्ट्रास्ट तो रहेगा। मैं एक उदाहरण देता हूँ जैसे नौटंकी होती है। उसमें पात्र गा-गाकर बोलते हैं। वास्तव में तो जीवन में हम गाकर नहीं बोलते। पाठक के मानस में चीजों को प्रभावी ढंग से संप्रेषित करने के लिए कुछ युक्तियाँ, कुछ चटख रंग तो लगाने ही पड़ते हैं। जीवन में नाटकीयता भी होती है, चटख रंग भी होते हैं लेकिन धूसर ज्यादा होता है। रचना में लाने के लिए रेखांकित करने के लिए चटख रंग ज्यादा काम देते हैं। जैसे कहा गया है कि कुत्ता आदमी को काट ले, यह कहानी नहीं है, आदमी कुत्ते को काट ले,

यह कहानी का बिंदु हो सकता है। लेकिन जिसे हम अतिरेक कहते हैं, वह खाने में नमक की तरह ही रहना चाहिए। ज्यादा अतिरेक, ज्यादा नमक की तरह नुकसानदेह हो सकता है।

ओमा शर्मा : लेकिन जिन सरोकारों से आपका वास्ता रहता है—गरीबी, संघर्ष और शोषण—उनके रेखांकन के लिए इतना लेखकीय आत्मविश्वास रहे कि चटख रंगों के बगैर भी उनकी अनिवार्यता कम नहीं होगी।

शिवमूर्ति : देखिए कहानी के दो तत्त्व विचारणीय होते हैं—एक कला और दूसरा क्राफ्ट। नाटकीयता या चटख उसके क्राफ्ट में इस्तेमाल होते हैं। पात्रों के संवाद या प्लॉट में। रचना में आर्ट भी होना चाहिए और उसे स्पष्ट रखने वाला क्राफ्ट भी। कथ्य को प्रभावी बनाने के लिए जो कुछ कर सकते हों, करना चाहिए। इसमें विश्वास या अविश्वास कोई मुद्दा नहीं होता है।

ओमा शर्मा : लेकिन 'तिरिया चरित्तर' को देखें तो लगता है उसे आपने एक नाटक के रूप में लिखा है। उसका अन्त इस वाक्य से होता है : बीसों सिर एक-साथ सहमति में हिलते हैं। क्या ऐसी कोई सोच थी?

शिवमूर्ति : देखिए, हर लेखक कहानी को अपने ढंग से कन्सीव करता है। कुछ उसे बिम्ब के रूप में कन्सीव करते हैं, तो कुछ शाब्दिक वर्णन के तौर पर। स्थितियों को रेखांकित करने वालों के यहां वर्णनात्मकता ज्यादा मिलती है। मैं कहानी को दृश्य के रूप में ही कन्सीव करता हूँ। जैसे 'तर्पण' में रजपतिया गन्नों को कन्धे पर रखकर शाम के वक्त खेत की मेंड़ पर चली जा रही है। 'कसाईबाड़ा' में सुरजी धरने पर बैठ गई है। कभी-कभी कहानी मेरे पास कई संवादों के रूप में आती है। इस पर कोई नाटक या फिल्म बनेगी, ऐसा मन में नहीं होता। मेरे मानस में ही वह इस तरह उतरती है।

ओमा शर्मा : कितने समय में लिख ली गई थी 'तिरिया चरित्तर'?

शिवमूर्ति : देखिए, पहले तो यह बहुत छोटी थी। दो-ढाई पेज की। बाद

में जब यादवजी ने कहानी माँगी, तो मैं इस पर और सोचने लगा। दिसम्बर 86 में इसकी घटनाएँ तय कर दीं। उसके अगले महीने यानी जनवरी में पहला ड्राफ्ट और फरवरी में दूसरा ड्राफ्ट कर दिया। और मार्च—जबकि उस समय विभागीय काम का भी दबाव रहता है—में मैंने इसे फाइनल करके भेज दिया।

ओमा शर्मा : प्रकाशन के पहले किसी को पढ़ाया था?

शिवमूर्ति : इसका मौका नहीं मिला। अलबत्ता उन दिनों जयप्रकाश धूमकेतु हमारे पास आए थे, तो मैंने उन्हें रात को पढ़ने को दे दी कि जरा बताओ कैसी है। उन्होंने कहा कि कहानी बहुत अच्छी है और भेजने लायक है। इसके शुरू के ड्राफ्ट की संजीवजी से चर्चा हुई थी। वे इसकी यौनात्मक शब्दावली से खुश नहीं थे।

ओमा शर्मा : अपनी पत्नी को भी दिखाते हैं?

शिवमूर्ति : हाँ। उनसे तो चर्चा होती ही रहती है। वे अपनी स्पष्ट राय देती हैं। कभी बहुत जरूरी मोड़ सुझा देती हैं। बल्कि लोकगीतों के जो भी सन्दर्भ मेरे यहाँ हैं, ज्यादातर उनकी मार्फत आए हैं। मेरी कहानियों की पृष्ठभूमि और उनकी-मेरी पृष्ठभूमि एक होने के कारण वे प्रमाणिक ढंग से राय दे सकती हैं। उनकी बातों को मैं तवज्जो देता हूँ।

ओमा शर्मा : मैं सोचता हूँ कि पत्नी का एकमुश्त समर्थन कदाचित लेखक की बरबादी में बड़ा काम करता है, खासकर जब आपको वह पाठकीय गिनी-पिग के बजाय अपनी पीठ थपथपाने को मुहैया हो।

शिवमूर्ति : मैं कह सकता हूँ कि हमारे साथ ऐसा नहीं है। मामा-मामी का किस्सा उन्हें पता है मगर 'ख्वाजा, ओ मेरे पीर!' उन्होंने अभी तक नहीं पढ़ी है।

ओमा शर्मा : आपने ग्रामीण स्त्रियों की स्थितियों को किसी कारगर घुसपैठिए

की दक्षता से दर्ज किया है। उनके संवाद उनकी मानसिकता को ही नहीं, पूरे निरूपण में बड़ी कुशलता से आते हैं। इसमें पत्नी का कुछ योगदान है या यह आपका ही है?

शिवमूर्ति : संवाद तो पत्नी नहीं देती है, गीत वगैरा कोई मिलता है तो हमें बताती हैं कि देखिए, आपके किसी काम आ जाए। पात्रों की मानसिकता के निरूपण की चर्चा हम उनसे करते हैं जिस पर वे अपनी राय देती हैं तो उन चीजों को रचने में मुझे दिक्कत नहीं होती।

ओमा शर्मा : लोक की चीजें आपके यहाँ मुसलसल आती रही हैं। क्या यह किसी नैतिक जिम्मेवारी के तहत आता है...ताकि लोक में पसरी चीजों को एक उम्र मिल जाए?...

शिवमूर्ति : इसके दो कारण हैं। एक तो ये कि वे बरसों से जीवन की आजमायी चीजें हैं। अपने भीतर गहरे सत्य लिए होती हैं। दूसरे, उनको संरक्षित करने से ज्यादा अपनी बात की प्रभावोत्पादकता के लिए वे मुझे बड़ी उपयोगी लगती हैं। जो बात संवाद के जरिए कहने में चार-छह पक्तियाँ लग जाती हैं, हो सकता है वह मात्र एक पंक्ति में ही संप्रेषित हो जाए। जैसे 'ख्वाजा, ओ मेरे पीर!' के आखिर में जो गीत आया है—सब दिन बसंत जग थिर न रहे—मैं सोचता हूँ वह पाठक के भीतर उतर जाता है।

ओमा शर्मा : उपयोग में लाए गए लोकगीतों में अपने कथ्य के अनुसार काट-छाँट भी कर लेते हैं?

शिवमूर्ति : हाँ। करना पड़ता है, मगर ज्यादा नहीं। लोक की चीजें भी कोई रिजिड नहीं होतीं। उनमें भी देश-काल के अनुसार परिवर्तन जरूरी होता है। लोक इतने लोकतन्त्र की छूट भी देता है।

ओमा शर्मा : आपने व्यवस्था को तो अपने दायरे में अकसर लिया है मगर हमारे समाज में जो कुरीतियाँ हैं, उनको आपकी कहानियाँ स्पर्शरेखिक ढंग से ही छूती हैं।

शिवमूर्ति : इसे जरा और स्पष्ट करें।

ओमा शर्मा : जैसे 'ख्वाजा...' के सन्दर्भ में कहूँ कि जब नायक मामा के गाँव जाता है तो वहाँ अँधेरा है। वह कहता है कि तो फिर बच्चे कैसे पढ़ते हैं? स्कूल नहीं जाते? उसे बताया जाता है कि स्कूल में मास्टर ही नहीं आते क्योंकि वे प्रधान को पैसे दे देते हैं। यानी स्कूली तन्त्र का जो कुचक्र है, उसको आपने इशारे भर पकड़ कर छोड़ दिया है।

शिवमूर्ति : देखिए, मामा की इस कहानी में उसकी जगह थी ही नहीं, लेकिन ये समस्या इतनी ज्वलंत है कि इसने अपने आप कहानी में थोड़ी जगह बना ली। इन मुद्दों पर जब कोई कहानी लिखी जाएगी तब ये चीजें विस्तार से आएँगी।

ओमा शर्मा : राजनीतिक और समाजिक स्तर पर जो खेल खेला जाता है, वह तो आपकी चिंता के दायरे में रहता है लेकिन नैतिक स्तर पर हमारे आचरण में जो कुरीतियाँ समा गई हैं, वे नहीं आतीं—अच्छे शिक्षकों की कितनी कमी है, शिक्षा किस कदर व्यावसायीकृत हुई है वगैरा...।

शिवमूर्ति : यह मैंने अपने 'मैं और मेरा समय' में लिखा है।

ओमा शर्मा : 'केशर-कस्तूरी' आपके जीवन के बहुत करीब की कहानी है...

शिवमूर्ति : हाँ। उसका नाम भी केशर है। उसकी शादी जहाँ हुई, पति बेरोजगार था। उसने बड़ी अनुनय से कहा था कि पापाजी इनको कोई नौकरी दिलवा दीजिए। उसके चेहरे का भाव हम आज तक नहीं भूले। ऐसी मजबूरी, लाचारी से सिक्त! एक समय इस लड़की का आत्मविश्वास आसमान छूता रहता था। हर काम में निपुण, हर किसी से मिलकर चलने वाली लड़की। उसके हालात देखकर हमने सोचा, उसे बुला लेते हैं और कहीं दूसरी जगह उसका रिश्ता कर देते हैं। आप देखिए... उस तंग नाजुक हालत में भी उसकी सोच कितनी

प्रबल थी। उसने साफ मना कर दिया... कि क्या बेरोजगार आदमी इनसान नहीं होता? क्या नौकरी से ही किसी इनसान की परख होती है? आज नहीं तो कल नौकरी मिल जाएगी। नहीं भी मिली तो कुछ और कर लिया जाएगा। और आपको बता दूँ कि आज उसके पास तीन ट्रक हैं। दिल्ली में एकता विहार में उसके पास घर है। यह कहानी एक तरह से मेरा पश्चात्ताप था।

ओमा शर्मा : कहानी अन्त में नियतिवाद में चली जाती है।

शिवमूर्ति : नहीं, ऐसा नहीं है। जब कोई रास्ता नहीं दिखता हो तो अधिकतर लोग भाग्य को कोसने लगते हैं। लेकिन वह उसमें भी एक उम्मीद पालती है। जो उपाय उसके पास है, वह उसी के सहारे अपनी परिस्थिति का अनुकूलन करती है और अपने पिता पर आश्रित होने से भी मना कर देती है। यह नियतिवाद होना नहीं, जीवन में गहरी आस्था रखना हुआ।

ओमा शर्मा : इस कहानी के अन्त में आपने उसकी जेठानी की मार्फत उसके चरित्र पर जो शंका डलवायी है, वह एक अतिरेक के तौर पर, कुछ और नाटकीय करने की नीयत से आयी है, जैसे वह सब एक लोकगीत के जुमले को फिट करने के लिए गढ़ा गया हो?

शिवमूर्ति : हाँ, अतिरेक-सा तो हुआ है। लेकिन मैंने यह देखा है कि जहाँ कोई महिला कुछ अच्छा या कुछ नया करने चलती है, आत्मविश्वास में रहती है, तो यह उसके आसपास की महिलाओं में गहरी ईर्ष्या जगा जाती है।

ओमा शर्मा : अब उपन्यासों पर आते हैं। पहले 'त्रिशूल'। यह सन् 1993 में आया था। इसका संदर्भ बाबरी मस्जिद है, मगर उसे ध्वस्त करने का प्रसंग उपन्यास में नहीं है। ऐसा क्यों?

शिवमूर्ति : असल में मैंने उसे उस घटना से पहले ही लिख लिया था, मगर प्रकाशन के लिए पड़ा था। वास्तव में इसके केन्द्र में

बाबरी मस्जिद विध्वंस नहीं है। मंडल आयोग की सिफारिश को लागू करने की वजह से समाज में जो हलचल मची, उसी को धीमा करने के लिए रथयात्रा और अयोध्या-आंदोलन की सृष्टि हुई थी। मुझे उस मुठभेड़ को पकड़ना था। यानी हिन्दू और मुस्लिमों के बीच तथा अगड़े और पिछड़ों के बीच राजनीतिक उद्देश्य के तहत जो आलोड़न चल रहा था, जो खाई पैदा की जा रही थी, यही इसका वर्ण्य विषय था और है।

ओमा शर्मा : मस्जिद गिराने का संदर्भ भी नहीं दिया आपने?

शिवमूर्ति : मस्जिद तो बाद में गिरी। उपन्यास इसके पहले लिखा जा चुका था जिसमें मस्जिद पर मँडराता खतरा स्पष्ट है—उपन्यास में 'मैं' पूछता है—तो क्या आपकी पार्टी सत्ता में आएगी तो सचमुच मुसलमानों को देशनिकाला दे देगी? मस्जिद नेस्तनाबूद कर देगी? तो शास्त्री जी कहते हैं—बिलकुल कर देगी। आपने हमारे नेता का एलान नहीं सुना? अपनी मस्जिद ये कटुए साले जहाँ चाहें, उठाकर ले जाएँ। अपनी मैया की 'उसमें' डाल लें ले जाकर। और नहीं डालते तो हम डाल देंगे...। मस्जिद गिरने के बाद तो सन्नाटा ही छा गया।

ओमा शर्मा : वह सन्नाटा था या दंगे!

शिवमूर्ति : दंगे तो उस परिघटना की स्थूल परिणति थी। सामाजिक स्तर पर उथल-पुथल तब ज्यादा हुयी थी, जब भाजपा द्वारा येन-केन-प्रकारेण मुलायम-सरकार को हटाने के लिए इसे मुद्दे की तरह इस्तेमाल किया गया था। मैंने उस झंझावात को पकड़ना चाहा है।

ओमा शर्मा : सामाजिक उथल-पुथल को आपने निजी संबंधों की मार्फत पकड़ा...

शिवमूर्ति : यदि राजनीतिक वातावरण इतना कलुषित नहीं हुआ होता तो पड़ोस के घर-परिवार में काम करने वाले महमूद के साथ वह सब नहीं होता, जो उसके साथ अन्ततः हुआ।

ओमा शर्मा : उपन्यास अपने पूर्वार्ध में समाज की गाँठों का, उसकी बुनावट का उम्दा आख्यान रचता है लेकिन उत्तरार्ध में तो यह महमूद की रिहाई की कथा बनकर रह जाता है।

शिवमूर्ति : उसमें पाले गायक भी तो आए हैं, जो अवर्ण-सवर्ण के बीच चलते द्वंद में मार दिए जाते हैं।

ओमा शर्मा : कमंडल की राजनीति के प्रभाव-तले मंडल की राजनीतिक स्थितियों को आपने एक प्रक्षेपक की तरह इस्तेमाल किया है।

शिवमूर्ति : मुझे लगा, दोनों ही अहम है। दोनों ही एक-दूसरे से गुँथे हुए हैं।

ओमा शर्मा : जातिवाद और साम्प्रदायिकता एक दूसरें से गुंथी हुई हैं?

शिवमूर्ति : दोनों में ही समाज के एक वर्ग को दूसरे से असुरक्षा महसूस होती है। उस समय दोनों एक-साथ सामाजिक कलुष पैदा कर रही थीं। मंडल की राजनीति ने जिन पिछड़े वर्गों का रुझान अपनी तरफ किया, उसी को काउंटर करने के लिए भाजपा ने साम्प्रदायिक पैंतरा चला। घृणा दोनों से ही फैल रही थी।

ओमा शर्मा : देखिए, उपन्यास का नाम 'त्रिशूल' है, जो अपने आपमें खास किस्म की साम्प्रदायिकता की तरफ इंगित करता है। दूसरे, उपन्यास की शुरुआत देखें। वहाँ नरेटर महमूद की कहानी सुनाने चला है। मंडल का संदर्भ बहुत आरोपित ढंग से आया है।

शिवमूर्ति : मेरे लिए 'त्रिशूल' का अर्थ उतना ही नहीं है, जितना आप सोच रहे हैं। मेरे लिए समाज में तीन शूल थे। जातिवाद का, साम्प्रदायिकता का और सनातन से चली आ रही गरीबी का। आप इसे विश्व हिन्दू परिषद या धर्म के मंत्र के रूप में मत लीजिए। समाज कई स्तरों पर खंड-खंड बँटा है।

ओमा शर्मा : उपन्यास का नरेटर तो सेक्यूलर चरित्र है, लेकिन उसके आसपास के चरित्रों को हास्यास्पद ढंग से ही दिखाया है।

शिवमूर्ति : इन चरित्रों को हास्यास्पद नहीं उदासीन कहिए, जो कि हमारे समाज के आम आदमी होते हैं...कोई स्टैंड न लेने वाले। 'कौन लफड़े में पड़े' की मानसिकता वाले। महमूद की गिरफ्तारी गलत हुई है, मगर मिसराजी साथ थाने जाने से इसी मानसिकता के कारण मना करते हैं। समाज के जो नेगेटिव चरित्र हैं, इसीलिए इन पर हावी हो जाते हैं कि इनके रीढ़ ही नहीं होती। हमारे समाज के जो सच्चरित्र हैं, उनका कोई लाभ समाज को नहीं मिलता है। बल्कि जो जमीन से जुड़ा है और बुद्धिजीवी नहीं है, जैसे वह दूधवाला ग्वाला उसके साथ जब ये तथाकथित दबंग तत्त्व कुछ टैं-फैं करते हैं, तो वह उन्हें पटक कर मारता है और वे भाग जाते हैं। एक वह चौकीदार है, वह भी अपनी बात साफ-साफ और हिम्मत से कहता है, जबकि पढ़े-लिखे और बुद्धिजीवी कहे जाने वाले लोग पूँछ दबा लेते हैं।

ओमा शर्मा : आपने दूधनाथ जी का 'आखिरी कलाम' पढ़ा है ...वह भी इस मुद्दे पर है?

शिवमूर्ति : नहीं, हम उसे नहीं पढ़ पाए।

ओमा शर्मा : जातिवाद और साम्प्रदायकिता हमारी दो प्रमुख सामाजिक बीमारियां हैं। ज्यादा बड़ा अजगर कौन-सा है?

शिवमूर्ति : देखिए एक नागनाथ है तो दूसरा सांपनाथ। साम्प्रदायिकता समाज को दो भागों में विभक्त करती दिखाई देती है लेकिन बहुत सारे मामलों में वह कम मारक है। धर्म के अलावा हिन्दू और मुस्लिम एक-दूसरे के प्रति सहिष्णु हैं लेकिन जाति के मामले में समाज ज्यादा असहिष्णु है। गाँव के एक ठाकुर और यादव की मानसिकता के बीच एक सनातन तनाव भी है। वे कभी भी एक-दूसरे का पूरी तरह विश्वास करने की स्थिति में नहीं है। छुआछूत के मामले में देखिए कि कोई सवर्ण क्या, पिछड़ा भी उसके बर्तन में पानी पीने को तैयार नहीं। हमारे गाँव या उसके आसपास के कई गाँवों में कोई मुसलमान नहीं है, तो गाँव वाले साम्प्रदायिकता के बारे में

सोचते ही नहीं है जबकि जातिवाद उनकी रगों में भरा पड़ा है।

ओमा शर्मा : लेकिन हमारे यहाँ के बौद्धिक तबके में साम्प्रदायिकता की जिस तरह मुखालफत होती है, जातिवाद की नहीं?

शिवमूर्ति : इसलिए कि उनमें खुद जातिवाद भरा पड़ा है। यह उनकी चर्या का हिस्सा है। मैं सोचता हूँ कि देर-सबेर साम्प्रदायकिता अप्रासंगिक हो भी जाए, मगर जातिवाद अभी लम्बे समय तक चलेगा। यह देश का दुर्भाग्य है।

ओमा शर्मा : क्या आरक्षण की राजनीति ने इस जातिगत भेद को और तल्ख किया है?

शिवमूर्ति : आरक्षण तो एक दिखावा है। जो पढ़-लिख लेगा, उसी को तो उसका लाभ मिलेगा। जो लोग निरक्षर हैं, उनके लिए इसके क्या मायने हैं? क्रीमी लेअर को आरक्षण से निकाल देना चाहिए। अभी तो यह हो रहा है कि एक पीढ़ी के बाद दूसरी और दूसरी के बाद तीसरी इसका लाभ ले रही है, बिना यह सोचे कि यह लाभ उनके ही दूसरे वंचित भाई-बन्धुओं को मिलना चाहिए। यह तो न्याय का प्रश्न है।

ओमा शर्मा : 'तर्पण' आपकी सबसे संतुलित औपन्यासिक कृति है। मुझे यकीन है, कुछ ही समय में इसे एक क्लासिक माना जाने लगेगा। इसकी चिंगारी के बारे में बताएँ।

शिवमूर्ति : मैं और कमल लोचन पांडे उनके गाँव जा रहे थे। रास्ते में पड़ता है मऊ। वहाँ हम लोग बस के इंतजार में खड़े थे। वहाँ तीन-चार लोग बातें कर रहे थे। वे ब्राहमण रहे होंगे, जैसा उनकी बातों से लगा। कोई एक आपस में किसी को कह रहा था कि अब आप उसको सताना बंद कर दीजिए। अब हरिजन एक्ट आ गया है। आप फँस जाएँगे। उनमें से एक नौजवान किस्म का आदमी कह रहा था कि कोई भी एक्ट आ जाए, जब हमारी आन पर आएगी तो हम उसे काटे

बगैर नहीं छोड़ेंगे। दूसरा समझा रहा था कि ऐसा मत करना। तुम्हारा घर बरबाद हो जाएगा। तब मेरे मन में यह बात आई कि यह एक ज्वलंत मुद्दा है। अभी भी गरीब या दलित को सताना उनके लिए सामान्य घटना है। वहाँ से घर लौटकर आने पर मैंने अपनी कॉपी में नोट किया कि इस विषय पर लिखना है।

ओमा शर्मा : यानी उस एक्ट के कारण आततताइयों के भीतर जो डर की भावना आई उसी ने आपको प्रेरित किया?

शिवमूर्ति : हाँ। क्योंकि किसी और चीज ने उनके भीतर यह डर पैदा नहीं किया था।

ओमा शर्मा : इसका जो अन्त है, वह भी इस चिनगारी के साथ सोच लिया था या यह लिखने के दौरान आया?

शिवमूर्ति : नहीं। अन्त तो अन्त में ही सोचा। 'तद्भव' के लिए अखिलेश जी आए दिन तगादा करते थे। पहले यह और आगे जाने वाला था। और अधिक चरित्र थे, लेकिन फिर मैंने उसका इरादा छोड़ दिया और एक खास मकाम पर लाकर खत्म कर दिया, यह सोचकर कि यह जो पियारे है (लड़की का पिता), उसके अन्दर जो आग है, उसको अभिव्यक्ति मिले क्योंकि यह थोड़े में बड़ा संदेश होगा...कि वह अब तक अन्याय सहने और उसका प्रतिरोध न करने के जुर्म की सजा भुगतने जा रहा है।

ओमा शर्मा : लेकिन उपन्यास में पियारे का जो चरित्र निरूपित हुआ है, यह उसके अनुरूप नहीं है।

शिवमूर्ति : ऐसा नहीं है। चरित्र भी तो बदलते हैं। उनमें परिवर्तन होता है। पहले वह उलझना नहीं चाहता था, मगर भाईजी और दूसरों की पहल पर वह प्रतिरोध करने के लिए तैयार हो जाता है। उसे अपने लड़के की भी चिन्ता है, इसलिए वह खुद जेल चला जाता है।

ओमा शर्मा : वही तो मेरा मत है। बेटे को बचाने की भावना किसी भी सिद्धान्त से बड़ी हो सकती है लेकिन लेखकीय हस्तक्षेप ने उसे वर्ग-प्रतिनिधि के सदियों के शोषण के प्रतिकार के रूप में पेश किया है। यह 'फिसल गए तो हर गंगे' वाली बात ज्यादा लग रही है।

शिवमूर्ति : दोनों बातें हैं। फिर गाँव के जो चरित्र हैं, जितना बाहर होते हैं, उतने ही भीतर। जितना ऊपर होते हैं, उतना ही नीचे। लेखक हर जगह नहीं पहुँच पाता। कुछ अनकही छोड़ देना रचना के भी हित में होता है और पाठक को भी स्पेस देता है।

ओमा शर्मा : पाठक को आपने स्पेस कहाँ दिया है? पियारे अपने बेटे को बचाने की खातिर हिरासत में जा रहा है, यह लेखक ने एक सम्भावना के तौर पर भी खुला नहीं छोड़ा। वह तो खुले तौर पर उसकी जाति पर सदियों से किए शोषण और उसका प्रतिकार न करने के प्रायश्चित के बतौर जा रहा है...

शिवमूर्ति : आप यह क्यों नहीं सोचते कि यह उद्देश्य अपने व्यक्तिगत हित को बचाने के उद्देश्य से बड़ा है। इससे उसका कद लार्जर दैन लाइफ हो गया है।

ओमा शर्मा : 'तर्पण' की एक अच्छी बात यह भी है, यहाँ आपके चरित्रों में अतिरेक नहीं है। जैसे निम्न जाति के लोग मुसलमान के घर की चाय पीते समय वर्गीय शंकाओं से घिरे रहते हैं यानी वे स्वयं एक किस्म के जातिवाद में फँसे हैं। भाईजी भी किसी आदर्श की मूर्ति नहीं हैं, नेता के तौर पर वह बेदाग नहीं हैं। या स्वयं रजपतिया कोई दूध की धुली नहीं है...

शिवमूर्ति : वे पूरी कामियों के साथ हैं, बल्कि जो शोषित हैं वे भी अपने पैंतरों के साथ हैं। वास्तव में रेप हुआ है या नहीं, इससे उनकी स्वत्व की लड़ाई पर फर्क नहीं पड़ता है। रेप का इलजाम झूठा सही, मगर उसे करने का प्रयास तो सच्चा है।

ओमा शर्मा : मुझे सबसे दिलचस्प चरित्र लवंगी लगी। उसने जैसे जाति के प्रश्न को फिजूल कर दिया है। वह निम्न वर्ग से है लेकिन उनके गुट में शामिल नहीं है। उसके लिए रोटी का प्रश्न ज्यादा अहम है।

शिवमूर्ति : ऐसे चरित्र होते हैं। स्त्रियाँ होती हैं। खेत से मटर उखाड़ते पकड़ने जाने पर जो कह देंगी कि तो क्या हो गया, तुम्हारे पास था, हमारे पास नहीं था तो ले लिया। कौन-सा पहाड़ टूट गया? क्या हम इसी गाँव के नहीं हैं, हम इनसान नहीं हैं? हमारे पेट नहीं है? उपन्यास में कुछ लड़के कहते भी हैं कि हमारे हिस्से का खेत कहाँ गया, हम भी तो इसी गाँव के हैं। ऐसे अकाट्य तर्क। यह नए सोच का प्रस्थान-बिन्दु है कि जिनके पास नहीं है, वे कहें कि अब हमारे पास भी होना चाहिए।

ओमा शर्मा : दलित लेखकों की इस पर क्या प्रतिक्रिया थी?

शिवमूर्ति : उनकी कोई खास प्रतिक्रिया नहीं थी। हम उनके संपर्क में भी ज्यादा नहीं रहते, लेकिन शायद ओमप्रकाश वालमीकि इस पर लिख रहे हैं।

ओमा शर्मा : यह उपन्यास दलित लेखकों के तयशुदा विद्रोही रूप से अलग है। यहाँ विद्रोह का तेवर भी सटल है।

शिवमूर्ति : असल में दलित लेखकों की रचनाएँ भुक्तभोगी की हैसियत से ही लिखी जा रही हैं। अपने निजी दुःख-दर्द से ऊपर उठकर, वृहत्तर समाज के बारे में जब कुछ लिखा जाए, तभी रचना बनती है। हो सकता है आगे ऐसा हो।

ओमा शर्मा : क्या कोई कृति–कला के स्तर पर–अपने सामाजिक मंतव्यों पर खरा उतर सकती है?

शिवमूर्ति : मतलब?

ओमा शर्मा : जैसे जो शोषण रेखांकित किया गया है, वह न हो...

शिवमूर्ति : समाज में परिवर्तन एक दिन में नहीं आता। दो पीढ़ी पूर्व तक किसी दलित स्त्री को यह उम्मीद भी न होगी कि वह किसी उच्च जाति के बर्तन छू लेगी। आज शहरों में उच्च समाज में ऐसी महिलाएँ मिल जाएँगी, जो उन्हें अपने घर खाना खिला देती हैं। साहित्य मनोदशा-परिवर्तन में तो मदद करता ही है, चाहे उसका प्रतिशत नगण्य हो। जैसा मैंने अन्यत्र कहा भी है कि साहित्य एक कल्चर की भूमिका निभाता है। यह लोगों की मानसिकता में धीमे-धीमे परिवर्तन लाएगा।

ओमा शर्मा : परिवर्तन तो तब लाएगा, जब सम्बद्ध लोग साहित्य को पढ़ेंगे?

शिवमूर्ति : तभी तो हमारे देश में कई सदियाँ एक-साथ चल रहीं है। बैलगाड़ी, रेलगाड़ी और जैट सब-एक साथ हैं। लेकिन सौ बरस पहले तक इसी जमीन पर लोगों को दीवारों में चुन दिया जाता था, खम्भों से बाँधकर पीटा जाता था। आज वह सब तो नहीं होता। शोषण-अत्याचार में कितना फर्क आ गया है। अब वैसी स्थितियाँ नहीं।

ओमा शर्मा : वैसी स्थितियाँ नहीं हैं, लेकिन उनके बदलने में साहित्य की कोई भूमिका रही है?

शिवमूर्ति : मैं सोचता हूँ कि दूसरी चीजों के साथ इसमें साहित्य की भी थोड़ी-बहुत भूमिका रही होगी। सन् 1934 में गांधीजी ने कहा था कि जमींदारी-प्रथा तोड़ने की बात हुई, तो मैं पहला आदमी हूँगा जो उनके (जमींदारों) पक्ष में लड़ूँगा। लेकिन सन् 1952 में जमींदारी को कानूनन हटा दिया गया। तो, परिवर्तन आता है। 18 साल में ही कितना बदल गया? मृत्यु बड़ी साम्यवादी चीज होती है। यह बहुत कुछ बराबर करती चलती है। संकीर्ण, पिछड़े और कट्टर लोगों के चले जाने के बाद जो नये लोग आते हैं, शायद उतने संकीर्ण, पिछड़े और कट्टर नहीं होते। शिक्षा और सामाजिक वातावरण में सुधार होने

से जड़ताएँ और पिघलती हैं। इनमें दूसरी चीजों के अलावा साहित्य की भी भूमिका है। जितनी उसकी व्याप्ति है, उतनी उसकी भूमिका होती है। आप उसकी व्याप्ति बढ़ा दीजिए, तो भूमिका अपने आप बढ़ जाएगी।

ओमा शर्मा : व्याप्ति कैसे बढ़ेगी?

शिवमूर्ति : कोर्स की किताबों में सुधार लाकर। महाराणा प्रताप को हमारे यहाँ पढ़ाया जाता है। कुल जमा डेढ़ घंटे की लड़ाई हुई थी हल्दीघाटी की। उसमें भील उसका सेनापति था। कोई उस भील सेनापति के बारे में जानता है? जो सकारात्मक चीजें हैं, पीछे छूटी रह जाती हैं। फैजाबाद में एक मंदिर है, जिसके ट्रस्टी मुसलमान हैं। इसे कोई नहीं कहना चाहता है। कितनी रामलीलाओं में मुस्लिम भाग लेते हैं, आर्थिक सहयोग करते हैं, वह सब कहीं शुमार में ही नहीं आता। कबीर को पैदा करने का श्रेय आप विधवा ब्राहमणी के गर्भ को देते रहेंगे तो क्या होगा...?

ओमा शर्मा : 'आखिरी छलाँग' की बात करते हैं, जो आपका अन्तिम उपन्यास है। ऐसा लगता है कि विषय के स्तर पर आपके दिल के करीब की रचना है, लेकिन ट्रीटमेंट के स्तर पर यह उतना कॉम्पैक्ट नहीं हो सका है?

शिवमूर्ति : मैं मानता हूँ, यह जितना बड़ा विषय है, उसका उस तरह से निर्वाह नहीं हो पाया है। यह सन् 2008 में 'नया ज्ञानोदय' में प्रकाशित हुआ था। मैं अभी इस पर काम करना चाहता हूँ। पता नहीं कैसा बनेगा। बनेगा भी या नहीं, पता नहीं। इसीलिए मैंने इसे पुस्तकाकार आने से रोका हुआ है।

ओमा शर्मा : जिस तरह उपन्यास की शुरुआत होती है, कैसे कभी पहलवान रहा वह नायक एक किसान के तौर पर अपने जीवन की लड़ाइयाँ हारता जा रहा है, बहुत अच्छे ढंग से आया है, लेकिन अन्त में जाकर कुछ फिस्स-सा हो जाता है।

शिवमूर्ति : दरअसल मुख्य कहानी तो पांडे बाबा की है जिन्होंने आत्महत्या

कर ली है। आत्महत्या क्यों की उन्होंने? क्यों नहीं वे उधारी उतार सके? इन प्रश्नों से ही मैं मुठभेड़ करने में लगा हूँ। देखिए, क्या होता है।

ओमा शर्मा : उपन्यास में आपने बड़ी तार्किकता से एक बात कही है कि जो कृषि-उत्पाद हैं, उनके लिए सरकार न्यूनतम मूल्य रखती है (एम एस पी—यानी मिनिमम सपोर्ट प्राइम), जबकि औद्योगिक उत्पादों के लिए एम आर पी—यानी अधिकतम खुदरा मूल्य होता है। तर्क के रूप में यह किसी पाठक को प्रभावित कर सकता है, लेकिन अवधारणा के स्तर पर इनके जो अर्थ हैं, उसे आपने अनर्थ कर दिया है।

शिवमूर्ति : ऐसा नहीं है। आप बताएँ कि अनर्थ कैसे किया है, फिर हम बताएँगे कि अर्थ क्या है।

ओमा शर्मा : जब हम किसी वस्तु का मिनिमम प्राइस यानी न्यूनतम कीमत रखते हैं, तो इसका अभिप्राय यह है कि बाजार की शक्तियों के कारण यदि उस वस्तु की कीमत नीचे गिरती है, तो यह वह कीमत होगी जिस पर सरकार उसे उत्पादक से खरीद लेगी। उधर, दूसरी वस्तुओं की सरकार एम आर पी कर रही है, तो इसका अभिप्राय है कि यदि उस वस्तु की कीमत बाजार की शक्तियों द्वारा ऊपर जाती है, तब भी वह इस बिन्दु से ज्यादा नहीं होगी।

शिवमूर्ति : बहुत भोला तर्क है यह (थोड़ा हँसकर)। एम आर पी पर बिकने वाली वस्तुओं की लागत में उत्पादक उसके उत्पादन में लगी चीजों और मुनाफे के अलावा उसकी ढुलाई, स्टोरेज तथा डिस्काई करने की लागत भी शामिल कर लेता है। जबकि मिनिमम सपोर्ट प्राइस क्या है? मान लीजिए, सरकार गेहूँ की सपोर्ट प्राइस 1000 रुपया कुंतल तय करती है। बैसाख बीत जाएगा और कोई वहाँ कांटा नहीं लगेगा। लगेगा तो बाट नहीं आएगा। आ गया तो कहा जाएगा कि बोरा लेकर आओ। बोरा आ गया, तो कहेगा, फटा है। वह

भी ठीक हो गया, तो कहेगा गेहूँ में नमी ज्यादा है। वह सब भी हो गया तो भुगतान बाद में करेगा। जबकि उसी सरकारी खरीद केन्द्र के बगल में बनिया बैठा है जो कहेगा कि 800 रुपये में बेचना है, तो ये पकड़ो नकद। किसान वही करता है, जबकि सरकारी केंद्र के व्यापारी को वह बनिया मिलीभगत के चलते अभी 900 रुपये में बेच देता है। दोनों ने 100-100 रुपए अलग से बना लिए।

ओमा शर्मा : यह दूसरा विषय है, बाजार की अपूर्णताओं का...

शिवमूर्ति : आगे सुनिए। दुनिया में कोई ऐसा व्यापार नहीं, जो घाटे में किया जाए। केवल किसान ही लागत-मूल्य से कम पर अपना उत्पाद बेचने के लिए मजबूर किया जाता है। स्वामीनाथन कमेटी ने अपनी रिपोर्ट (2008) में साफ कहा है कि किसानों को होने वाली लागत के हिसाब से ही उनके उत्पादों की सपोर्ट कीमत तय होनी चाहिए। वह अभी तक लागू नहीं हुई है।

ओमा शर्मा : मैं इधर-उधर की बात नहीं कर रहा हूँ। आपको पता है कि कृषि उत्पादों की सपोर्ट कीमत को पहले एग्रीकल्चर प्राइस कमीशन (एपीसी) तय करता था। अब उस कमीशन का नाम कमीशन फॉर एग्रीकल्चर कॉस्ट एण्ड प्राइस (सीएसीपी) है। यानी लागत के मद्देनजर सपोर्ट कीमत तय करने की सिफारिशें करने वाला आयोग। दुर्भाग्य से हमारे यहाँ जो लॉबीज काम करती हैं वे कभी उसे कायदे से काम नहीं करने देतीं। कृषि मौसम से होती है। उत्पादन एक-साथ होता है। फसल के समय आपूर्ति अधिक होने के कारण बाजार टूटता है इसलिए सरकार ने सपोर्ट कीमत तय करना शुरू किया। यानी वह कीमत जिस पर किसान सरकारी संस्थाओं को बेच सकेगा। हमारे समाज में पसरी अपूर्णताओं को आप इस अवधारणा के साथ नहीं जोड़ सकते हैं। यह ठीक नहीं है।

शिवमूर्ति : देखिए। कौन-सी लागत की वह कमीशन बात करता है?

सिंचित क्षेत्र में लागत अलग है और असिंचित में अलग। ट्यूबवैल की अलग है, नहर की अलग। मैं मानता हूँ कि आप ये कहते हैं कि यह नहीं हो सकता है। चलिए। लेकिन तीन साल पहले मजदूर सौ रुपये में मिलता था, आज डेढ़ सौ में मिलता है, तो आप डेढ़ सौ की लागत लेकर सपोर्ट कीमत तय करेंगे या सौ रुपए की? सरकारी कर्मचारियों को आप महँगाई भत्ता देते हैं कि नहीं? उसकी कोई लागत भी नहीं होती। यहाँ तो अपनी लागत है सौ रुपए और सपोर्ट मूल्य देते हैं पचास रुपए। वह निरंतर घाटे में नहीं जाएगा? मैं खेती से जुड़ा हुआ हूँ। अपने अनुभव से कह रहा हूँ कि आप उसके बीज, खाद, निराई, बुआई, कटाई, सफाई का खर्चा तो निकालिए। आप पाएँगे कि उसकी लागत भी पूरी नहीं हो रही। उधर उद्योगों में क्या हो रहा है? पहले कर्जा लेने के लिए मशीनों की कीमतें बढ़ाइए, धन्धा फेल हो जाए यानी जब उद्योग बीमार घोषित कर दिया जाए, तो बीआईएफआर में चले जाइए जहाँ उसे सरकार अपनी निगरानी में ले लेती है। 100 रुपया है, तो आप कम से कम 110 रुपया तो मिनिमम सपोर्ट मूल्य दोगे। उसे 10 रुपये का लाभ तो मिले। आप रख देते हैं 90 रुपए। यानी पहले से ही उसको घाटा तय है।

ओमा शर्मा : मैं आपकी इस बात से सहमत हूँ कि किसानी एक घाटे का सौदा होकर रह गयी है। वह जीवन जितना मुश्किल है, उसमें जितना श्रम जाता है, उसका समुचित मुआवजा नहीं मिलता। लेकिन रचना में एमएसपी और एमआरपी को आपने जिस तरह तर्कों में लिया है, उसके मुताबिक तो तीन संख्याओं के लघुतम समापवर्त्य को छोटा होना चाहिए और महत्तम समापवर्त्य को बड़ा।

शिवमूर्ति : हमारे कहने का मतलब है कि वह मिनिमम किस काम का, जो उसको घाटे में रहने को मजबूर करे?

ओमा शर्मा : वह मिनिमम वह नहीं है, जिसे आप सोच रहे हैं। आप सोच रहे है कि मिनिमम मूल्य कम से कम लागत जितना तो हो—जो नितांत ठीक मगर दूसरी बात है। मिनिमम सपोर्ट मूल्य का अर्थ यह नहीं कि उसे न्यूनतम दिया जा रहा है! मिनिमम का अर्थ...

शिवमूर्ति : अर्थ चाहे जो हो, किसान को उसकी लागत जितना मूल्य तो मिलना चाहिए। अँधेर तो ये भी है कि सरकार जो कीमत तय करती है, जैसे गन्ने की, चीनी मिलों ने वह भी चार साल से रोक रखी है। किसान कोर्ट-कचहरी करता रहे अपने हक के लिए? उसके पास है क्या? जबकि मिल वाले हाई कोर्ट, सुप्रीम कोर्ट चले जाएंगे। उनके पास वकील हैं।

ओमा शर्मा : यह सही बात है। लेकिन हमारे किसान कुछ हद तक स्वयं उनके जाल में फँसते हैं। मेरे गाँव के पास कुछ बरसों पहले एक चीनी मिल लगी। हमारे यहाँ की खेती बड़ी उपजाऊ है। सारे खाद्यान्न, दालें खूब होते हैं। सिंचाई की सुविधा के चलते तीन फसलें ले ली जाती हैं, मगर अब पूरा फसल-चक्र बदल गया है। जिधर देखो, उधर ईख खड़ी दिखती हैं, जबकि गाँव से कोल्हू गायब है। गन्ना काटने के हफ्तों तक मिल में भेजने का नम्बर नहीं आता, लेकिन फिर भी चारों तरफ गन्ना दिखता है ...इसलिए कि एक बार बो देने के बाद आप तीन साल को निधरक!

शिवमूर्ति : सुनिए, क्या कहते हैं मिल-मालिक। वे सरकार को कहते हैं कि हमारी माली हालत ठीक नहीं है, हमारी बैलेंस-शीट देख लीजिए। वे कहते हैं कि उस तयशुदा मूल्य पर वे गन्ना ले तो लेंगे लेकिन उसका भुगतान नहीं कर पाएँगे। सरकार ज्यादा कुछ कहेगी तो वे कोर्ट चले जाएँगे। कोर्ट कहेगा कि आप डेढ़ सौ नहीं तो सौ रुपया दे दीजिए। उससे ऊपर की कोर्ट से वे और कम करा लेंगे। यह कमजोर और मजबूत आदमी की लड़ाई है। ये जंगल में शेर और हिरण की-सी स्थिति है।

सरकार को चिंता है कि शेर की तादाद कम न हो जाए। हिरणों की भी कोई गिनती होती है? शेरों की तरह चीनी-मिल तो दो-चार सौ हैं, हिरणों की तरह किसानों की कोई गिनती ही नहीं है? कुछ हिरण मर भी जाएँ तो क्या फर्क पड़ता है। मिल बंद हो गयी तो देश की नाक कट जाएगी!

ओमा शर्मा : यह एक राज्य विशेष की स्थिति ज्यादा है। खास संस्कृति की उपज। महाराष्ट्र में खूब गन्ना होता है, यहाँ के किसानों की भी अपनी समस्याएँ हैं। कर्जे के कारण आत्महत्या तक यहाँ होती हैं, लेकिन ऐसा नहीं हुआ कि बिकी फसल की वसूली के लिए किसान हैरान-परेशान हो रहा है।

शिवमूर्ति : मैं तो जहाँ रहता हूँ—उत्तर प्रदेश में—जो देख रहा हूँ, वही कह रहा हूँ। किसान का गला रेतने के लिए कितने लोग बैठे हैं।

ओमा शर्मा : सेज और जमीन अधिग्रहण ने भी गाँव-देहात में अपनी जटिलताएँ पैदा कर दी हैं।

शिवमूर्ति : सेज में वही सुविधाएँ होती हैं, जो बंदरगाह पर होती हैं। वे इसे कहते हैं ड्राइपोर्ट। क्या फंतासी है? एक तरह का स्वर्ग है। वहाँ कोई कर लगता नहीं, पूरी आजादी है। और जिनकी जमीन लेकर आपने सेज बनाया है, वह मर रहा है। यह असमानता कितने दिन चलेगी। यह अँधेर कै दिन चलेगी? आजादी का मजा लेने वाले कहते हैं... जै दिन चलै तै दिन खाब, नाहि अपने घरे जाब। अब ईस्ट इंडिया कम्पनी तो अंधेर करके चली गयी। आपका घर तो यहाँ है। एक दिन आएगा जब आपको जवाब देना पड़ेगा।

ओमा शर्मा : किसानों की यह दुर्दशा केवल व्यवस्था-जनित है या कुछ और भी है?

शिवमूर्ति : हमारे अंदर अभी सामंतवाद बचा है। हमारे पंडित साब और ठाकुर साब को हल की मूठ पकड़ना वर्जित है। वे रोटी

खाएँगे, पैदा नहीं करेंगे। सब खेत छोड़-छोड़कर भाग रहे हैं। पचास बीघे वाले घरों के बच्चे शहरों में घरेलू नौकरों की तरह काम कर रहे हैं। जमीन अधिया दे दिया है। यह भी पतन का कारण है। सोशल टैबूज भी बड़ा कारण है। जहाँ थोड़ी चेतना आ गई है, वहाँ हालात बेहतर हैं।

ओमा शर्मा : आप शुरू से ही खुद को किसानों के साथ जोड़कर देखते हैं जबकि आपने लम्बा अरसा शहरों में काटा है। आपके रहन-सहन में किसानों की कोई तकलीफ नहीं है। आप कार में चलते हैं। हवाई जहाज से यात्रा करते हैं। क्या हम आपको यह छूट दें कि बावजूद इसके मानसिक रूप से आप किसान हैं?

शिवमूर्ति : मूल रूप से मैं किसान ही हूँ। यह सच है कि आज मेरे पास सुख-सुविधाएँ हो गई हैं, लेकिन मैं नाभिनाल किसानी से जुड़ा हूँ। अपने जीवन के शुरुआती महत्वपूर्ण समय—समझ लीजिए कि चौबीस बरस की उम्र तक—मैंने खेती-बारी का काम खुद किया है। मेरे हल-बैल आज भी बरकरार हैं। मेरे दिमाग में उसकी स्पष्ट छाप आज भी मौजूद है। इसलिए मुझे लगता है कि जो लोग कष्ट में हैं, अन्याय झेल रहे हैं, उनकी बात को मैं साहित्य में लाऊँ।

ओमा शर्मा : 'आखिरी छलाँग' का गाँव कोई बहुत पिछड़ा हुआ तो नहीं है। ट्रैक्टर-ट्यूबवैल हैं वहाँ, जज-डॉक्टर-प्रोफेसर हैं... दूसरी जगहों पर इससे भी बदतर हालात हैं।

शिवमूर्ति : वही तो। जब ऐसे गाँव की यह हालत है कि नहर कटने पर झूठे मुकदमे को खारिज कराने के लिए वे असहाय घूम रहे हैं तो सोचिए, जहाँ ज्यादा पिछड़ापन है, वहाँ क्या हालत होगी?

ओमा शर्मा : कहीं इसकी एक वजह यह तो नहीं कि आपका बचपन बहुत कष्टपूर्ण रहा, जो आपके मानस-पटल पर गहरे खुद गया है, इसलिए आप उसके साथ गहरा जुड़ाव महसूस करते हैं?

शिवमूर्ति : कष्टपूर्ण के बजाय वह संघर्षपूर्ण ज्यादा रहा है। बहुत तरह का काम-धाम करना पड़ा। कच्ची उम्र में किसान-जीवन का जंजाल झेलना पड़ा था। मगर भूखे रहने की नौबत कभी नहीं आयी। और आज भी देखता हूँ कि कितने लोग उसी तरह के संघर्ष में लगे हैं। दिन-रात मेहनत के बावजूद उन्हें तन ढकने को बित्ते भर कपड़ा नसीब नहीं। सारी दुनिया का नक्शा बदल गया, किसान वहीं का वहीं है।

ओमा शर्मा : क्या संघर्ष बचा है वहाँ? थोड़ा सामान्यीकृत करके ही कह रहा हूँ कि...आज अधिकांश खेती ट्रैक्टर-क्रैशर से होती है। गाय-बैल आप रखते नहीं। फसल के नाम पर ईख बो कर तीन साल खरहरी खाट पर सोते हैं...

शिवमूर्ति : और डीजल का दाम जो साल में चार दफा बढ़ता है, वे उसकी अदायगी कैसे करेंगे? अपनी फसल का पैसा उसे चार साल बाद मिलता है, वह कैसे रोटी खाएगा? सब-कुछ वैसा भी नहीं है, जैसा आप सोचे जा रहे हैं...

ओमा शर्मा : आपके कहानी-उपन्यासों से हटकर कुछ बातें आपसे करना चाहता हूँ। जैसे निर्मलजी ने एक बात अपनी डायरी में लिखी है कि मेरी ये इच्छा है कि मेरे लिखे और जीने के बीच की खाई मिट जाये। उनका तात्पर्य था कि लेखन में तो हम प्रगतिशील मूल्य और आदर्श खूब रचते हैं, मगर जीवन को अपनी सुविधा से ही जीते हैं, मानो दोनों का एक-दूसरे से कोई वास्ता ही न हो। आप कुछ ऐसी इच्छा रखते हैं?

शिवमूर्ति : ये खाई जितनी कम कर सकें, उतना ही अच्छा है। जैसे मैं किसी धार्मिक कर्मकांड में यकीन नहीं रखता और अपने लेखन में ऐसा करता हूँ। मेरे घर में काम करने वाले लड़कों में मुसलमान भी रहे, दलित भी रहे, ब्राहमण भी रहे। मेरे भीतर किसी के धर्म या जाति को लेकर कोई गाँठ नहीं है। मैं किसी पूजा-स्थल पर नहीं जाता। ज्योतिष में नहीं पड़ता। अब रही बात ये कि

मैं वैसा जीवन क्यों नहीं जीता, जिसके बारे में लिखता हूँ? तो उसका जवाब यही है कि मैंने वह सब बरसों देखा-जीया है। सौभाग्य से मुझे अच्छी नौकरी मिल गयी तो मैं वहाँ से निकल आया। लेकिन मेरे सहपाठी, नाते-रिश्तेदार सभी तो वहीं हैं। व्यक्तिगत रूप से मेरी माली हालत ठीक हो गयी तो मैं उनसे मुँह मोड़ लूँ, यह मैंने नहीं किया। अपने देश के लोगों की हालत देखकर गांधीजी ने सिर्फ एक धोती पहननी शुरू की थी। मैं उस स्तर तक नहीं जा सका, लेकिन अपने समाज के लोगों के कष्ट के साथ साझा महसूस करता हूँ। मैं निर्मलजी की बात से सहमत हूँ।

ओमा शर्मा : सहमत तो सभी होते हैं, बस उनके क्रियान्वयन में उन चीजों में नहीं उतरते।

शिवमूर्ति : नहीं। हमारे साथ ऐसा नहीं है।

ओमा शर्मा : आपने कहा कि आप ईश्वर को नहीं मानते। लेकिन जिन किसानों के साथ आप खुद को महसूस करते हैं, उन लोगों के लिए तो ईश्वर को मानना वैसा ही है, जैसे अपनी खेती को मानना, रोटी को मानना...।

शिवमूर्ति : यह मेरी व्यक्तिगत सोच है। ईश्वर होता तो दुनिया में इतना अन्याय हो रहा है, तो कभी तो वह उसके खिलाफ आकर खड़ा होता और आतताइयों को हटाकर भगा देता? आदमी उम्मीद करता है कि मुसीबत के समय भगवान आवें। लेकिन वह कभी नहीं आता, क्योंकि वह है ही नहीं। वह तो मनुष्य की ईजाद की हुई अवधारणा है। मैं पुनर्जन्म को भी नहीं मानता। वह मुझे लस्ट का ही विस्तार लगता है।

ओमा शर्मा : आप मार्क्सवाद में यकीन रखते हैं?

शिवमूर्ति : मार्क्सवाद में ही नहीं, आदमी के दुःख और अन्याय को दूर करने वाले हर दर्शन में मेरा यकीन है।

ओमा शर्मा : आपकी कहानियों में वामपंथी मिजाज दिखता है।

शिवमूर्ति : मेरी कहानियाँ चूँकि आर्थिक मुद्दों के आसपास होती है तो वामपंथ दिखेगा ही। आर्थिक असमानताओं को दूर करने के लिए वामपंथ काफी हद तक कारगर है।

ओमा शर्मा : लेकिन हमारे यहाँ वामपंथ ने जो खिचड़ी पकाई है, सत्ताधारियों द्वारा अपनाए सारे छल-प्रपंच से जिस तरह वे खुद गुजरे हैं उस पर आप क्या कहेंगे?

शिवमूर्ति : यह दुर्भाग्यपूर्ण है। आदमी की संकीर्णता और स्वार्थ ने मार्क्सवाद की मूल संकल्पना का मटियामेट कर दिया है। देखिए, प्रजातन्त्र से बेहतर शासन-प्रणाली आदमी अभी तक इवॉल्व नहीं कर पाया है। उसी तरह मार्क्सवाद से ज्यादा समता मूलक वैचारिकी का विकल्प हमें नहीं मिला है। पाँच सौ साल पहले ये दोनों ही दुनिया में नहीं थे। दुनिया को आगे और पीछे खींचने की शक्तियाँ एक-साथ कार्यरत रहती हैं। हम उम्मीद करते हैं कि आगे कोई शासन-प्रणाली ऐसी आए, जो प्रजातन्त्र की खामियों को दूर करके, मार्क्सवाद की कमियों को दूर करे, मार्क्सवाद के क्रियान्वयन की कमियों पर नियंत्रण की विधि विकसित हो।

ओमा शर्मा : यह उम्मीद है या स्वप्न?

शिवमूर्ति : स्वप्न कह लीजिए। लेकिन मैं इसे उम्मीद ही कहूँगा। नया कुछ न कुछ निकलता रहता है। आगे नहीं निकलेगा, ऐसा कोई कैसे सोच सकता है?

ओमा शर्मा : एक लेखक के तौर पर क्या ऐसा नहीं लगता, कि आपका काम समाज में जो कुछ हो रहा है, उसे कलागत ढंग से दर्ज करना है। जबकि आप तो अपनी कलम सिर्फ अपने जीवन के अनुभवों से या उसके पास के अनुभवों तक ही चलाकर रह जाते हैं। ऐसा क्यों?

शिवमूर्ति : ऐसा इसलिए कि जीवन में आपको प्राथमिकताएं तय करनी पड़ती हैं। क्या ज्यादा मौजूँ है, जरूरी है? मुझे लगता है कि

जिस जीवन में अन्याय है, असमानता है, शोषण है, उसके बारे में लिखा जाना ज्यादा जरूरी है, बजाय किसी दूसरी चीज के।

ओमा शर्मा : इसका मतलब है, आपने अपनी कला को पहले से ही सीमित कर दिया।

शिवमूर्ति : मुझे लाइट चीजों पर लिखना व्यर्थ लगता है।

ओमा शर्मा : व्यर्थ कैसे है?

शिवमूर्ति : जिस आदमी को नौकरी मिल गयी, उसके बारे में क्या लिखा जाए। मुझे तो लोगों के संघर्ष और संत्रास पर लिखना सार्थक लगता है।

ओमा शर्मा : आपके मुताबिक मानसिक व्याधियाँ तो होती ही नहीं होंगी?

शिवमूर्ति : ऐसा नहीं हैं। लेकिन खाए-अघाए पेट का तनाव भूखे पेट के तनाव से अलग होता है। खा-खाकर भी लोग बीमार होते हैं और कुपोषण की वजह से भी। एक डॉक्टर को यदि किसी एक को ही अटैण्ड करने का समय है, तो मैं कुपोषण से पीड़ित व्यक्ति को तवज्जो दूँगा।

ओमा शर्मा : उसको तवज्जो दीजिए, लेकिन जब कुपोषण वाले को देख लिया तब तो दूसरे वाले की तरफ रुख कीजिए।

शिवमूर्ति : मुझे जिनके बारे में जितना लिखना है, उसका तो अभी पासंग भी नहीं लिखा है। इस जीवन में सब-कुछ कह पाऊँगा, यह भी नहीं कह सकता। फिर दूसरी चीजों को लिखने की कैसे सोच सकता हूँ?

ओमा शर्मा : जिस युग में हम रह रहे हैं, उसकी ज्यादातर तब्दीलियाँ ग्रामीण क्षेत्र के बाहर हैं। बदलाव तो सब तरफ हुए हैं, लेकिन उनका कुरुक्षेत्र गाँव नहीं, महानगर है। ग्रामीण क्षेत्र में तकनीकी परिवर्तन हुए हैं, उनके सामाजिक परिणाम भी रहे हैं, लेकिन

जो दूसरा क्षेत्र है वहाँ संबंधों की उलटबाँसी हो गई है। क्या यह आपको लेखन के लिए नहीं उकसाता?

शिवमूर्ति : मुझे इसमें यही उकसाने वाली चीज लगती है कि ग्रामीण क्षेत्र में परिवर्तन इतना कम क्यों हो रहा है। वहाँ बिजली नहीं जा पा रही। शिक्षा चौपट हो रही है। स्वास्थ्य-सेवाएँ नहीं हैं। ये कैसा बटवारा है, मेरी यही चिन्ता रहती है।

ओमा शर्मा : कहीं ऐसा तो नहीं कि गाँव-देहात ही वह इलाका है जहाँ आपको अपनी कला पर यकीन रहता है, जबकि महानगर की जटिलताओं को दक्षता से पकड़ने में शंका रहती है।

शिवमूर्ति : जब हम उस तरफ जाना ही व्यर्थ समझते हैं, तो शंका करने का प्रश्न कहां रहता है?

ओमा शर्मा : यह तो आपकी लेखकीय गाँठ है। कोई कहे कि दाल खाना सबसे अच्छा होता है। बाकी सब व्यर्थ। लेखक यह तय कर ले कि फलाँ विषय सबसे उत्तम है...

शिवमूर्ति : लेखन केवल मनोरंजन नहीं है। उसकी सार्थकता होनी चाहिए।

ओमा शर्मा : जो महानगर पर लिख रहे हैं, वह सार्थक नहीं है?

शिवमूर्ति : जो वहाँ हैं, उसे देख रहे हैं और उस पर लिख रहे हैं, वो ठीक है, लेकिन मैं अपने को गाँव को देखता हूँ, इसलिए उस पर लिखने को ही सार्थक मानता हूँ।

ओमा शर्मा : यह लेखकीय चयन तो आपका है कि आप किस पर लिखते हैं और किस पर नहीं, मगर जिस पर नहीं लिखते, उसे व्यर्थ मानना...

शिवमूर्ति : मेरे लिए यह व्यर्थ है। सबके लिए मैं थोड़े कह रहा हूँ। मेरे लिए गाँव की समस्या अव्वल दर्जे की है। जिन्हें शहर की समस्याएँ अव्वल लगती हैं, वे उस पर लिखें। एक ही लेखक सब विषयों पर कैसे लिख सकता है? आपने अभी बच्चे को

लेकर जो कहानी लिखी है, मुझे बहुत अच्छी लगी थी, वह अपने समय की व्यापक समस्या पर अव्वल दर्जे की कहानी है...

ओमा शर्मा : मेरी बात छोड़िए ।

शिवमूर्ति : वह तो मैंने संयोग से जिक्र किया। दूसरे उदाहरण भी दिए जा सकते हैं।

ओमा शर्मा : गैर-ग्रामीण विषयों के व्यर्थ होने वाली बात...

शिवमूर्ति : मैं उसे व्यर्थ न कहकर अपने लिए प्राथमिकता में कम महत्वपूर्ण मानता हूँ।

ओमा शर्मा : अपनी कला के विस्तार के लिए भी आप उधर नहीं जाएँगे? कोई लेखक खास क्षेत्र या वातावरण की कहानियाँ लिखने की गुलामी क्यों करे?

शिवमूर्ति : गुलामी नहीं है। कन्विक्शन है। मुझे लगता है कि उनकी जो समस्याएं हैं, उन पर अभी बहुत-कुछ लिखना बाकी है। मेरे भीतर उनके बारे में जो है, उसका दशमांश भी तो नहीं लिख पाया हूँ। मैं अपनी क्षमता और रफ्तार जानता हूँ, इसलिए जो प्राथमिकता में है, उसे ही लिखने दीजिए।

ओमा शर्मा : रफ्तार वाली बात पर मैं जानना चाहूँगा कि नौकरी के कारण इस पर कुछ अंकुश या पहरा-सा रहा?

शिवमूर्ति : नौकरी की वजह से नहीं कहूँगा। मुझसे ज्यादा व्यस्त होते हुए भी कई लोगों ने कहीं ज्यादा लिखा है। मैं इसे अपना आलस्य ही कहूँगा। मेरी निजी आदत है कि जब तक किसी मसले पर ठीक से चिन्तन न कर लूँ, उस पर कुछ लिखना शुरू नहीं कर पाता। व्यस्तताओं के चलते ऐसा कम मुमकिन हुआ। वैसे आलस्य तो मेरा चिर साथी रहा ही है।

ओमा शर्मा : वह खालिस आलस्य है या फिर कष्टप्रद जीवन से निकलकर सुख-सुविधाओं में रहने के आनन्द की निमग्नता!

शिवमूर्ति : वह भी हो सकता है। लेकिन मैं देखता हूँ कि पिछले ढाई साल से तो मैं नौकरी से मुक्त भी हो गया हूँ, फिर भी मेरे लेखन की रफ्तार नहीं बढ़ी। अब न नौकरी है और न कोई घर-परिवार की समस्या, फिर भी कोई फर्क नहीं आया। कभी-कभी वैसे मुझे लेखन की एब्सर्डिटी भी महसूस होती है...कि ज्यादा लिख भी डालूँगा तो क्या हो जाएगा? इसलिए सोचता हूँ वही लिखूँ जिसे लिखते हुए मुझे सुख मिले। धीरे-धीरे लिखता हूँ, तो यह सुख लम्बा चलता है। और लेखन ही क्यों, जीवन की हर चीज मैं धीमे धीमे ही करता हूँ। एक कप चाय पीने में आधा घंटा लगा लूँगा। खाना सबसे देर से खाकर उठता हूँ। एक कहानी का एक ड्राफ्ट करने में तीन महीने लग जाते हैं। मेरे मिजाज में यह धीमापन पता नहीं कहाँ से आ गया है।

ओमा शर्मा : आपकी रचनाओं के बीच खासा अन्तराल रहा है।

शिवमूर्ति : मुझे तो कभी-कभी यह भी लगता है कि मैं लेखक ही नहीं हूँ। कभी लिख दिया तो लिख दिया। गाहे-बगाहे का लेखन भी कोई लेखन है?

ओमा शर्मा : ऐसी आशंकाओं से यह नहीं लगा कि लेखकीय जीवन कगार पर आ चुका है?

शिवमूर्ति : हाँ, कभी यह भी लगा कि कहीं मैं सृंजय तो नहीं हो गया? फिर सोचने लगता हूँ कि नहीं, यह मेरे साथ नहीं होगा। मैं लिखूँगा और आखिरी क्षण तक लिखूँगा। भले रफ्तार कम रहे, विट घट जाए, भले गुणवत्ता घट जाए...।

ओमा शर्मा : लेखन के अन्तरालों से निकलने के लिए क्या करते हैं...बजिद कुछ भी लिखना शुरू करना...

शिवमूर्ति : मुझे ऐसा कुछ भी खोजने की जरूरत नहीं। आप मेरी कॉपी देख लीजिए...कितनी अधूरी कहानियाँ आपको मिल जाएँगी। कितने प्लॉट दर्ज मिल जाएंगे। 'तर्पण' के विस्तृत नोट्स मैंने

सन् 1994 में बना लिए थे, जबकि लिखा सन 2001 में, वह भी अखिलेश के पीछे पड़ने के कारण। कोई चीज मेरे भीतर चल रही है, उस दौरान कुछ व्यवधान आ गया तो हो सकता है, उसे लिखने में बरसों लग जाएँ या लिखना हो भी न पाए, जबकि किसी चीज पर दो दिन सोचने को मिल गए तो वह तुरन्त तैयार हो जाए...

ओमा शर्मा : मन में आयी कोई चीज यदि महत्त्वपूर्ण है, तो व्यवधानों को एक तरफ करके क्यों नहीं उसे अंजाम देते?

शिवमूर्ति : आजकल ऐसा करने लगा हूँ। मैं ऊपर अपने कमरे में चला जाता हूँ। फोन-वोन नीचे ही छोड़ जाता हूँ। वहाँ चाहे मैं कुछ न करूँ, किताब के पन्ने ही पलटता रहूँ,...वहीं बना रहने की कोशिश करता हूँ...कुछ तो बर्फ पिघले। चार-छह घंटे बैठकर मैं रफ सा कुछ तैयार कर लेता हूँ, तो भी मान लेता हूँ कि आज का मेरा काम हो गया। कभी-कभी उसमें मेरी रचना की शुरुआत और अन्त तक तय हो जाता है। बीच की चीजें कम-ज्यादा होती रहती हैं। कहानी के भ्रूण का पहला वाक्य बचा रह जाता है। अन्त भी वही रहता है। मेरे नोट्स आत्मसंबोधित होते हैं...कि कहानी क्या होगी, कितने चरित्र होंगे, वह किन बिन्दुओं से गुजरेगी...

ओमा शर्मा : रचने की इस प्रक्रिया में आप किसी सृजन-कला को नतमस्तक रहते हैं या किसी विचारधारा को?

शिवमूर्ति : न कला को और न विचारधारा को। कहानी में क्या होगा, पाठकों तक कैसे पहुँचेगी, बस यह चिंता रहती है। विचारधारा रहती है लेकिन प्रच्छन्न।

ओमा शर्मा : और कला?

शिवमूर्ति : कला...कह सकते हैं कि ऐसा क्या करें कि यह पाठकों को बाँध ले। जो बात है, उसे संप्रेषित करने के लिए पर्फेक्शन तो जरूरी है।

ओमा शर्मा : एक बार मोटा खाका बन गया, फिर उसे जब अन्ततः लिखने बैठते हैं, तो रोजाना कितना लिख पाते हैं?

शिवमूर्ति : कभी दो पेज हो जाते हैं, कभी तीन पेज। कभी शुरू का लिखते वक्त आखिरी वाक्य मिल जाता है। कभी कोई बिम्ब मिल जाता है तो उसे भी लिख लेता हूँ। उसे लिखकर यह भी उसके नीचे लिख लूँगा कि यह कहाँ इस्तेमाल होगा। कुछ सिलसिलेवार नहीं होता। मेरी कॉपी में आगे-पीछे के सन्दर्भ घुसे पड़े मिलेंगे। अलग-अलग समय पर अलग-अलग बिम्ब आते हैं जिन्हें मैं बाद में उठा-उठाकर असेम्बल करता हूँ। मैंने अन्यत्र कहा भी है कि मेरे लिए कहानी लिखना कबाड़खाने से उसके पार्ट्स निकालकर साइकिल कसने जैसा है...गद्दी निकाली, फ्रेम निकाला, रिम निकाला, टायर निकाला और धीरे-धीरे एक-एक को जोड़ते हुए साईकिल कस दी...। पता नहीं कुछ लोग, जैसा कहते हैं, एक सिटिंग में कैसे पूरी कहानी लिख लेते हैं? वे शायद जीनियस होते होंगे...।

ओमा शर्मा : चलिए, इस तरह जोड़कर कहानी का एक ड्राफ्ट हो गया। अब इस पर फिर काम करेंगे या यही टाइप होने चला जाएगा। जैसे आपकी हालिया कहानी 'ख्वाजा, ओ मेरे पीर!' के विन्यास की बात करते हैं।

शिवमूर्ति : मामा-मामी का जीवन तो अरसे से मेरे जेहन में था। सन् 2004 में जब मैंने 'मैं और मेरा समय' लिखा, तब इस पर एक पैरा लिखा था। फिर मैंने सोचा, इस पर तो कहानी लिखनी चाहिए। तो मैंने रजिस्टर के एक कौने में शीर्षक लिखा 'मामी की कहानी'। इसे लिखा जाना था, मगर कब? अखिलेश मेरे पीछे पड़े हुए थे कि कहानी दीजिए। मैंने कहा, दे दूँगा, मगर टालता जाता था। अखिलेश इस तरह पीछे पड़ते हैं कि करना ही पड़ता है। हर हफ्ते भी वे आपको याद दिलाने लगेंगे कि कुछ निकला, शुरू किया, क्या हुआ...कि मुझे लिखनी पड़ी। 'तर्पण' भी ऐसे ही लिखा गया था।

ओमा शर्मा : हिन्दी साहित्य को अखिलेश का इस अर्थ में आभारी होना चाहिए।

शिवमूर्ति : बिलकुल। ऐसे ही रवीन्द्र कालियाजी ने मुझसे 'आखिरी छलांग' लिखवाया। मेरे रजिस्टर में उसके नोट्स में दर्ज है—एक कहानी कालियाजी के लिए। तब वे 'वागर्थ' के संपादक थे। बाद में जब 'नया ज्ञानोदय' में आए, तो उन्होंने फिर याद दिलाना शुरू कर दिया।

ओमा शर्मा : 'ख्वाजा...' की बात ही करते हैं। मामी की कहानी के नाम पर आपने रजिस्टर में एक एन्ट्री डाल दी। यह लम्बी कहानी है। 20 प्रकाशित पेज। यानी हाथ के लिखे तीस पेज तो होंगे। उसका विस्तार कैसे किया?

शिवमूर्ति : कोई पाँच महीने लगे। अखिलेश के बार-बार कहने पर मैंने शुरू किया था और रख दिया। उनका फिर फोन आया, तो फिर शुरू कर दिया। कई बार उनको झूठ ही कह देता था कि अभी लिख रहा हूँ। अगली बार वे पूछते कि कितना लिख लिया, तो मैं सोचता, अब क्या करूँ? कब तक टालूँ? इससे तो अच्छा है लिख ही डालूँ। 17-18 दिन में ढाँचा बनाया और फिर लिखकर कुछ मित्रों को पढ़वाया कि देखो कैसी बनी है। सबकी राय उत्साहवर्धक थी।

ओमा शर्मा : रोज के कितने पेज लिखते थे?

शिवमूर्ति : मैं इसे रोज के हिसाब से न कहकर सिटिंग के हिसाब से कहूँगा। पहले खाके के लिए 5-6 दिन की सिटिंग। दूसरे और तीसरे खाके के लिए भी उतनी। मगर दो सिटिंग्स के बीच महीनों का गैप हो जाता था।

ओमा शर्मा : दुनियादारी के कारण होता था गैप?

शिवमूर्ति : नहीं। हमारे पास कोई ऐसी दुनियादारी नहीं है।

ओमा शर्मा : तो फिर क्या अड़चन आती है?

शिवमूर्ति : उस अड़चन को मैं त्राण के रूप में लेता हूँ। भाई, ये काम पड़ा है तो मैं कहानी कैसे लिखूँगा! काम निपटा लूँ फिर आराम से लिखूँगा। मन लिखने से भागता रहता है। कभी लिखने की सोचकर बैठूँगा और कोई किताब उठा लूँगा और उसे यह सोचकर पढ़ना शुरू कर दूँगा कि हो सकता है, इसे पढ़ने से मेरे लिखने में मदद मिले। मेरे भीतर पता नहीं, कौन शैतान छिपा बैठा है, जो कहता है कि बेटा तुम्हें लिखने नहीं देंगे। तुम जो सोच रहे हो कि मरने से पहले 5-6 उपन्यास लिख जाएँगे, उसे मैं होने नहीं दूँगा, चाहे जितनी कोशिश कर लो।

ओमा शर्मा : आपने एक जगह लिखा है कि हमारा जो यथार्थ है, साहित्य में उसे थोड़ा हलका करके लाना पड़ता है।

शिवमूर्ति : अगर वैसा ही लाने लगे जैसा यथार्थ है तो वह वीभत्स लगेगा, वल्गर हो जाएगा। उसकी व्यापकता के लिए उसे हलका करना पड़ता है।

ओमा शर्मा : आपको रची जा रही रचना अहम लगती है या जिस रूप में उसे पाठकों के बीच सराहना मिले, वह?

शिवमूर्ति : होना तो यही चाहिए कि जो लिखा जा रहा है अपने उत्स में, वही अहम रहे, लेकिन कुछ अदृश्य दबाव काम करते हैं...बेटी क्या सोचेगी, बेटा क्या सोचेगा...कि दूसरे लोग क्या सोचेंगे?

ओमा शर्मा : अपनी किसी रचना के संदर्भ में बताइए, जब आपने वह लिखने से परहेज किया जो लिखना चाह रहे थे?

शिवमूर्ति : रचना की नहीं, अपने जीवन की बातें हैं। कुछ प्रेम-संबंध रहे हैं, जिनमें देह शामिल थी...उसकी बातों को, उसके संवादों को लिख दूँ, तो वे साहित्य की निधि बन जाएँ। लेकिन नहीं कर पाता हूँ। काँख में दबाएँ हुए हूँ। वह तृप्ति, वह अन्तराल, वह एक-दूसरे को देने का भाव, न भूतो न भविष्यति जैसा

स्वतःस्फूर्त महसूस करने का जज्बा...वह आत्मगर्व ...उसे अभिव्यक्त करने में संकोच होता है।

ओमा शर्मा : ये तो शारीरिकता की बातें हैं जिन्हें हर व्यक्ति अपनी तरह से अद्वितीय महसूस करता है। उसमें कुछ भी नया नहीं। डी एच लॉरेंस कब का उसे लिख चुका है। वह तो चालू और लोकप्रिय किस्म के लेखकों का इलाका है।

शिवमूर्ति : जो एक्ट आपको इतनी भावनात्मक ऊँचाई दे रहा होता है उसे लोकप्रियता में क्यों रिड्यूस कर दे रहे हैं।

ओमा शर्मा : इरोटिक लिटरेचर इसी को कहते हैं। 'इरोटिका' विश्वभर के ऐसे सर्वश्रेष्ठ की ही किताब है, जो हर वर्ष छपती है। अलग-अलग भाषाओं की अंग्रेजी में अनूदित 30-40 कहानियों का संकलन। उसमें क्या कुछ नहीं है?

शिवमूर्ति : मैंने नहीं देखी है। अगर ऐसा है तो ठीक है। मुझे लगा, कहीं कुछ छूट न जाये (ठहाका)।

ओमा शर्मा : हमारे हिन्दी के कई लेखक-लेखिकाएँ भी तड़के की तरह इसका खूब इस्तेमाल कर ही रहे हैं। कभी लगता है कि पूरी कहानी की कवायद उस खास बिन्दु तक पहुँचने के पराक्रम-स्वरूप की गयी है...

शिवमूर्ति : तब मुझे कोई पश्चात्ताप नहीं है।

ओमा शर्मा : अपने वरिष्ठों में रेणु के अलावा आपके प्रिय लेखक कौन हैं?

शिवमूर्ति : प्रेमचन्द तो हैं ही।

ओमा शर्मा : समकालीनों में?

शिवमूर्ति : चन्द्रकिशोर जायसवाल हैं, संजीव हैं। दोनों के पास कई कहानियाँ हैं जो मुझे बहुत पसंद है।

ओमा शर्मा : संजीव कहानीकार या उपन्यासकार?

शिवमूर्ति : कहानीकार। चन्द्रकिशोरजी भी।

ओमा शर्मा : उदयप्रकाश?

शिवमूर्ति : उदयप्रकाश की शुरू की कुछ कहानियाँ मुझे ठीक लगी थीं। उनकी बाद की रचनाओं में क्रीम-पाउडर बढ़ा है। छौंक-बघार बढ़ी है।

ओमा शर्मा : उसके बाद के लेखकों में?

शिवमूर्ति : सबकी एकाध कहानी ही ठीक लगी है। मैं नाम भूल जाता हूँ।

ओमा शर्मा : नई पीढ़ी आ गई, आ गई, का शोर भी अब ठण्डा पड़ गया लगता है?

शिवमूर्ति : लेखन एक मैराथन दौड़ की तरह है। इसमें जल्दबाजी में कुछ नहीं हो सकता। यह इन्टरनैटीय पीढ़ी है। पीछे पड़-पड़कर अपनी रचनाएँ पढ़वाती है। आप इन्सटेंट सिरके बनाने चले हैं। इंन्सटेंट नूडल्स बन सकता है। सिरका के फर्मेंटेशन में टाइम लगता है।

ओमा शर्मा : निर्मलजी को आपने पढ़ा है?

शिवमूर्ति : हाँ। बहुत पहले। उनकी 'परिन्दे' मुझे आज भी हॉन्ट करती है...कैसे धीमे-धीमे पकती है... एक नशा-सा बुनती जाती है। फिर 'लाल टीन की छत' आदि।

ओमा शर्मा : अपनी पसंद की कहानियों के नाम बताइये।

शिवमूर्ति : रेणु की 'मारे गए गुलफाम', 'लाल पान की बेगम' या फिर एक छोटी कहानी है 'आजाद परिन्दे'।

ओमा शर्मा : 'आजाद परिन्दे' तो कोई बड़े फलक की कहानी नहीं है?

शिवमूर्ति : बड़े फलक की नहीं है, लेकिन जो चीज है, उसे उन्होंने कैसे खेल-खेल में कह दिया, वह अच्छा लगा। चलिए 'आजाद परिन्दे' की जगह 'अच्छे आदमी' को ले लीजिए।

ओमा शर्मा : रेणु के अलावा दूसरों की?

शिवमूर्ति : विश्वेशर की 'बदलना'। रमेश बक्षी की 'सबरी', संजीव की

'अपराध', चन्द्रकिशोर की 'नकबेसर कागा ले भागा', 'हुज्जत-कठहुज्जत', उदयप्रकाश की 'टेपचू', अखिलेश की 'चिट्ठी', सृंजय की 'कामरेड का कोट'...

ओमा शर्मा : ये कहानियाँ आपको कथ्य के कारण याद रह गयी हैं या शिल्प के कारण?

शिवमूर्ति : कथ्य के कारण। हालाँकि इनका शिल्प भी अच्छा है। मैं शिल्पवादी नहीं हूँ। कहानी को शुरू से लेकर आखिर तक सीधे-सीधे कह देता हूँ। कभी सोचता हूँ कि यदि मेरे पास शिल्प के स्तर पर कुछ बढ़िया हो जाता तो कितना अच्छा होता।

ओमा शर्मा : दूसरी भाषाओं से कुछ?

शिवमूर्ति : जैक लन्दन की कई कहानियाँ। एक कुत्ते पर है, एक भेड़िए पर। ओ हेनरी और चेखव हैं। गोर्की हैं। अंग्रेजी के कई लेखकों को अभी पढ़ा है... अमिताभ घोष, रोहिन्टन मिस्त्री और विक्रम सेठ मुझे प्रभाषित नहीं कर सके। उनकी ज्यादातर चीजें ओवररेटिड हैं। मैं तो हैरान हूँ कि अरविन्द अडिगा जैसे को बुकर दे रखा है। उससे अच्छे हमारे यहाँ दर्जनों हैं।

ओमा शर्मा : अपने समाज में लेखक की क्या भूमिका रही है और क्या होने जा रही है?

शिवमूर्ति : समाज की काम्य अवस्था के लिए लेखक की आवाज, उसकी उपस्थिति उपयोगी होती है।

ओमा शर्मा : लेखक से आप एक सामाजिक बदलाव की अपेक्षा रखते हैं?

शिवमूर्ति : जी हाँ। रखता हूँ।

ओमा शर्मा : लेकिन जो बदलाव के तत्त्व हैं, उनमें लेखन अहम होता है?

शिवमूर्ति : शामिल तो रहता ही है। वह मानस को बदलने का काम तो करता ही है। इसकी रफ्तार धीमी होती है। फिर भी परिवर्तन की अपेक्षा हम साहित्य से कर सकते हैं।

ओमा शर्मा : अपेक्षा कैसे करेंगे, जब उसकी पहुँच ही वहाँ नहीं है, जहाँ से परिवर्तन होना है।

शिवमूर्ति : यह तो है। आधी आबादी तो अशिक्षित है। जो पढ़ गए हैं, वे कुपढ़ ज्यादा हैं। प्रतिगामी ताकतें इसीलिए हावी हो जाती हैं।

ओमा शर्मा : इसमें लेखक की जिम्मेवारी नहीं है।

शिवमूर्ति : लेखक की भी जिम्मेवारी है। उसमें धैर्य नहीं है।

ओमा शर्मा : वह रचने की बजाय कुछ 'नया' कर दिखाने, कुछ ऊबड़-खाबड़ शीर्षक-उपशीर्षक या चरित्रों के नाम रखकर ही कुछ तीर मारता-सा महसूस करता है।

शिवमूर्ति : ठीक कह रहे हैं। बहुत सारी रचनाओं में शुरुआत में किसी विदेशी लेखक के क़थन को खूँटी की तरह गाड़ दिया जाता हैं और उसी पर लटक कर वे मान लेते हैं कि उनका लेखन खूँटी की ऊँचाई तक पहुँच गया है।

ओमा शर्मा : आपके बच्चे हिन्दी साहित्य पढ़ते हैं?

शिवमूर्ति : एक-दो पढ़ते हैं। बल्कि हमारे यहाँ तीसरी पीढ़ी के बच्चे ज्यादा पढ़ते हैं। मेरी एक नातिन मेरी कहानियों पर अकसर मुझसे बहस करती है। इन बच्चों की क्षमता देखकर हैरानी होती है।

ओमा शर्मा : क्या लेखकीय आलस्य भी लेखकीय सृजन का अभिन्न अंग है?

शिवमूर्ति : सब-कुछ मशीनी हो जाना भी ठीक नहीं है, लेकिन एकदम आलसी हो जाना भी ठीक नहीं है। जब जिन्दगी की घड़ी लगातार चल रही है, तो लेखन की भी चलती रहनी चाहिए।

ओमा शर्मा : किन लेखकों की जीवनियाँ पढ़ी हैं?

शिवमूर्ति : जैक लन्दन की पढ़ी है। प्रेमचन्द की पढ़ी है। उग्र की पढ़ी है।

'आवारा मसीहा' पढ़ी है। आपके द्वारा अनूदित स्टीफन स्वाइग की पढ़ी है। रूसो और वैन गॉग की पढ़ी है। शेक्सपीयर के जीवन के कुछ हिस्से पढ़े हैं।

ओमा शर्मा : आप खुद आत्मकथा लिखने की सोचते हैं?

शिवमूर्ति : नहीं। बहुत भीतर उतरना पड़ेगा। कुछ मिला-मिलूकर लिखूँगा भी तो एक उपन्यास बन सकता है, लेकिन अभी मेरी ऐसी कोई योजना नहीं है।

ओमा शर्मा : कुछ समय पहले आपने जीवन के साठ वर्ष पूरे किए हैं। क्या आपको लगता है कि उम्र के साथ लेखकीय प्राथमिकताओं और क्षमता में शिथिलता आ जाती है?

शिवमूर्ति : शारीरिक शिथिलता तो थोड़ी आने लगती है। लेकिन लेखन के प्रति जो कमिटमेंट है, लिखने का जो आनन्द और आकर्षण है या जो उसकी सार्थकता है, वह प्रश्नातीत है। कोई भी कहानी लिखने बैठता हूँ, तो आज भी उसकी तह तक जाने की उत्सुकता बनी रहती हैं। आज भी मैं बाएँ हाथ से नहीं लिखता। मैं पर्फेक्शन का कायल हूँ। थोड़े कम से काम चला लूँगा, लेकिन जो लिखना है उसके साथ समझौता नहीं।

ओमा शर्मा : आपकी लेखकीय चिन्ताएँ क्या हैं?

शिवमूर्ति : मतलब?

ओमा शर्मा : जैसे किसानों के जीवन और उनकी समस्याओं के प्रति चिन्तित रहते हैं...

शिवमूर्ति : गाँव के अलावा आम जन का जीवन मेरी चिन्ता में रहता है। लोगों को रोजगार मिले, छुआछूत मिटे, असमानताएँ खत्म होनी चाहिए। मैं सोचता हूँ कि गरीबी रेखा की तरह अमीरी रेखा जैसा भी कुछ होना चाहिए। विषमता और अन्याय की भी सीमा होनी चाहिए। किसी को रोटी नहीं मिल रही है और किसी के पास हजार जोड़ी सैंडिलें हैं। इससे

असहिष्णुता तो बढ़ेगी ही। गाँव में एक आदमी गा कर सुना रहा था...काहे गोलिया चलेला दनादन्न भईया, तनि खड़ा होके सोचा एक छन्न भैया, केहूके भरल सूट केस, भाँति-भाँति के डरेस, केहू के मरले मिले ना कफन्न भैया, तो काहे गोलिया चले न दनादन्न भैया...। वह एकदम निरक्षर था, लेकिन इतना तो सब जानते हैं कि एक तरफ लूट-खसोट मची है और दूसरी तरफ त्राहि-त्राहि मची हुई है। यह कब तक चल सकेगा?

ओमा शर्मा : माओवादियों की बढ़ती उपस्थिति को आप जायज मानेंगे?

शिवमूर्ति : जो माओवादी पैदा हो रहे हैं, वे क्यों हो रहे हैं? यह भी तो देखिए। कोई करोड़पति नक्सल हुआ है? जो गरीब हैं, शोषित हैं, जिन्हें व्यवस्था न्याय नहीं देती है, वे क्या करें, कहाँ जाए? हमीं तो ऐसे हालात पैदा कर रहे हैं, जिनसे माओवाद पनप रहा है।

ओमा शर्मा : कुछ देर पहले ही आपने कहा था कि लोकतंत्र से बेहतर राजनीतिक व्यवस्था अभी तक इवॉल्व नहीं हुई है। हमारी राजनीतिक व्यवस्था ने लोकतंत्र चुना है, जो अपनी कमियों-कमजोरियों के बावजूद बीसवीं सदी के शताधिक नव-स्वतंत्र राष्ट्रों में कामयाब मिसाल है। ऐसी व्यवस्था में हिंसा का यह माओवादी रंग कहां तक जायज बनेगा?

शिवमूर्ति : हम दुनिया के सबसे बड़े लोकतंत्र हैं, केवल यह कह कर अपनी पीठ ठोकने से काम नहीं चलेगा। पुलिस एक माओवादी को पकड़ने जाती है और अपनी निरंकुश कार्यप्रणाली से सौ आदिवासियों को माओवादी बना कर लौटती है। लोकतंत्र में यदि घोर असमानताएँ पनप गयी हैं तो शासकीय हस्तक्षेप के जरिए उसे कम करने के कारगर उपाय क्यों नहीं किए जा रहे? जिनके पास खोने को कुछ नहीं, वही क्यों बन्दूक उठा रहे हैं?

ओमा शर्मा : लोकतंत्र की कमियों को आप हिंसा से दूर कर सकते हैं?

शिवमूर्ति : हिंसा से नहीं, उसे आप अपनी नीतियों से दूर कीजिए। देश के सारे नागरिकों को एक आँख से देखिए। क्या लोकतंत्र अपनी कमियों को दूर कर रहा है? हम लोग पाले के इधर बैठ कर बातें कर रहे हैं। उनके जीवन या उनकी समस्याओं तक हम क्यों नहीं जाते?

ओमा शर्मा : माओवादियों ने भी लगभग एक माफिया बना लिया है...

शिवमूर्ति : हाँ, मैं यह जानता हूँ। लेकिन जिनके पास रोटी नहीं है, वे आपसे ज्यादा उन पर क्यों यकीन कर रहे हैं? कोई रो रहा है, तो कोई उनके आँसू पोंछने जा रहा है। आप रोने की वजह खत्म कर देंगे तो मामला ही खत्म हो जाएगा।

ओमा शर्मा : तीन-चार हजार की पगार पर काम करने वाले, मोर्चे पर ड्यूटी करते कांस्टेबल—जिस पर पूरा परिवार आश्रित होता है—उसे मारकर माओवादी राज्य के साथ क्या इंतकाम ले रहे हैं?

शिवमूर्ति : दोनों तरफ से गरीब ही मर रहा है। देश के अमीर लोगों के बच्चों की पुलिस और सीआरपीएफ में भरती करवाइए और फिर देखिए, क्या होता है।

ओमा शर्मा : शिवमूर्तिजी, कोई कहानी ऐसी है, जिसने आपको एकदम पकड़कर लिखवा लिया हो...कि चलो मुझे लिखो, कोई टालमटोल नहीं चलेगी...

शिवमूर्ति : पहले मैं ऐसा कर लिया करता था। 'केशर-कस्तूरी' के साथ ऐसा हुआ था।

ओमा शर्मा : एक सामान्य व्यक्ति की तरह और एक लेखक की तरह दोनों भूमिकाओं को कैसे और कितना जीते हैं?

शिवमूर्ति : दोनों की ओवर-लैपिंग होती रहती है। दैनंदिन के कार्यों के बीच लेखकीय निगाह भी सक्रिय रहती है और लिखते समय सामान्य जीवन के कार्यों की स्मृति काम आती है।

ओमा शर्मा : लेकिन लगता है, आपने लेखन के बजाय जीवन को ज्यादा तवज्जो दी है?

शिवमूर्ति : कह सकते हैं। मुझ पर पारिवारिक जिम्मेवारियाँ बहुत रहीं। छह बेटियाँ थीं। उनकी पढ़ाई, उनका भविष्य... इसे लेकर मेरा दायित्व था। उनकी शादियाँ होनी थीं, तो समय से ही होनी थीं। एक में देर करते, तो दूसरी में देर हो जाती। लेखन में कुछ देर-सवेर या जिसे कहें टाइम-बाउंड कुछ नहीं होता।

ओमा शर्मा : कहीं मन में ऐसा तो नहीं रहा कि लिख लेंगे तो क्या हो जाएगा, नहीं लिखा तो क्या नहीं हो जाएगा?

शिवमूर्ति : नहीं, ऐसा भी नहीं। लिखने से मुझे निजी तौर पर संतुष्टि मिलती है, जबकि पारिवारिक जिम्मेवारियों के बरक्स घर-परिवार के लोगों की खुशी भी शामिल होती है। इसलिए मुझे उनके साथ रहना पड़ा।

ओमा शर्मा : आपकी सारी रचनाएँ पढ़ने के बाद एक बात मेरे जेहन में कौंधी कि आपके यहाँ एक से एक चालाक और सयाने पात्र हैं। क्या इसलिए कि आपका ऐसे चरित्रों के साथ ज्यादा उठना-बैठना रहता है?

शिवमूर्ति : ऐसे पात्र समाज में बहुतायत में हैं। उनसे सावधान करने के लिए भी लिखना होता है। धूसर पात्रों से रचना नहीं बनती। चटख पात्रों से रोचकता आती है।

ओमा शर्मा : क्या अपने को भी उनके साथ खड़ा महसूस करते हैं?

शिवमूर्ति : यानी धूर्त या मक्कार...

ओमा शर्मा : मेरा आशय व्यक्तित्व के सयानेपन से है...

शिवमूर्ति : शायद। वक्त की क्या जरूरत है इस पर मैं चाहता हूँ कि लद्धड़ न रहूँ। खाली लेखक ही न रहूँ, एक जागरूक जिम्मेदार अभिभावक भी रहूँ।

ओमा शर्मा : सुसन सोन्टैग ने एक जगह लिखा है कि लेखक में थोड़ी

मूर्खता का होना– जो शायद सयानेपन के अभाव का दूसरा नाम हो– जरूरी होता है। सयाने बनकर आप जीवन तो अच्छी तरह जी लेंगे, लेकिन सृजन के स्तर पर बहुत-कुछ खो देंगे...।

शिवमूर्ति : सुसन सोन्टैग ने सही कहा है। इसे मूर्खता के बजाय गैर-दुनियादार होना कहेंगे। बहुत स्तर पर मैं भी वैसा ही हूँ। लेकिन जब सर्वाइवल की बात आती है तो मजबूरन सयाना बनना पड़ता है।

ओमा शर्मा : आप या तो सयाने होते हैं या नहीं होते...

शिवमूर्ति : नहीं, जीवन के कई क्षेत्र हैं, जहाँ अलग-अलग जरूरत होती है। जैसे लेखन को लेकर मैं कभी महत्त्वाकांक्षी नहीं रहा। मैंने जितना लिखा, उससे मुझे अपेक्षा से ज्यादा मिला। बल्कि अब लिखने का दवाब ज्यादा महसूस करता हूँ।

ओमा शर्मा : कभी कविताएँ लिखीं...।

शिवमूर्ति : दो चार लिखी होंगी। बहुत पहले। मुझे लगता है, जो मैं कहना चाहता था, उसके लिए कविता नहीं, कहानी सही विधा है।

ओमा शर्मा : कविताएँ पढ़ते हैं?

शिवमूर्ति : हाँ। अदम गौंडवी मुझे बहुत प्रिय हैं। दो लाइनों में कितना कुछ कह जाते हैं। लोकगीतों को पढ़ता ही रहता हूँ।

ओमा शर्मा : अदम गौंडवी तो ग़जलकार ज्यादा थे।

शिवमूर्ति : हमारे लिए कविता, ग़जल, नज्म और लोकगीत सब एक भाव हैं।

ओमा शर्मा : (ठहाका) कथा-साहित्य के अलावा आपने गद्य की दूसरी विधाओं में नहीं लिखा?

शिवमूर्ति : जो कथा-साहित्य लिखना चाहता हूँ, उसी को लेकर आफत मची रहती है, तो दूसरा कुछ कहाँ से लिखता?

ओमा शर्मा : नहीं, जैसे अब आप हिंदी के वरिष्ठ लेखकों की कतार में आएँगे। आपके बाद लेखन की तीन-चार पीढ़ियाँ तो आ ही

गयी हैं। ऐसे में युवा लेखकों की रचनाओं पर कुछ समीक्षात्मक हस्तक्षेप जैसा करने का अधिकार और जिम्मेवारी तो बनती है...

शिवमूर्ति : मौखिक रूप से कर देता हूँ। मैं बहुत ज्यादा आलोचनात्मक नहीं हो पाता। किसी की अच्छी रचना पर उसे अच्छी कह दूँगा मगर खराब को खराब नहीं कह पाता।

ओमा शर्मा : इसी को डिप्लोमैटिक होना कहते हैं।

शिवमूर्ति : अब लिखने वाले को तो मालूम होता ही कि कैसा लिखा है (खास शिवमूर्तियाना भाव)।

ओमा शर्मा : बड़ा होने के कारण एक बिरादरानेपन से... जो है, वही नहीं बताना चाहिए?

शिवमूर्ति : बताना चाहिए, मगर मुझे झिझक होती है। सोचता हूँ, कोई दूसरा बता देगा।

ओमा शर्मा : कुछ लेखक शायद इसी कारण खराब लिखते चले जाते हैं कि कोई उन्हें टोकने वाला नहीं कि कैसा कूड़ा लिखा है...बल्कि जो बेहतर लेखन की सम्भावना जगा चुके हैं, इस 'अहो-रूपम' भाव के चलते घटिया लिखने लगते हैं।

शिवमूर्ति : अरे ऐसे लेखक भी तो होने चाहिए। कोई पूछ बैठे तो गिनाने में आसानी हो जाती है। (संयुक्त ठहाका)...नहीं तो जवाब ही न बने !

ओमा शर्मा : आपकी पिछली एक कहानी को हटा दें, तो आपके समस्त लेखन में प्रेम और रोमांस एकदम नदारद है, क्यों?

शिवमूर्ति : कोयले की खदान से सोना कहाँ से निकलेगा? मेरी प्राथमिकताओं में जो रहा, मैंने उस पर लिखा। हालांकि प्रेम मैंने किया है मगर उस पर लिख नहीं सका। प्रेम करना आसान है, उस पर लिखना मुश्किल।

ओमा शर्मा : कभी आपकी हिम्मत छूटी है...

शिवमूर्ति : कभी नहीं हुआ। न लेखन में, न जीवन में।

ओमा शर्मा : जैसे लम्बे समय तक आपने कुछ नहीं लिखा, तो इस स्थिति में अवसाद जैसा कुछ लगा...?

शिवमूर्ति : नहीं। मैं खुद ही नहीं लिख रहा था। मेरे पास सामग्री की कमी थोड़े थी। अवसाद तो तब होता, जब लिखने बैठता और न लिख पाता।

ओमा शर्मा : जैसे नौकरी में कुछ मन चाहा नहीं हुआ तो खराब लगा?

शिवमूर्ति : ऐसा तो कई बार हुआ कि नौकरी में इधर-उधर पटका गया। लेकिन मैंने उसे भी चुनौती के रूप में लिया। दौड़-भाग की और ठीक करा लिया।

ओमा शर्मा : इसके लिए राजनीतिक संपर्कों का सहारा लिया?

शिवमूर्ति : हाँ, लिया।

ओमा शर्मा : तब आपको यह नहीं लगा कि इससे आप अपने लेखकीय व्यक्तित्व को अपवित्र कर रहे हैं?

शिवमूर्ति : इसमें अपवित्र जैसा क्यों लगे? शुरू के बीसियों बरस मैं खूब इधर-उधर फेंका गया। जहाँ भेजा गया, चला गया। आप जब ज्यादा दिनों तक यह करते हैं, तो 'लल्लू' ठहरा दिए जाते हैं। इसे मैंने चुनौती के रूप में लिया और बड़े-बड़े शहरों में तैनातियाँ लीं। मुझे इसमें कुछ भी गलत नहीं लगा। बल्कि एक लेखक होने के नाते विभाग में भी अतिरिक्त इज्जत मिलती थी।

ओमा शर्मा : यह लेखकी का गलत इस्तेमाल नहीं था?

शिवमूर्ति : (हँसकर) इसमें गलत क्या है पार्टनर?

ओमा शर्मा : किन लेखकों को आप बार-बार पढ़ते हैं?

शिवमूर्ति : (थोड़ा सोचकर) एक तो मैंने ज्यादा पढ़ा ही नहीं है, तो मैं क्या नाम बताऊँ? सही बात तो यही है। मैं अर्थशास्त्र, समाजशास्त्र और राजनीति की पुस्तकें भी पढ़ता हूँ। गाँव-देहात पर होने

वाले सर्वेज की रिपोर्ट पढ़ता हूँ। सतीनाथ भादुड़ी का 'दोढाय चरित मानस' है। 'मैला आंचल' है। 'गोदान', 'मुर्दाघर', 'धरती धन न अपना' को फिर पढ़ना चाहता हूँ। और भी बहुत-कुछ...

ओमा शर्मा : आपके शौक क्या हैं?

शिवमूर्ति : यूनीबॉल का पैन हो, सफेद कागज रहे।

ओमा शर्मा : शौक से मतलब है कि फ़ुरसत मिलने पर अपना समय किस तरह बिताना चाहते हैं?

शिवमूर्ति : तब मैं लेटा-लेटा परेशान रहता हूँ कि लिख क्यों नहीं रहा...

ओमा शर्मा : सेवानिवृत्ति के बाद लिखने की दिनचर्या में कुछ परिवर्तन आया है?

शिवमूर्ति : बहुत ज्यादा तो नहीं, लेकिन कोशिश में रहता हूँ कि सुबह उठकर कम से कम दो घंटे लेखन को दे दूँ। मैं जल्दी उठ जाता हूँ। फिर भी बहुत सफल नहीं हो पाता। जब कि मेरे जिम्मे वैसा कोई काम नहीं है। कभी सोचता हूँ कि अलग अलग गाँवों में, रिश्तेदार या मित्रों के यहाँ कुछ समय बिताऊँ। वहाँ से कुछ न कुछ हासिल होगा।

ओमा शर्मा : आपका सारा लेखन लगभग आपके देखे-भाले का है। फिक्शनल फ्लाइट आपके यहाँ नहीं ही है...

शिवमूर्ति : मैं मानता हूँ कि मेरे यहाँ सिर्फ यथार्थ है। सोचता हूँ, मेरी कल्पना शक्ति आधिक होती तो कितना अच्छा होता।

ओमा शर्मा : सांकेतिकता भी नहीं है। जो कहा गया है, उसके बारे में कुछ अधखुला नहीं है...

शिवमूर्ति : ये सब फिक्शन की आर्ट हैं। मेरे पास कम है यह।

ओमा शर्मा : लेखन के लिए लेखकीय सोहबतें जरूरी मानते हैं?

शिवमूर्ति : हाँ। ताकि लिखने का सिलसिला बना रहे। मित्रों की मुझे

बहुत जरूरत महसूस होती है। कोई मित्र नाराज हो जाए तो मुझे नींद नहीं आती, चाहे उसी की गलती रही हो।

ओमा शर्मा : लेकिन मित्रता में सयानापन तो नहीं चल पाता।

शिवमूर्ति : सयानापन हम मित्रता में नहीं करते। उनके साथ समय बिताना, खाना-पीना, बतियाना अच्छा लगता है। मित्रों के लिए दिल बहुत धड़कता है।

ओमा शर्मा : मित्रों की कौन-सी चीज माफ नहीं करेंगे।

शिवमूर्ति : मित्रों के साथ मुझे सब-कुछ गवारा है। सिर्फ विश्वासघात नहीं होना चाहिए।

ओमा शर्मा : आपकी क्या असुरक्षाएँ रही हैं?

शिवमूर्ति : मैं बहुत छोटा था, तभी मेरे पिता साधु हो गये थे। उन्होंने घर को छोड़ दिया था। निम्नमध्यवर्गी परिवार था। घर का भार जल्दी पड़ गया मुझ पर। मुझे बहुत छिटपुट काम करने पड़ते थे। जब मैं बीए में था तब मेरी पहली बेटी पैदा हो गयी। तब मेरे पैरों तले की जमीन खिसक गयी। जैसे इन्सल्ट हो गयी हो। मैं डर गया कि इस खर्चे की पोटली को कैसे सँभालूँगा। कभी सोचता कि वह बच नहीं पाएगी। बाहर से घर लौटकर जब उसे देखता तो निराश होता कि इसकी साँस अभी भी चल रही है। डेढ़ साल बाद दूसरी बेटी आ गयी। तब मैं स्कूल में पढ़ाता था। जब तीसरी बेटी आई, तब मैं रेलवे की नौकरी जॉइन कर चुका था। ट्रेनिंग पर था। हम लोग मैस में खाना खाने जाने वाले थे, जब यह सूचना देती चिठ्ठी मिली। मेरी भूख मर गयी। दोस्त कहता कि कोई बात नहीं, मगर मैं अपने में ही धँसा जा रहा था। बेटियों के जन्म ने मुझे बड़ी असुरक्षाओं से घेर दिया।

ओमा शर्मा : लेकिन आप तब लेखक हो चुके थे जिससे उम्मीद की जाती है कि बेटा-बेटी में फर्क नहीं करेगा, छोटे परिवार का महत्त्व जानता होगा...

शिवमूर्ति : वो ठीक है, लेकिन तब हमारी उम्र गदहपच्चीसी की थी। सब यूं ही होता चला गया। तब गर्भ-निरोधकों की उपलब्धता भी तो नहीं होती थी।

ओमा शर्मा : क्यों, आपकी अन्तिम बेटी कब पैदा हुई?

शिवमूर्ति : सन् 1981 में हुई थी।

ओमा शर्मा : तब तक तो आप एक अच्छी प्रांतीय सेवा में आ चुके थे। आपकी बात में बहुत दम नहीं लगता। अधिक सम्भावना ये हो कि परिवार की बढ़ोतरी एक बेटा होने की जाहिर पितृसत्तात्मक उत्तर भारतीय ललक के कारण थी।

शिवमूर्ति : शायद यह भी रहा होगा। मेरी माँ की यह इच्छा ज़रूर थी। जबकि नौकरी के इन्टरव्यू में मैंने इस मामले पर पूछे जाने पर ठोस ढंग से कहा था कि जनसंख्या हमारी प्रगति में बहुत बड़ी बाधा है। एक या दो से ज्यादा बच्चे नहीं होने चाहिए, जबकि मेरे तीन बेटियाँ तब तक हो चुकी थीं। तब उन्होंने कहा कि आपकी बात मान ली जाती तो इस देश को रवीन्द्रनाथ ठाकुर और लालबहादुर शास्त्री नहीं मिलते क्योंकि रवीन्द्रनाथ ठाकुर अपने माँ-बाप की ग्यारहवीं सन्तान थे और शास्त्री सातवीं। तब मैंने कहा कि इस देश को एक-दो ऐसी विभूतियों की कीमत पर फुटपाथ पर भूखे-बिलबिलाते करोड़ों बच्चे नहीं चाहिए। उनको मैंने जोरदार ढंग से समझाकर इंटरव्यू में अच्छे नंबर झटके थे जबकि खुद उस पर अमल नहीं कर रहा था।

ओमा शर्मा : वही तो बात है—सोच और बरताव में रहने वाली फाँक की...

शिवमूर्ति : वह सब गदहपच्चीसी में होता गया। और क्या कहूँ (फिर शिवमूर्तियाना भाव)।

ओमा शर्मा : मैं सोचता हूँ कि आचरण भी लेखकीय प्रामाणिकता का ही भाग होता है।

शिवमूर्ति : उस तरह से तो फाँक रहती है।

ओमा शर्मा : आप बिना टिकट रेल की यात्राएँ करते रहे हैं?

शिवमूर्ति : हाँ। जब मैं नौवीं में पढ़ता था, तभी यह आदत लग गयी थी। तब मैं सुल्तानपुर शहर में पढ़ने जाता था। जेब में पाँच पैसे भी नहीं होते थे। टिकट की कौन पूछता? और यह मैं ही नहीं, सभी बच्चे ऐसे ही चलते थे। और वह भी प्रथम श्रेणी में क्योंकि वह थोड़ा खाली रहता था।

ओमा शर्मा : कभी पकड़े नहीं गए?

शिवमूर्ति : इतने बच्चे होते थे कि टीटी भी कहाँ तक चैक करता। कभी मजिस्ट्रेट की चैकिंग पड़ी तो उतार दिए जाते थे। ऐसे ही एक बार उतारे जाने पर मैं आठ मील पैदल चलकर घर आया था। नौकरी में आने के पाँच साल तक मैं उसी तरह बिना टिकट ही चलता था। मानसिकता ऐसी हो गयी थी कि लगता ही नहीं था, मैं कुछ गलत कर रहा हूँ।

ओमा शर्मा : यह मानसिकता उत्तर भारतीयों की पहचान सरीखी है।

शिवमूर्ति : होगी। अब लगता है कि यह कितनी गलत है लेकिन तब नहीं लगता था। इसीलिए तो हम पिछड़े बने हुए हैं। कुछ समय पहले मैं जब विदेश गया तो देखकर हैरान रह गया कि उनके यहाँ नियम-कानून की क्या इज्जत है। मानवीय गरिमा कितनी अहम है। हमारे यहाँ तो जो जितना कानून से परे, उतना ही अपने को सिकंदर महसूस करता है। एक बार तो मैं अपने बेटी-दामाद के साथ पटना से बनारस लौट रहा था। दामाद ने टिकट का जिम्मा मुझे दे दिया था। मैं टिकट-खिड़की पर गया भी, मगर भीड़ देखकर लौट आया। जब उनके पास टीटी आया तो उन्होंने उसे मेरी तरफ कर दिया। जब वह मेरे पास आया तो मैंने बेखौफ कह दिया कि कोई टिकट नहीं है। और वे जो दो सवारी हैं, मेरे साथ हैं ...और वह चुपचाप चला भी गया।

ओमा शर्मा : टिकट चैकिंग के दौरान कभी बाथरूम वगैरा में दुबकने की नौबत आयी?

शिवमूर्ति : एक बार ऐसा भी हुआ था ...जब मैं साइकिल समेत सुलतानपुर से इलाहाबाद आता-जाता था। उस समय डर लगता था कि पकड़े गए, तो साइकिल हाथ से चली जाएगी। उन दिनों वही तो मेरा हवाई जहाज थी।

ओमा शर्मा : आपके मुताबिक आपकी कौन-सी रचनाओं में दीर्घकालीनता है?

शिवमूर्ति : देखिए, भविष्य के बारे में कुछ कहना मुश्किल है, लेकिन मुझे लगता है कि मानवीय संबंधों पर लिखी जाने वाली चीजें देर तक टिकती हैं। जैसे मेरी 'सिरी उपमा जोग', 'ख्वाजा ओ मेरे पीर!', या फिर 'केशर-कस्तूरी' है...इनकी व्याप्ति शायद बनी रहे।

ओमा शर्मा : आपने कहा कि मानवीय संबंधों पर टिकी आपकी रचनाएँ शायद ज्यादा दिनों तक बची रहेंगी। लेकिन आपका जो प्रतिनिधि और प्रामाणिक लेखन हैं, किसान-जीवन के संघर्ष के आसपास है। तो इन दोनों के बीच क्या घालमेल है?

शिवमूर्ति : देखिए, किसी कहानी या रचना की दीर्घकालीनता एक चीज है और उसकी प्रासंगिकता दूसरी। किसान-जीवन पर मैं एक दायित्व बोध के तहत लिखता हूँ क्योंकि उस पर लिखना प्रासंगिक है, भले उसकी दीर्घकालीनता संदिग्ध रहे। मेरी कामना है कि मेरी रचनाओं की उपादेयता उनकी प्रासंगिकता में हो, भले ही वे दीर्घकालीन न हों।

ओमा शर्मा : आप ये मानते हैं कि उनके जीवन और संघर्ष-समस्याओं पर लिखने से उसमें फर्क आ जाएगा...

शिवमूर्ति : फर्क चाहे आवे चाहे न आवे, लेकिन समाज को मैं उनके बारे में बता सकूँ...फर्क लाने वाले जो लोग हैं यदि उसे पढ़ें तो शायद अपने रवैए में वे कुछ बदलाव ला सकें, ऐसी उम्मीद तो मैं भरसक पालता हूँ।

ओमा शर्मा : कुछ ऐसी रचनाओं के बारे में बताएँ जो आपके भीतर लेखकीय हसरत जगाती हों?

शिवमूर्ति : मेरे पास दो-तीन ऐसे चरित्र हैं, जिन्हें मिलाकर मैं एक गाढ़ा चरित्र बनाना चाहता हूँ। 'मैं और मेरा समय' में मैंने ऐसे ही एक चरित्र—जंगू—का जिक्र किया है। अन्यायपूर्ण सामाजिक व्यवस्था में अपनी तरह से रोबिनहुड की तरह न्याय बांटता हुआ।

ओमा शर्मा : यहाँ मेरा इशारा दूसरे लेखकों की रचनाओं की तरफ है।

शिवमूर्ति : अच्छा। जैसे सतीनाथ भादुड़ी का 'दोढाय चरित मानस' है। एक बेहद मामूली आदमी की कहानी। जैसे 'मैला आँचल'। गोर्की का 'वे तीन'। जैक लंदन की 'भेड़िए'... परिवेश के बारे में जैसा रसूल हमजातोव ने 'मेरा दागिस्तान' में लिखा है, वैसा कुछ लिख सकूँ। मेरी हसरत है कि अपने क्षेत्र के लोगों के बारे में कुछ ऐसा और प्रामाणिक लिख सकूँ, जो वृहत्तर सरोकार रखता हो। 'त्रिशूल' और 'तर्पण' के अलावा सिर्फ 'कसाईबाड़ा' कहानी है, जिसमें एक सामाजिक चिन्ता है। मेरे पास अभी गर्व या संतोष करने लायक ज्यादा कुछ नहीं है।

ओमा शर्मा : अपने जीवन के उत्कर्ष पलों को याद करना हो तो...

शिवमूर्ति : सबसे उत्कर्ष पल तो वही था, जब मेरा सेल्स-टैक्स ऑफिसर के रूप में चयन हुआ था। उससे पहले मैं अभावों से जूझ रहा था। या फिर जिन मित्रों ने संकट की घड़ी में आकर मेरा साथ दिया...जैसे गाँव में जब मजदूरों ने घर बनाने के काम से मना कर दिया, तो नन्दलाल की माँ और शिवकुमारी ने कई बार मुझे सम्बल दिया ...

ओमा शर्मा : लेखकीय दुनिया के उत्कर्ष पल...

शिवमूर्ति : जब 'कसाईबाड़ा' धर्मयुग में छपी। धर्मवीर भारती के संपादकीय

उल्लेख के साथ। उस पर मिली उनकी चिट्ठी। फिर उसके मंचन...। पाठकों के अनगिनत पत्र...

ओमा शर्मा : कुछ कहानियों पर फिल्में भी बनी हैं। उनसे कितने संतुष्ट रहे?

शिवमूर्ति : देखिए, फिल्म एक दृश्य माध्यम है। उसकी ताकत शब्द से ज्यादा होती है। जब किसी कहानी पर फिल्म बनती है तो उम्मीद की जाती है कि जो फिल्म का प्रभाव है वह उसके लिखित प्रभाव से कम से कम पाँच गुना ज्यादा तो होगा ही। इस नजरिए से देखूँ, तो 'कसाईबाड़ा' पर बनी फिल्म से मुझे थोड़ा संतोष मिला। लेकिन बासु चटर्जी ने जो 'तिरिया चरित्तर' पर फिल्म बनाई, उससे तो निराश ही हुआ, हालाँकि बासु कहते हैं कि एन एफ डी सी ने जो बजट दिया, वह इतना कम था कि उसके साथ न्याय नहीं हो सका। बासु ने अपने इण्टरव्यू में कहा भी है कि इस पर फिर से काम होना चाहिए। 'भरतनाट्यम' पर दूरदर्शन ने जो फिल्म बनाई, वह मैंने नहीं देखी है। उन्होंने उसकी पटकथा ज़रूर मुझे भेजी थी, जिसने मुझे निराश किया। मैं सोच सकता हूँ कि फिल्म कैसी बनी होगी। तो कुल मिलाकर मेरा अनुभव बहुत संतोषप्रद नहीं रहा है।

ओमा शर्मा : आप मृत्यु के बारे में सोचते हैं?

शिवमूर्ति : हां सोचता हूँ। सोचता हूँ कि थोड़े दिन ही बचे हैं जीवन के...

ओमा शर्मा : और किस तरह सोचते हैं...किसी डर के तहत...

शिवमूर्ति : नहीं, डर जैसा तो कुछ भी नहीं। सोचता इस तरह हूँ कि अब ज्यादा समय नहीं बचा है जीवन में, तो बचे समय का लेखन में उपयोग कर लूँ।

ओमा शर्मा : दूसरी किन कलाओं की तरफ आपका रुझान रहता है?

शिवमूर्ति : मेरा रुझान लोकगीतों और लोककलाओं की तरफ रहता है।

ओमा शर्मा : लोकगीतों में तो आपका, कहना चाहिए, एक वैस्टिड इंटरेस्ट है। आपकी लेखकी का हिस्सा है...

शिवमूर्ति : हाँ। लेकिन असल बात ये है कि मुझे उसमें आनन्द आता है। वह मुझे विस्तार देता है।

ओमा शर्मा : आप जिन लोगों और उनकी समस्याओं के बारे में सोचते हैं, उनके उत्थान के लिए एक बड़ी राजनीतिक इच्छा-शक्ति की दरकार होगी। अपने वर्तमान परिदृश्य में ऐसा कौन है, जिसमें आपको उस इच्छा-शक्ति का गुमान होता है...

शिवमूर्ति : यह मेरा स्वप्न है। राजनेता अधिक जिम्मेदार होकर सामने आएँ।

ओमा शर्मा : स्वप्न की नहीं, यथार्थ की बात पूछ रहा हूँ।

शिवमूर्ति : ऐसी कोई उम्मीद मुझे नहीं दिख रही है।

ओमा शर्मा : एक अन्तिम सवाल : लेखक की कोई राजनीतिक पक्षधरता होनी चाहिए?

शिवमूर्ति : बिलकुल होनी चाहिए। लेकिन यहाँ राजनीतिक शब्द के दायरे का विस्तार करना होगा। यहाँ राजनीतिक से अभिप्राय किसी पार्टी विशेष से संबंध होने से नहीं है। उसकी राजनीतिक जीवन दृष्टि होनी चाहिए यानी उसमें सबके कल्याण की भावना होनी चाहिए।

ओमा शर्मा : स्वतंत्रचेता होना पर्याप्त नहीं है लेखक के लिए...?

शिवमूर्ति : स्वतंत्रचेता तो वह हो ही, मगर उसके जेहन में दूसरों के भले की भावना भी रहनी चाहिए।

ओमा शर्मा : अपने पिछले साठ बरस में जो राजनीतिक पार्टियाँ आपने देखी-जानी हैं, उनमें हमारा लेखक किसके साथ जुड़ाव महसूस कर सकता है?

शिवमूर्ति : ऐसी कोई भी नहीं है।

ओमा शर्मा : तो फिर?

शिवमूर्ति : तो फिर यही कि वह स्वतंत्रचेता होकर भले लिखे, मगर लेखक को जन से विमुख नहीं होना चाहिए। जन से जुड़ाव ही मेरे लिए उसकी पर्याप्त राजनीतिक पक्षधरता है।

•••

हिन्द पॉकेट बुक्स और फुल सर्कल आत्म-विकास, धर्म, अध्यात्म, स्वास्थ्य आदि आन्तरिक और बाहरी जीवन से सम्बन्धित विषयों पर पुस्तकें प्रकाशित करते हैं। हमारा मुख्य उद्देश्य एक स्वस्थ और शान्तिपूर्ण विश्व की संरचना में अपनी भूमिका को सकारात्मक ढंग से निभाना है। पुस्तकें अनमोल होती हैं और इनका कोई सानी भी नहीं होता।

हिन्द पॉकेट बुक्स / फुल सर्कल

जे-40, जोरबाग़ लेन, नई दिल्ली-110003

फ़ोन : +011-24620063, 24621011 फैक्स : 24645795

e-mail: sales@hindpocketbooks.in

website: www.hindpocketbooks.in

सेल्स ऑफिस

ई-14, सेक्टर नं. 11, नोएडा - 201301

फ़ोन : 0120-4162707, 4163707, 9015664264

ई-मेल : sales@hindpocketbooks.in